*God sings, we hum along, and there are many melodies, but it's all one song—one same, wonderful, human song.*

8년의 동행

HAVE A LITTLE FAITH by Mitch Albom
Copyright © 2009 Mitch Albom, Inc.
All rights reserved.

Korean translation copyright © 2010 by Sallim Publishing Co., Ltd.
This edition is published by arrangement with
David Black Literary Agency through EYA (Eric Yang Agency)

이 책의 한국어판 저작권은 EYA(Eric Yang Agency)를 통해
David Black Literary Agency사와 독점 계약한 ㈜살림출판사에 있습니다.
저작권법에 의해 한국 내에서 보호를 받는 저작물이므로
무단전재와 복제를 금합니다.

# 8년의 동행

미치 앨봄 지음 | 이수경 옮김

살림

내가 늘 믿고 의지한 아버지 아이라 앨봄(Ira Albom)에게
이 책을 바칩니다.

● 한국의 독자들에게

# 보다 아름다운 세상을 위한 희망과 변화

먼저, 귀한 시간을 들여 제 책을 읽어 주시는 한국 독자들께 감사의 인사를 드립니다.

개인적으로 『8년의 동행』은 지금까지 제가 쓴 책들 중 가장 중요한 의미를 지닙니다. 사실 작가가 어떤 책에 대해 이처럼 단정적으로 말하기란 힘든 일입니다. 더욱이 전 세계적으로 수백만의 독자가 읽은 『모리와 함께한 화요일』 같은 책을 썼으니, 여러분이 이런 말을 믿는 것은 더 어려울지도 모르겠네요.

하지만 지금 여러분의 손에 들려 있는 이 책에는 8년이라는 세월을 거쳐 완성된 실제 이야기가 담겨 있습니다. 그동안 저는 많은 값진 교훈을 배웠으며, 그것을 독자들에게 들려주기 전에 먼저 저 자신이 그 의미를 진정으로 이해해야만 했습니다.

이 책은 두 명의 인생 스승에 대한 이야기입니다. 그 둘은 모두 신의 아들이지만 서로 전혀 다른 삶을 살았지요. 여러분들은 아마 책을 읽으며 '대체 이 두 사람 사이의 공통점은 무엇일까?' 하는 궁금증이 들 수도 있습니다.

그 답이 바로 제가 이 책에서 전달하고자 하는 가장 중요한 핵심입니다. 두 사람은 피부 색깔도, 인생 이력도, 사회적 위치도, 살고 있는 지역도 다릅니다. 하지만 '믿음'이라는 공통분모를 갖고 있지요. 자신보다 커다란 존재에 대한 믿음, 주변 사람들에 대한 믿음, 우리 모두 무언가 이유가 있어서 이 세상에 왔다는 믿음. 바로 그 믿음 때문에 두 사람은 마치 가족처럼 긴밀하게 연결되어 있는 존재입니다.

책의 세 번째 주인공은 저 자신이라고 할 수 있습니다. 이 책을 쓰기 시작할 무렵, 저는 지금과 완전히 다른 사람이었습니다. 믿음에 대해 냉소적이었고, 열렬하게 신앙의 목소리를 높이는 사람들을 불신의 눈으로 쳐다보았지요. 하지만 『모리와 함께한 화요일』의 모리 교수님이 생을 마감하는 모습을 지켜보며 변화했듯이, 저는 한 가난한 목사의 교회 지붕에서 빗물이 새는 것을 지켜보면서, 그리고 내가 아는 가장 존경스러운 성직자를 위해 추도사를 쓰기로 결심하면서 서서히 변화해 나갔습니다.

이 책이 지금껏 제가 쓴 것 가운데 가장 중요한 의미를 지닐 수밖에 없는 이유는 또 있습니다. 우리가 사는 이 세상에서는 신앙이 오히려 우리를 분열시키고 있습니다. 다른 종교를 인정하지 않으려는 태도가 끔찍한 전쟁과 잔인한 테러, 수많은 사람들의 호전적인 태도와 격렬한 증오를 낳고 있으니까요. 그래서 우리는 지금 역사의 갈림길에 서 있는 것과도 같습니다. 다른 신앙을 가진 이들과 함께 공존하는 법을 배우거나 아니면 서로를 해치고 파괴하거나, 둘 중 하나를 택해야 하는 것이지요.

『8년의 동행』에는 바로 이런 세상에 던져 주는 희망의 메시지가 담겨 있습니다. 사는 곳도 다르고 인종도 다르며 한 번도 서로 만나 본 적이 없는 두 남자의 이야기, 그럼에도 사람들의 삶을 변화시켰다는 공통점을 지닌 두 남자의 이야기는 분명 여러분의 가슴을 울릴 것입니다.

지금까지 그 어떤 나라의 독자들보다도 한국 독자들은 제 작품에 커다란 관심과 애정을 보여 주셨습니다. 이 지면을 빌어 여러분들께 언제나 감사하는 마음을 가져 왔음을 말씀드립니다.

13년 전 『모리와 함께한 화요일』을 출간한 이래 처음 내놓는 실화인 이 책이 부디 한국 독자들에게 의미 있는 독서 경험을 선사하기를, 그리고 세상이 보다 멋진 곳으로 변화할 수 있다는 믿음을 갖는 데 작게나마 도움이 되기를 바랍니다. 우리 모두는 반드시 그렇게 변화할 수 있습니다.

깊은 감사를 전하며
2010년 2월, 미시간 주 디트로이트에서
미치 앨봄

● 저자 서문

# 믿음, 신앙을 넘어선 보편성을 위해

　이 책이 쓰이기까지 8년이라는 시간이 필요했습니다. 앨버트 루이스와 헨리 코빙턴이라는 위대한 두 사람이 있었기에 저는 이 책을 쓸 수 있었고(두 사람은 살아온 이야기를 대단히 상세하게 들려주었습니다), 두 사람의 자녀와 손자를 비롯한 가족들에게서도 많은 도움을 받았습니다. 그들 모두에게 무한한 감사를 전합니다.

　이 책에 나오는 모든 만남과 대화는 실제 있었던 일입니다. 다만 책의 전개와 구성상의 이유로 몇몇 경우에는 긴 시간에 걸쳐 있는 이야기를 짧은 시기 안에 압축하기도 했습니다. 때문에 실제로는 어떤 해의 10월에 나눈 대화가 책에서는 그 다음해의 11월에 등장하기도 합니다.

이 책은 믿음에 관한 이야기를 하고 있지만, 저 자신이 종교 전문가라고 주장할 생각은 없습니다. 또 이 책은 특정 신앙을 위한 지침서도 아닙니다. 저는 모든 종교가 이 이야기 속에서 보편적인 무언가를 발견하길 바라는 희망으로 책을 썼습니다.

십일조의 전통을 따르는 의미로, 이 책의 판매 수익금 중 10분의 1은 기독교 교회와 유대교 회당, 책에 소개된 노숙자 쉼터를 비롯한 여러 곳의 자선 활동에 쓰일 것입니다.

제 이전 책들을 읽어 준 독자들에게, 그리고 앞으로 제 책의 독자가 될 분들에게 감사의 마음을 전합니다.

contents

한국의 독자들에게 • 6
저자 서문 • 10

프롤로그_ 태초에…… • 14

# 봄 • 17

3월_ 도망치기의 유구한 전통 • 21
렙을 만나다 • 25
나의 성장기 • 27
헨리의 삶 • 33
'하나님' 파일 • 36
헨리의 삶 • 43
4월_ 평화의 집 • 45
헨리의 삶 • 52
믿음이 함께하는 일상 • 55
헨리의 삶 • 63
5월_ 의식 • 66
봄의 끝자락 • 71

# 여름 • 75

헨리의 삶 • 80
오랫동안 잃어버렸던 것 • 82
헨리의 삶 • 90
6월_ 이웃들 • 91
앨버트 루이스가 겪은 시간들 • 97
헨리의 삶 • 104
7월_ 가장 중요한 질문 • 112
헨리의 삶 • 119
8월_ 전쟁은 왜 일어나는가? • 123
헨리의 삶 • 134
9월_ 행복 • 136
여름의 끝자락 • 145

## 가을 · 147

　　　　교회 · 149
9월_ 물질적 부 · 155
　　　　교회 · 162
10월_ 늙는다는 것 · 169
　　　　교회 · 181
　　　　결혼 · 193
　　　　헨리의 삶 · 204
11월_ 당신의 믿음, 나의 믿음 · 216
　　　　내가 발견한 것들 · 229
　　　　추수감사절 · 233
　　　　가을의 끝자락 · 245

## 겨울 · 259

　　　　동지(冬至) · 261
12월_ 선과 악 · 266
　　　　카스의 삶 · 275
　　　　용서 구하기 · 287
　　　　진실의 순간 · 294
1월_ 천국 · 304
　　　　교회 · 311
　　　　이별 · 317
　　　　추도사 · 321
　　　　그리고 남은 것 · 335

에필로그_ 하나의 노래 · 343

감사의 말 · 346
옮긴이의 글 · 349

● 프롤로그

# 태초에……

태초에 질문이 있었다.

"내 추도사를 써 주겠나?"

무슨 말씀이세요? 내가 말했다.

"써 주겠나?" 그가 다시 물었다. "내가 죽으면 말일세."

그는 안경 너머의 눈을 깜박였다. 은회색빛 턱수염이 깔끔하게 손질된 그는 약간 구부정하게 서 있었다.

곧 돌아가시나요? 내가 물었다.

"아직은 아냐." 그가 빙그레 웃으며 대답했다.

그럼 왜…….

"자네가 적임자일 것 같아서 그러네. 그때가 되면, 아마 자네도 무슨 말을 써야 할지 알 수 있을 걸세."

당신이 아는 가장 성스럽고 경건한 사람을 떠올려 보라. 신부님이든, 목사님이든, 랍비나 이맘(이슬람의 종교 지도자-옮긴이)이든. 그리고 그가 당신의 어깨를 가볍게 두드리며 자신이 죽으면 세상에 고별사를 해 줄 것을 부탁한다고 상상해 보라. 많은 사람들의 천국 가는 길을 배웅해 주는 사람이 자신의 천국 가는 길을 배웅해 달라고 부탁하는 모습을 상상해 보라.

그가 물었다. "기꺼이 해 주겠나?"

 태초에 또 다른 질문이 있었다.

"하나님, 절 살려 주시겠습니까?"

그는 산탄총을 들고 있었다. 그리고 브루클린의 한 주택 앞에 있는 쓰레기통 뒤에 몸을 숨기고 있었다. 늦은 밤이었다. 아내와 어린 딸은 집 안에서 울고 있었고, 그는 멀리서 자동차 헤드라이트가 다가오는지 지켜보고 있었다. 곧 그를 죽일 사람들이 나타날 것이라고 확신하며.

'하나님, 절 살려 주시겠습니까?' 그는 속으로 외쳤다. '제 삶을 하나님께 바치겠다고 약속하면, 오늘 밤 저를 살려 주시겠습니까?'

당신이 아는 가장 성스럽고 경건한 사람을 떠올려 보라. 신부님이든, 목사님이든, 랍비나 이맘이든. 그리고 그가 총을 든 채 쓰레기통 뒤에서 살려 달라고 간청하는 모습을 상상해 보라. 많은 사람들의 천국 가는 길을 배웅해 주는 사람이 자신을 지옥에 떨어지지 않게 해 달라고 애원하는 모습을 상상해 보라.

그는 낮은 목소리로 간청했다. "제발, 주여, 제 삶을 바치겠다고 약속하면……."

이 책은 믿음에 관한 이야기이며, 그것을 갖는 방법을 내게 가르쳐 준 두 남자에 관한 이야기다. 이 책을 쓰기까지 아주 오랜 시간이 걸렸다. 나는 그동안 기독교 교회와 유대교 회당을 방문했고, 교외와 도심을 다녔으며, 사람들의 믿음을 분열시키는 '우리와 저들'이라는 사고방식도 경험했다.

그리고 마침내 고향에 이르렀다. 신도들이 가득 모인 우리 유대교 회당에, 소나무로 만든 관 앞에, 텅 비어 있는 설교단 앞에 이르렀다.

태초에 질문이 있었다. 그리고 그것은 마지막 부탁이 되었다.

"내 추도사를 써 주겠나?"

나는 은혜를 베풀어 달라는 부탁을 받았다고 생각했다. 그러나 결국 그것을 받은 것은 내 쪽이었다. 믿음과 관련된 문제가 늘 그러하듯.

# 봄

여름

가을

겨울

1965년……

토요일 아침, 아버지가 나를 회당 앞에 내려 주며 말씀하신다.
"예배엔 꼭 참석해야 한다."
일곱 살인 나는 너무 어려서 이렇게 묻지도 못한다. 왜 나는 참석해야 하고 아빠는 안 가도 돼요? 그 질문을 던지는 대신, 나는 아버지의 말을 따른다. 예배당 안으로 들어가 긴 복도를 걸어서 어린이 예배가 진행되는 작은 예배당으로 향한다.

나는 하얀 반소매 셔츠 차림에 핀으로 고정하는 넥타이를 매고 있다. 나무로 만든 커다란 문을 당겨 연다. 서너 살쯤 된 아기들이 아장아장 돌아다닌다. 3학년 남자아이들이 하품을 하고 있고, 검정색 면 스타킹을 신은 6학년 여자아이들은 고개를 숙이고 속닥거리고 있다.

나는 기도서를 손에 든다. 뒤쪽 자리는 이미 다 차 있어서 앞자리로 걸어가 앉는다.

그때 갑자기 문이 열리고 예배당 안이 조용해진다.

하나님의 아들이 예배당으로 들어온다.

봄 19

그가 걷는 모습은 마치 거인이 움직이는 것 같다. 짙은 색깔에 숱이 많은 머리칼을 가졌으며 길게 내려오는 성의(聖衣)를 입고 있다. 그가 설교하면서 팔을 움직일 때마다 마치 바람에 종이가 날리는 것처럼 기다란 옷자락이 펄럭인다.

그는 우리에게 성서 이야기를 들려준다. 우리를 향해 질문도 던진다. 그리고 큰 걸음걸이로 연단 위를 걸어다닌다. 그가 내 쪽으로 가까이 다가온다. 나는 얼굴이 붉어지고 심장이 방망이질을 해 댄다. '하나님, 나를 투명인간으로 만들어 주세요.'라고 재빨리 기도한다. 아, 제발, 제발, 하나님.

그것이 그날 내가 한 가장 간절한 기도다.

## 도망치기의 유구한 전통

아담은 에덴동산에서 나무 뒤에 숨었다. 모세는 이스라엘 백성을 구하라는 소명을 받지만 하나님께 순종하지 않으려 했다. 요나는 어떤 도시로 가라는 하나님의 명령을 받았지만 그것을 거역하고 다른 방향으로 가는 배를 탔다가 결국 고래 뱃속에 갇히고 만다.

인간은 늘 신에게서 도망치려고 한다. 그것은 일종의 오래된 전통과도 같다. 그러므로 내가 걸을 줄 알게 되자마자 앨버트 루이스(Albert Lewis)에게서 도망치기 시작한 것은 어쩌면 그런 오래된 전통을 따른 것뿐인지도 모른다. 물론 그는 신이 아니었다. 하지만 내 눈에 그는 신에 가장 가까운 존재였고, 거룩한 성직자였으며, 위대한 감독자이며 최고의 랍비였다. 내가 갓난아기였을 때부터 우리 부모님은 그분의 회당을 다녔다. 어릴 적부터 나는 어머니의 무릎 위에 앉아서 그분의 설교를 들었다.

그러나 나는 그분이 누구인지를 – 즉, 하나님의 아들이라는 사실을 – 알게 된 후부터 도망치기 시작했다. 예배당 복도 끝에서 그의 모습이 보이면 나는 도망쳤고, 그분의 성서 수업을 들어야 할 때도 그랬다. 십 대가 되어서도 멀리서 걸어오는 그가 보이면 고개를 수그리고 잽싸게 달아났다. 키가 185센티미터쯤 되는 그분 앞에 서면 나는 아주 조그맣고 보잘것없는 존재가 된 기분이었다. 그가 검은색 뿔테 안경을 쓴 눈으로 내려다볼 때면, 나는 내 모든 죄와 단점들이 모두 드러날 것이라 확신했다.

그래서 나는 도망쳤다.

나는 도망치고 도망쳤다. 그의 눈에 내가 보이지 않을 때까지.

폭풍우가 한 차례 지나가고 난 2000년 봄의 어느 아침, 그의 집으로 운전해 가면서 나는 그런 생각을 하고 있었다. 강연을 마치고 나오던 어느 날, 여든두 살인 앨버트 루이스로부터 뜻밖의 부탁을 받은 다음 몇 주가 흐른 뒤였다.

"내 추도사를 써 주겠나?"

나는 얼어붙은 듯 서 있었다. 그런 부탁은 평생 한 번도 받아 본 적이 없었다. 성직자한테는 물론이거니와 그 누구에게서도. 복도는 이리저리 오가는 사람들로 북적댔다. 하지만 그는 마치 그것이 세상에서 가장 평범한 부탁인 것처럼 평온한 미소를 짓고 있었다. 나는 얼떨결에 생각해 볼 시간이 필요하다고만 대답했다.

그로부터 며칠 후 나는 그에게 전화를 걸었다.

좋습니다. 나는 말했다. 그리고 그런 부탁을 받아서 영광이라고, 그의 장례식에서 추도사를 읽겠노라고 했다. 하지만 그를 한 명의 인간으로서 제대로 알아야 하지 않겠느냐고 물었다. 그러자면 직접 몇 번쯤은 만나야 하지 않겠냐고 말이다.

"그러지." 그가 대답했다.

나는 그가 사는 동네 어귀로 접어들었다.

그때까지만 해도 내가 앨버트 루이스에 대해 아는 것은 다른 신자들이 아는 범위에서 거의 벗어나지 않았다. 그는 랍비 세계의 명배우라고 불러도 될 만한 사람이었다. 뛰어난 설교, 연단에 올랐을 때의 위엄과 존재감, 호소력 있는 목소리와 팔을 공중에 젓는 제스처로 좌중을 휘어잡는 카리스마. 그를 떠올리면 그런 것들이 자연스럽게 연상되었다. 물론 한때 그를 가까이에서 보며 지낸 시절도 있었다. 그는 어린 나를 가르쳐 주었고, 그는 우리 집안의 중요한 의식들을 집전했다. 내 누이의 결혼식 때도, 우리 할머니의 장례식 때도 그는 항상 우리 앞에 있었다.

하지만 나는 25년 동안 그를 제대로 만나 본 적이 없었다. 그리고 생각해 보라. 당신은 당신이 다니는 교회의 목사에 대해 얼마나 알고 있는가? 물론 그분의 말씀들을 열심히 듣고 또 그분을 존경할 것이다. 하지만 한 명의 인간으로서의 그에 대해서는 과연 얼마나 아는가? 내게 랍비란 커다란 성 안에 사는 왕만큼이나 멀고 먼 존재였다. 그의 집에서 함께 식사를 해 본 적도 없고, 친밀한 교제를 나눈 적은 더욱 없었다. 인간적인 약점이 무엇인지도 몰랐다. 개인적인 습관? 당연히 전혀 아는 바가 없었다.

아니, 정확히 말하면 꼭 그렇진 않다. 딱 한 가지는 알았으니까. 그는 노래 부르는 것을 무척 좋아했다. 우리 회당의 신자들이라면 누구나 그것을 알고 있었다. 그는 설교 도중에 수시로 문장들을 선율에 실었다. 사람들과 대화할 때도 그의 말은 툭 하면 노래로 바뀌어 흘러나왔다. 마치 브로드웨이에서 늘 자신만의 1인 쇼를 하는 사람 같았다.

나이가 든 후, 그는 '요즘 어떻게 지내시느냐'는 질문을 받으면 눈웃음을 지으며 지휘자처럼 손가락을 쳐들고는 낮은 목소리로 이렇게 흥얼거렸다.

"늙은 랍비는 예전의 랍비가 아니라네-. 예전의 랍비가 아니야-."

나는 브레이크를 밟았다. 내가 지금 뭘 하고 있는 거지? 난 이런 일에 적임자가 아니야. 나는 이제 신앙심도 없고, 이 주(州)에 살고 있지도 않잖아. 게다가 장례식에서 원래 추도사를 하는 사람은 그였지 나 같은 사람이 아니었다. 추도사를 하는 사람을 위해 어떻게 추도사를 한단 말인가? 나는 자동차 핸들을 돌리고 싶었다. 뭐라도 변명을 생각해 내고 싶었다.

인간은 늘 신에게서 도망치려고 한다.

하지만 나는 그 반대 방향으로 향하게 되었다.


### 렙을 만나다

나는 그의 집 앞 진입로를 걸어가 현관 매트 위에 섰다. 매트 주변에는 나뭇잎과 풀들이 떨어져 있었다. 초인종을 눌렀다. 기분이 몹시 묘했다. 성스러운 랍비의 집에도 초인종 같은 게 달려 있구나. 지금 생각해 보면 왜 그런 느낌이 들었을까 싶다. 그 집도 사람이 사는 집이었는데 말이다. 하긴 집이 아니면 그가 어디에 살겠는가? 동굴 같은 데라도 산단 말인가?

초인종은 별것 아니었다. 현관에 나를 맞으러 나온 사람을 보고 느낀 당황스러움에 비하면 말이다. 그는 양말 신은 발에 샌들 모양의 슬리퍼를 신고 있었고, 무릎까지 오는 편안한 반바지에 짧은 소매의 버튼다운 셔츠 차림이었다. 나는 그때까지 정장이나 예배용 가운 이외의 옷을 입은 '렙'을 본 적이 단한 번도 없었다. 십 대였던 우리는 그를 항상 그렇게 불렀다. 렙[Reb, 영어의 '미스터(Mr.)'처럼 유대교 성인 남자에게 붙이는 경칭-옮긴이]. 슈퍼 히어로, 더 록(The Rock, 프로 레슬러 출신 액션 배우-옮긴이), 헐크 같은 존재. 렙. 앞에서도 말했지만 어린 시절 우리에게 그는 거대하고, 엄숙하고, 짙은 머리칼을 가진 카리스마적인 존재였다.

"오오, 자네 왔군." 그는 유쾌한 목소리로 손님을 맞이했다.

네, 안녕하세요. 나는 그의 옷차림에 주목하지 않으려고 애쓰면서 인사했다.

가까이에서 본 렙은 다소 마르고 연약해 보였다. 나는 태어나서 처음으로 팔꿈치 위로 드러난 그의 위팔을 보았다. 가늘고 연약해 보이는 데다 갈색의 검버섯이 군데군데 나 있었다. 그리고 두꺼운 안경이 콧등에 걸쳐져 있었다. 렙은 안경 뒤의 눈을 몇 번 깜박였다. 마치 방에서 옷을 갈아입다가 누군가의 방해를 받은 늙은 학자처럼.

"어서 들어오오-게나. 들어와!" 그가 노래하듯 말했다.

이제 머리칼도 다 세어 은회색이었고, 면도할 때 놓친 부분이 몇 군데 눈에 띄긴 했지만 희끗희끗한 턱수염과 코밑수염은 전체적으로 깔끔하게 정리되어 있었다. 그는 앞장서서 나를 집 안으로 안내했다. 나는 그의 야윈 다리를 쳐다보면서 그와 부딪히지 않도록 조심하며 짧은 보폭으로 그를 따라갔다.

그날 내가 느낀 기분을 어떻게 표현해야 할까? 나는 언젠가 구약 성경의 이사야서에서 다음과 같은 구절을 본 적이 있었다.

> 여호와의 말씀에 내 생각은 너희 생각과 다르며 내 길은 너희 길과 달라서, 하늘이 땅보다 높음 같이 내 길은 너희 길보다 높으며 내 생각은 너희 생각보다 높으니라.

그를 만나기 전 내가 예상한 것이 바로 그런 기분이었다. 한없이 높은 존재 앞에 하찮고 보잘것없는 미물이 되어 서 있는 기분. 그분은 고귀한 신의 사자(使者)가 아니던가. 고로 나는 우러러봐야 마땅한 사람 앞에 선 것이 아니던가?

하지만 나는 양말에 샌들을 신은 한 노인의 뒤를 잔걸음으로 따라가고 있었다. 내 머릿속에는 온통 그가 우스꽝스럽게 보인다는 생각뿐이었다.

### 나의 성장기

내가 추도사를 써 달라는 그의 부탁에 왜 주저했는지 설명해야겠다. 또 당시 나의 종교적인 삶이 어디쯤 위치해 있었는지, 그 위치에 이르기까지 어떤 시간들이 있었는지도 언급해야겠다. 솔직히 말하면, 나의 신앙은 형편없는 수준이었다. 기독교에서 타락한 천사를 어떻게 묘사하는지 알고 있는가? 또는 신의 창조물인 인간에게 복종하라는 명령을 거부한 벌로 하늘에서 추방당한, 코란에 나오는 이블리스에 대해 들어봤는가?

하지만 여기 지상에서는 타락이 그다지 드라마틱하지 않다. 타락한 자는 표류하고 방황하게 된다. 나는 그것을 잘 안다. 내가 그랬기 때문에.

나는 신앙심 깊은 독실한 인간이 될 수도 있었다. 기회는 수백 번도 더 있었다. 첫 번째 기회는 어렸을 때 찾아왔다. 뉴저지 교외의 중산층 가정에서 자란 나는 부모님 손에 이끌려, 일주일에 세 번 열리는 랩의 성서 학교에 등록했다. 그 상황을 받아들이고 열심히 성서를 공부할 수도 있었지만, 나는 마치 감옥에 끌려가는 죄수처럼 억지로 그곳에 다녔다. 성서 학교에 가는 날이면, 나는 부모님이 모는 스테이션왜건에 앉아서(이웃의 유대교 집안 아이들과 함께) 창밖으로 길거리에서 공놀이하는 다른 친구들의 모습을 부러워 죽겠다는 표정으로 쳐다보며 '왜 나는 성서 학교 같은 델 가야 하지?' 하고 생각했다. 수업 중에 선생님은 우리에게 프레첼 과자를 나눠 주었다. 그러면 나는 수업 끝나는 종이 울릴 때까지, 즉 '자유의 몸'이 될 때까지 그걸 쪽쪽 빨아먹으면서 딴생각만 했다.

열세 살 때도 기회가 있었다. 나는 부모님에게 떠밀려서 유대교 성인식을 위한 필수 교육을 받았을 뿐 아니라, 구약 성서의 처음 다섯 편으로 이루어진 토라(유대교 경전-옮긴이)를 낭송하는 것도 배웠다. 또 토요일 예배 때마다 성서도 봉독했다. 하나뿐인 정장(물론 짙은 남색이었다)을 단정하게 차려입은 나는 토라가 적힌 두루마리가 놓인 봉독대를 내려다보기 위해 나무 상자 위에 올라가곤 했다. 그럴 때면 렙은 몇 발짝 옆에 서서 내가 읽는 것을 쳐다보며 고개를 끄덕였다. 나는 그 모든 것을 신실한 마음으로 받아들이고, 그날 성서에서 배운 교훈에 대해 그와 이야기를 나눌 수도 있었다.

하지만 그렇게 하지 않았다. 예배가 끝나면 렙과 악수를 한 뒤 서둘러 아버지의 차에 올라타 집으로 돌아가기 바빴다.

고등학교 시절에는 하루의 절반은 일반적인 교과 수업을 받고 나머지 절반은 성서 공부를 하는 학교를(역시 부모님에게 등을 떠밀려) 다녔다. 나는 대수학과 유럽 역사뿐 아니라 히브리어로 된 출애굽기, 신명기, 열왕기, 잠언도 공부했다. 또 계약의 궤와 만나(이스라엘 사람들이 광야에서 하늘로부터 받은 양식-옮긴이)를 주제로, 여리고의 성벽이나 카발라(유대교의 신비주의적 교파-옮긴이)를 주제로 리포트를 썼다. 심지어 고대 아람(Aram)어도 배워서, 라시(Rashi)나 마이모니데스(Maimonides) 같은 12세기 학자들의 탈무드 주해도 영어로 번역할 수 있었다.

고등학교 졸업 후에는 브랜다이스 대학교에 진학했다. 학생들의 대부분이 유대인인 학교였다. 등록금을 벌기 위해 나는 보스턴 외곽에 있는 유대교 회당에서 청년부를 운영하는 일을 맡았다.

다시 말해 대학을 졸업하고 사회에 나올 무렵, 나는 그 누구보다도 내 종교인 유대교에 관해 속속들이 아는 사람이 되어 있었다.

그리고······.

그 후 종교에서 등을 돌렸다.

어떤 반항심 때문도 아니었다. 신앙을 잃을 만한 어떤 비극적인 사건이 발생한 적도 없다. 있는 그대로 솔직하게 표현하자면, 그저 냉담과 무관심 때문이었다. 나는 딱히 종교 생활에 대한 필요성을 느끼지 못했다. 스포츠 전문 칼럼니스트로 잘나가고 있었던 내게는 일이 생활의 전부였다. 토요일 아침은 대학 풋볼 경기장에서 시간을 보냈고, 일요일 아침에는 프로 풋볼 경기를 관람했다. 교회 예배에는 한 번도 참석하지 않았다. 그럴 시간이 어디 있었겠는가?

나는 내 생활에 만족했다. 건강했고, 돈도 아쉽지 않게 벌고 있었으며, 성공의 사다리를 오르고 있었다. 그러니 하나님에게 많은 것을 요청할 필요가 없었다. 그리고 내가 남에게 피해를 주는 삶을 살지 않는 한 하나님도 나한테 많은 것을 요구하지 않으리라고 생각했다. 우리는 서로 '각자 갈 길 가자'는 합의를 보았다. 적어도 내 마음속에서는 그랬다.

나는 어떤 종교적인 생활 방식이나 의식도 따르지 않았다. 다른 종교를 가진 여자 친구도 여럿 사귀었고, 레바논 사람의 피가 섞인 검은 머리칼의 아름다운 여인과 결혼했다. 해마다 12월이면 나는 아내를 위해 크리스마스 선물을 준비했다. 친구들은 그런 나를 놀렸다. 유대인 녀석이 기독교를 믿는 아랍인과 결혼했다고. 잘해 보라고.

시간이 지날수록 종교에 대한 나의 냉소적인 시각은 더욱 깊어졌다. 성령과 하나님에 대한 열렬한 신앙심을 과도하게 드러내는 사람들을 보면 거부감이 들었다. 그리고 정치계나 스포츠계에서 내가 목격한 종교적 위선들 - 정부(情婦)와 시시덕거리다가 일요일이면 경건하게 예배에 참석하는 국회의원들, 평소엔 규칙들을 잘 지키지도 않으면서 시합 전에 선수들과 손을 한데 모으고 기도하는 풋볼 코치들 - 은 나의 냉소를 더욱 굳건하게 만들었다. 게다가 미국에 사는 유대인이라면, 기독교인으로 새로 거듭났다고 자랑스럽게 얘기하고 다니는 사람들이나 사리(힌두교 여성들이 몸에 둘러 입는 긴 옷-옮긴이)를 두른 힌두교인들과 마찬가지로, 침묵하는 편이 나은 경우가 많다. 상대방이 그리 반가워하지 않을 가능성이 있기 때문이다.

그래서 나는 입을 다물었다.

종교와 함께한 어린 시절 때문에 유일하게 남은 신앙의 불씨는 어릴 적 다니던 뉴저지의 유대교 회당이었다. 나는 한 번도 다른 회당에 나가 본 적이 없었다. 왜 그랬는지는 나도 모르겠다. 알 수 없는 일이다. 뉴저지 주로부터 1,000킬로미터 가까이 떨어진 미시간 주에 살고 있었는데 말이다.

물론 다른 가까운 회당에 나갈 수도 있었다. 하지만 나는 어린 시절에 다니던 그곳과의 연결 고리를 끊지 않았다. 매년 가을 욤키푸르(Yom Kippur, 유대교의 가장 중요한 종교 절기인 속죄일로, 이날은 모든 일과 활동을 중지하고 금식을 하며 경건하게 하루를 보낸다-옮긴이)가 되면 비행기를 타고 고향에 날아가 부모님과 함께 예배에 참석했다. 어쩌면 융통성이 없는 탓이었을 수도 있고, 교회를 옮기고 어쩌고 하는 것이 내겐 별로 중요하지 않았기 때문인지도 모른다. 그런데 그러다 보니 의도치 않게 어떤 특정한 패턴이 조용히 생겨나고 유지되었다. 세상에 태어난 이후로 내가 아는 성직자는 그래서 단 한 사람이 된 것이다. 앨버트 루이스 말이다.

그리고 그가 이끈 유대교 회당 역시 하나뿐이었다.

우리는 둘 다 무언가와 평생을 함께하고 있었다.

그것이 우리 둘 사이의 유일한 공통점이었다.

### 헨리의 삶

내가 뉴저지 교외에서 어린 시절을 보내던 바로 그때, 브루클린에서는 내 또래의 한 소년이 살고 있었다. 나와 마찬가지로 믿음을 되찾기까지 힘겨운 시간들을 보내게 될 소년이. 하지만 그가 걸어갈 길은 나의 길과 완전히 달랐다.

소년은 어릴 적부터 쥐들과 함께 잠을 잤다.

그의 이름은 헨리 코빙턴(Henry Covington). 헨리는 윌리 코빙턴과 윌마 코빙턴 사이에서 태어난 일곱 명의 자녀 중 여섯째였다. 헨리의 가족은 워런 가(街)에 있는 비좁은 아파트에서 살았다. 남자아이 넷과 여자아이 셋은 각각 한 방에 모여서 잠을 잤다.

주방은 더러운 쥐들에게 점령당하기 일쑤였다. 헨리의 부모님은 밤이면 조그만 접시에 쌀을 담아 주방 조리대 위에 올려놓았다. 쥐들을 그쪽으로 유인해 침실에 들어오지 못하게 하기 위해서였다. 낮에는 헨리의 큰형이 비비총으로 쥐들을 다가오지 못하게 막았다. 헨리는 늘 쥐가 무서웠고 쥐한테 물릴까 봐 잠도 제대로 잘 수 없었다.

헨리의 어머니는 가정부였고(대개 유대인 집안에서 일했다) 아버지는 마약상이었다. 아버지는 체격이 크고 힘이 셌으며 집에 있을 땐 노래를 즐겨 부르곤 했다. 그는 오티스 레딩(Otis Redding, 미국의 유명한 소울 가수-옮긴이) 같은 멋진 목소리를 갖고 있었다. 그는 금요일 밤이면 거울 앞에서 면도를 하며 '섹시한 다리를 드러낸 여인이여'라는 노래를 흥얼거렸다. 그럴 때면 헨리의 어머니는 화를 냈다. 남편이 어디를 가려는지 알고 있었기 때문이다. 그런 날은 어김없이 시끄러운 고함 소리가 오갔고 거친 싸움이 벌어졌다.

헨리가 다섯 살 때였다. 그날도 어머니는 몹시 화가 나 있었다. 부모님 둘 다 술에 취해 있었고, 여느 때보다 훨씬 거칠게 싸웠으며, 욕설과 고함이 온 집 안에 울렸다. 윌마는 22구경 소총을 꺼내더니 남편을 죽여 버리겠다고 씩씩댔다. 그녀가 막 방아쇠를 당기려는 순간, 어떤 남자가 끼어들어 말렸다. "안 됩니다, 부인! 안 돼요!"

총알은 헨리 아버지의 팔에 맞았다.

베드퍼드 힐스에 있는 여성 강력범 교도소로 보내진 윌마 코빙턴은 그곳에서 2년을 복역했다. 어머니가 교도소에 있는 동안 헨리는 주말마다 아버지와 함께 면회를 갔다. 그리고 유리를 사이에 두고 어머니와 대화를 나눴다.

윌마가 물었다. "헨리, 엄마 보고 싶었어?"

어린 헨리는 "응." 하고 대답하곤 했다.

너무 말라 가는 헨리를 걱정한 주변 어른들은 그에게 버터스카치 사탕 맛이 나는 영양 보충제를 먹였다. 헨리는 일요일마다 동네에 있는 침례 교회에 나갔다. 예배가 끝나면 목사님이 아이들을 자기 집으로 데려가 맛있는 아이스크림을 주곤 했다. 헨리에게는 참 행복한 시간이었다.

그는 그렇게 처음 교회와 인연을 맺게 되었다. 목사님이 예수님과 하나님에 대한 이야기를 들려주면, 헨리는 혼자 마음속으로 그 모습을 상상해 보았다. 헨리 마음속의 하나님은 인간과 다른 신비로운 눈동자를 가진, 거대한 검은 구름 같은 형상이었다. 그리고 머리에는 왕관이 쓰여 있었다.

밤마다 헨리는 쥐들을 제발 쫓아 달라고 그 구름에게 기도했다.

## '하나님' 파일

나는 렙을 따라 그의 작은 서재로 들어갔다. 추도사라는 주제를 꺼낸다는 것이 왠지 너무 무겁고 어색하게 느껴졌다. 마치 의사와 환자가 막 처음 만났는데 환자가 입고 있던 옷을 전부 벗어야 하는 상황처럼. 그렇다고 무턱대고 "돌아가시면 제가 랍비님에 대해 어떤 이야기를 하는 게 좋을까요?"라는 질문으로 대화를 시작할 수도 없지 않은가.

나는 날씨나 오래된 이웃에 대한 얘기 등 가벼운 잡담부터 시작했다. 그리고 우리는 함께 방 안을 돌아다니며 구경했다. 책꽂이는 책과 서류들로 가득했고 책상에는 편지와 이런저런 메모들이 쌓여 있었다. 뚜껑이 열린 박스들이 여기저기에 보였다. 아마도 렙은 무언가를 다시 읽어 보거나 정리하는 중이었던 모양이다.

그가 말했다. "내 인생의 많은 것들을 벌써 잊어버린 것 같아."

이걸 전부 훑어보려면 인생을 한 번 더 사셔야 할 것 같은데요?

"하하!" 그가 웃음을 터뜨렸다. "그래, 맞아! 맞아!"

그가 내 말에 웃음을 터뜨리다니, 기분이 묘했다. 한편으론 특별해진 기분도 들고 또 한편으론 너무 무례했나 싶기도 했다.

가까이서 보니 그는 내가 어린 시절 알던 건장한 남자, 신도석에서 볼 때 항상 커다란 존재였던 그 랍비가 아니었다.

나와 같은 공간에 있는 그는 예전보다 훨씬 작아 보였다. 연약해 보이기까지 했다. 나이가 들면서 키도 몇 센티미터 줄었다. 그의 미소에는 여전히 자신감이 넘쳤으며 지혜롭고 사려 깊은 눈빛도 변함이 없었지만, 마치 넘어질까 봐 조심하는 사람처럼 걸었다. 이제 죽음의 사자가 옆에서 부축하고 있는 것처럼. 나는 그에게 이렇게 물어보고 싶었다. 앞으로 시간이 얼마나 남았나요?

대신 나는 책꽂이에 가득한 서류에 대해 물어보았다.

"아, 기사들을 스크랩해 둔 것들이라네. 설교 자료들이야. 신문이나 잡지에서 오린 것들이라네." 그리고 웃으며 덧붙였다. "양키즈 기사도 빠짐없이 모으지."

'노년'이라는 라벨이 붙은 파일이 눈에 들어왔다. 또 다른 묵직한 파일에는 '하나님'이라고 쓰여 있었다.

하나님에 대한 자료를 모으시나요? 내가 물었다.

"미안하지만 그걸 좀 아래 칸으로 옮겨 주겠나?"

나는 발끝으로 서서 다른 자료들이 흐트러지지 않게 조심하면서 파일을 꺼냈다. 그리고 책꽂이의 낮은 칸으로 옮겼다.

"내– 주를 가–까이 하게 함은–" 그가 찬송가를 낮게 흥얼거렸다.

이윽고 우리는 의자에 앉았다. 나는 메모 수첩을 열었다. 오랜 기자 생활 때문에 익숙해진, 인터뷰 시작의 첫 신호였다. 그는 이제 공식적인 무언가를 시작해야 할 순간이 되었음을 이해한다는 듯이 고개를 끄덕이며 눈을 깜박였다. 그가 앉은 의자는 등받이가 낮았고, 앉은 채로 책상이나 캐비닛으로 이동할 수 있도록 바퀴가 달려 있었다. 나는 초록색 가죽으로 된 두툼한 안락의자에 앉았다. 지나치게 푹신했던 탓에 나는 어린아이처럼 그 속에 내내 푹 파묻혀 있어야 했다.

"편안한가?"

네. 나는 거짓말을 했다.

"먹을 것 좀 가져다줄까?"

아닙니다. 괜찮습니다.

"그럼 마실 거는?"

괜찮습니다.

"그래."

네.

나는 첫 번째 질문을 따로 생각해 오지 않았다. 제일 먼저 무엇을 묻는 것이 좋을까? 한 사람의 인생을 요약 정리하려면 무엇부터 시작해야 하나? 나는 '하나님'이라고 적힌 파일을 다시 흘끗 보았다. 어쩐지 호기심이 생겼다(대체 저 안에 무슨 내용이 들어 있을까?). 그러고는 성직자에게 던질 만한 가장 뻔한 질문을 불쑥 내뱉었다.

하나님의 존재를 믿으십니까?

"그럼. 물론이지."

나는 수첩에 적었다.

그와 대화를 나누시나요?

"항상 나눈다네."

랍비님은 무슨 말을 하세요?

"요즘 말인가?" 그는 작게 한숨을 쉬었다. 그리고 노래하듯 음률을 섞어 대답했다. "요즘은 이렇게 얘기하지. 하나님, 곧 당신을 뵙게 될 것 같습니다. 함께 유쾌한 대화를 나누게 되겠지요. 하지만 만일 저를 데려가시려거든 빨리 데려가 주시옵소서. 그리고 만일 저를 좀 더 오래 이곳에 남겨 두시려거든……." 그는 두 손바닥을 모아 하늘로 향한 채 위쪽을 쳐다보았다. "제가 해야 할 일을 모두 마무리할 수 있는 힘을 주시옵소서."

그는 손을 내리더니 어깨를 으쓱했다. 그가 내 앞에서 자신의 죽음을 처음 언급한 순간이었다. 바로 그때, 우리가 함께 앉아 있는 것이 그저 평범한 낭독 부탁 때문이 아니라는 사실이 새삼 상기되었다. 앞으로 이 늙은 랍비에게 내가 묻는 모든 것들은, 결국 내가 차마 물어볼 용기가 나지 않는 질문의 다른 표현들에 불과한 것이었다. '돌아가시면 제가 랍비님에 대해 어떤 이야기를 하는 게 좋을까요?'라는 그 질문의.

"하아……." 그가 한숨을 내쉬며 다시 위를 쳐다보았다.

왜요? 하나님이 대답을 하셨나요?

그가 빙그레 웃으며 말했다. "아직 기다리는 중일세."

1966년……

할머니가 우리 집에 오셨다. 우리는 함께 저녁을 먹는다. 다 먹은 후 그릇들이 치워진다.

"야르자이트(yahrzeit, 유대교에서 지내는 부모나 친척의 기일. 대개 하루 종일 촛불을 켜 둔다-옮긴이)구나." 할머니가 어머니에게 말씀하신다.

"장식장 안에 있어요." 엄마가 말씀하신다.

땅딸한 체구의 할머니가 장식장 쪽으로 걸어간다. 하지만 키가 작아서 위쪽 선반에 손이 닿지 않는다.

"저것 좀 꺼내 주렴." 할머니가 내게 말씀하신다. 나는 의자 위로 올라간다.

"초가 보이니?"

선반 맨 위 칸에 밀랍초로 속이 채워진 작은 유리컵이 보인다. 가운데에는 심지가 꽂혀 있다.

이거요?

"그래, 그거. 조심해라."

이걸로 뭘 하시게요?

"할아버지 기일이잖니."

나는 의자에서 깡충 뛰어내린다. 나는 할아버지 얼굴을 본 적

봄 41

이 없다. 할아버지는 여름 별장에 있는 주방 싱크대를 고치고 나서 갑자기 심장마비를 일으켜 돌아가셨다. 마흔두 살이셨다.

할아버지가 쓰시던 초예요? 내가 묻는다.

엄마가 내 어깨에 손을 올리며 말씀하신다.

"할아버지를 기억하기 위해서 켜 놓는 거야. 이제 가서 놀아라."

나는 방을 나온다. 하지만 몰래 문 뒤에서 엿본다. 엄마와 할머니가 촛불 옆에 서서 낮은 소리로 기도를 드린다.

나중에—엄마와 할머니가 2층으로 올라간 후에—나는 그곳에 다시 가 본다. 집 안의 불이 모두 꺼져 있고, 조그만 유리컵에 담긴 여린 불빛이 혼자서 주위를 밝히고 있다. 주방 조리대와 싱크대, 냉장고가 촛불에 아른거린다. 그것이 종교적인 의미가 담긴 의식이라는 사실을 아직 모르는 나로서는 그냥 신비한 요술 같기만 하다. 할아버지는 캄캄한 주방의 저 작은 불꽃 안에, 혼자 유리컵에 갇힌 채 계시는 걸까? 나는 절대 죽은 사람이 되고 싶지 않다고 생각한다.

## 헨리의 삶

헨리 코빙턴이 처음으로 예수님을 받아들인 것은 열 살 때 뉴욕 주 비버킬에서 열리는 성서 캠프에 참가했을 때였다. 헨리는 2주에 걸친 이 성서 캠프 기간에 도시의 혼잡함으로부터 멀리 떨어져 색다른 경험을 했다. 아이들은 자연 속에서 뛰놀며 개구리를 잡았고, 페퍼민트 잎을 따서 물이 담긴 단지에 넣은 뒤 햇볕이 잘 드는 곳에 놔두었다. 그러면 캠프 선생님이 밤에 설탕을 넣어서 페퍼민트 차를 만들어 주었다.

어느 날 저녁, 우윳빛 피부를 가진 예쁜 선생님이 헨리에게 함께 기도를 하자고 했다. 선생님은 열일곱 살이었고 날씬한 체격에 상냥하고 부드러운 분이었다. 갈색 스커트에 주름 달린 새하얀 블라우스를 입은 그녀는 머리를 뒤로 단정하게 묶고 있었다. 헨리의 눈에 선생님은 숨이 막힐 만큼 아름다웠다.

네, 그럴게요. 선생님이랑 같이 기도할래요. 헨리가 대답했다.

헨리는 선생님과 함께 숙소 밖으로 나갔다.

"네 이름은 헨리고 너는 하나님의 자녀야."

"내 이름은 헨리고 나는 하나님의 자녀입니다." 헨리는 선생님을 따라 했다.

"너는 예수님을 진정으로 만나길 원하니?"

"네, 원해요."

선생님이 헨리의 손을 잡았다.

"네가 지은 모든 죄를 고백하겠어?"

"네."

"예수님께서 네 죄를 용서해 주시길 원하니?"

"네."

그녀는 헨리의 이마에 자기 이마를 갖다 댔다. 그리고 낮고 경건한 목소리로 물었다.

"넌 예수님께서 네 삶으로 들어오시길 원하고 있니?"

"네, 원하고 있어요."

"우리 함께 기도할까?"

"네. 기도해요." 헨리도 속삭이듯 대답했다.

조금 더운 여름 저녁이었다. 땅거미가 지기 시작해 하늘이 붉게 물들어 갔다. 헨리는 선생님의 부드러운 이마를 느꼈다. 꼭 붙잡은 손, 그리고 숨결이 느껴질 만큼 가까이에서 들리는 그녀의 기도 소리. 진정한 구원이 이루어지는 순간이라고 느껴졌다. 헨리는 온 마음을 다해 그것을 받아들였다.

다음 날, 헨리는 친구와 함께 비비총으로 개구리를 쏘아 맞히면서 놀았다.

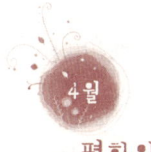

## 평화의 집

봄비가 촉촉이 내리는 가운데 나는 천천히 차를 몰았다. 렙과 두 번째로 만나는 날이었다. 이번에는 예배당에서 뵙자고 내가 먼저 제안했다. 죽은 뒤에 그 사람에 대해 이야기하려면 당연히 그가 일하는 모습도 알아야 하니까.

골목골목 어린 시절 기억이 묻어 있는 동네를 지나가자니 기분이 묘했다. 예전에 이곳은 평범한 중산층 사람들이 사는 동네였다. 아버지들은 밖에 나가 일을 하고 어머니들은 집 안에서 요리를 하며 이따금 교회 종소리가 울리는, 그런 동네 말이다. 나는 커 가면서 하루라도 빨리 그곳을 벗어나고 싶어 했다. 11학년 이후 고등학교를 떠난 나는 보스턴 근처에 있는 대학에 들어갔으며 유럽에 갔다가 다시 뉴욕으로 돌아왔기 때문에, 어린 시절 이후로는 고향에 산 적이 없었다. 내가 가진 꿈과 목표에 비하면 그곳은 너무 좁아 보였다. 마치 이제는 더 이상 맞지 않는데도 내 몸을 옥죄고 있는 초등학교 교복처럼. 나는 넓은 세상을 여행하고, 외국 친구들을 사귀는 나를 꿈꿨다. 언젠가 들었던 '세계 시민'이라는 말, 나는 그런 사람이 되고 싶었다.

그리고…… 마흔 줄에 들어선 내가 다시 고향에 와 있었다. 차를 몰고 지나가다가 식료품점 유리창에 붙은 '얼음과자 있습니다.'라는 문구를 봤다. 얼음과자. 어렸을 때 정말로 좋아하던 군것질거리였다. 체리 맛이나 레몬 맛이었고 작은 것은 10센트, 큰 것은 25센트였다. 다른 곳에서는 한 번도 그 얼음과자를 먹어 본 적이 없다. 어떤 남자가 컵 하나 가득 담긴 얼음과자를 핥으면서 가게에서 나왔다. 그때 문득 이런 생각이 들었다. 만일 이곳을 떠나지 않고 계속 살았다면, 어른이 되어서도 얼음과자를 핥아 먹고 있었다면 내 인생은 어떤 모습이 되었을까?

나는 얼른 고개를 흔들어 그 생각을 떨쳐 버렸다. 나는 추도사라는 특별한 목적이 있어서 그곳에 간 것이었다. 그리고 그 일이 끝나면 살고 있던 집으로 돌아갈 터였다.

주차장은 거의 비어 있었다. 나는 높은 유리 아치를 지나 회당 건물 쪽으로 걸어갔다. 특별한 향수(鄕愁)는 느껴지지 않았다. 그곳은 내가 어릴 적에 보던 예배당이 아니었다. 도시 근교의 다른 많은 교회나 회당들과 마찬가지로 우리의 템플 베스 숄롬(Temple Beth Sholom, '평화의 집'이란 뜻이다) 역시 여러 차례 변화를 겪었다. 처음에 있던 곳에서 다른 자리로 옮겼고, 세월이 지날수록 부유한 신도들을 더 많이 끌어들이면서 규모도 커졌다.

옛날에 나는 교회란 자신만의 독특한 모양을 지키며 언제까지고 같은 자리에 서 있는 작은 산 같은 것이라고 생각했다. 하지만 현실은 그렇지 않다. 신도들에 따라 교회도 변하는 법이다. 사람들은 교회를 짓고, 다시 개축한다. 우리 회당도 아담한 빅토리아식 건물에서 웅장한 건축물로 탈바꿈했다. 넓은 로비와 많은 성서 공부방이 갖춰져 있었고 벽에는 이 모든 것을 가능하게 만들어 준 기부자들의 이름이 새겨져 있었다.

하지만 개인적으로 나는 어릴 때 다니던 조그만 벽돌 건물이 더 좋았다. 그때는 뒷문으로 들어서면 회당 주방에서 흘러나오는 음식 냄새가 코를 간질이곤 했다. 나는 우리 교회의 구석구석을 내 손바닥처럼 훤히 알고 있었다. 친구 녀석들이랑 숨곤 했던 청소 도구실까지도. 렙이 다가오는 것을 보고 거기에 숨었던 적도 있다.

하지만 인생에서 변치 않고 그대로 있는 것이 얼마나 있던가?

렙은 로비에서 나를 기다리고 있었다. 이번에는 칼라 달린 셔츠와 캐주얼한 재킷 차림이었다. 그는 '헬로 돌리(Hello Dolly, 루이 암스트롱의 노래-옮긴이)'를 각색해 부르는 것으로 인사를 대신했다.

봄 47

"헬로- 미첼, 헬로 미첼-, 원래 자리로 돌아와서- 반가워요-"

나는 미소를 지어 보였다. 그만의 뮤지컬을 언제까지 들어야 하나 싶었다.

그동안 잘 지내셨냐는 내 질문에 그는 가끔 머리가 어지러운 것 말고는 괜찮다고 대답했다. 나는 현기증이 심하시냐고 물었다.

렙은 그냥 어깨만 으쓱해 보였다.

"이렇게 대답하지." 그는 또 말에 선율을 실었다. "늙은 랍비는-"

예전의 랍비가 아니라네. 내가 끝을 마무리했다.

"흐음."

말허리를 자른 게 조금 미안해졌다. 난 왜 이렇게 참을성이 없을까?

우리는 복도를 걸어 그의 방으로 향했다. 이미 은퇴한 렙은 공식적인 스케줄이 많지 않았기 때문에 자유롭게 시간을 쓰고 있었다. 굳이 회당에 나오지 않고 집에 있어도 아무도 뭐랄 사람 또한 없었다. 하지만 종교란 모름지기 정기적인 의식을 바탕으로 하는 법이었고, 그는 의식을 지키듯 자기 나름대로 정한 시간에 회당에 나오는 것을 좋아했다.

그는 이곳을 1948년에 수십 개 가정만이 다니던 작은 회당에서 1,000가구 이상의 신도를 거느린 회당으로 키웠다. 나는 그가 원하는 것에 비해서 너무 회당의 몸집이 커진 게 아닐까 하는 생각이 들었다. 이제는 그가 개인적으로 잘 알지 못하는 신도들도 너무 많았다. 또 예배를 집전하거나 일상적인 책무를 돌보는 다른 랍비들 - 주임랍비 한 명, 부(副)랍비 한 명 - 도 있었다. 렙이 처음 이곳에 왔을 때만 해도 부랍비라는 개념은 상상할 수도 없었다. 그는 예배당의 모든 열쇠를 갖고 다니면서 직접 문단속을 하곤 했다.

"저것 보게."

그는 어떤 방의 문간에 쌓여 있는 선물 상자들을 가리켰다.

저게 뭡니까? 내가 물었다.

"저 방은 신부 대기실이야. 결혼식을 하기 전에 저기서 옷을 갈아입지."

그는 선물들을 눈으로 훑으면서 미소를 지었다.

"아름답지 않은가?"

네?

"인생 말이야."

### 1967년……

집집마다 크리스마스 장식으로 화려하게 꾸며져 있다. 우리 동네 사람들은 대부분 가톨릭 신자다.

눈이 내리고 난 어느 날 아침, 나와 친구 녀석이 모자 달린 점퍼와 고무 부츠 차림으로 함께 학교에 가는 중이다. 작은 집 앞의 잔디밭에 예수 그리스도 탄생 장면이 실물 크기의 인형들로 꾸며져 있다.

우리는 걸음을 멈춘다. 그리고 자세히 들여다본다. 동방박사들, 동물들도 보인다.

저 사람이 예수님이야? 내가 묻는다.

"어떤 거?"

왕관 같은 거 쓰고 서 있는 사람 말이야.

"그건 예수님 아빠 같은데."

그럼 그 옆에 있는 사람?

"갓난아기가 예수님이야."

어디?

"저기 구유에, 바보야."

우리는 목을 길게 빼 본다. 하지만 우리가 선 곳에서는 예수가 보이지 않는다.

"난 꼭 볼 거야." 친구 녀석이 말한다.

그러지 않는 게 좋아.

"왜?"

그러면 곤란해질 수도 있으니까.

나도 왜 그렇게 말하는지 잘 모른다. 다만, 어린 나이에도 불구하고 세상이 '우리와 저들'로 나뉘어 있다는 걸 느낄 뿐이다. 우리는 유대인이고, 유대인이라면 예수에 대해서 말해서도, 예수를 쳐다봐서도 안 된다.

"그래도 볼 거야." 친구가 말한다.

나는 소심하게 친구의 뒤를 따라 잔디로 들어간다. 발밑에서 눈이 뽀드득거린다. 가까이서 보니 동방박사 세 명의 모형이 가짜 티가 많이 난다. 석고에 피부를 살구색으로 색칠한 모형이다.

"저게 예수야." 친구가 말한다.

나는 친구의 어깨 너머로 쳐다본다. 지푸라기가 깔린 작은 구유 안에 아기 예수가 누워 있다. 나는 몸이 떨린다. 예수님이 당장이라도 눈을 반짝 뜨고 "이 녀석, 들켰지!" 할 것만 같다.

야, 이러다 지각하겠어. 내가 뒤로 물러서며 말한다.

친구가 코웃음을 친다.

"겁쟁이 자식."

## 헨리의 삶

하나님을 믿기로 하고 예수님을 받아들인 헨리는 열두 살 때 처음으로 성령을 영접했다. 어느 금요일 밤, 할렘에 있는 '진정한 구원 교회'에서였다.

그날은 예수님의 부름에 응함으로써 거룩한 성령과 힘을 부여받는, 성령 영접 집회가 열리는 날이었다. 전통에 따라 사람들이 성령을 받아들이기 위한 준비를 했다. 헨리는 사람들을 따라 설교단 쪽으로 올라갔다. 헨리 차례가 되자 그의 몸에 올리브기름이 발렸고, 그는 신문지가 깔린 바닥에 무릎을 꿇었다.

"예수님을 부르십시오." 사람들이 말했다.

헨리는 그대로 했다. 그는 예수님을 부르고, 부르고, 또 불렀다. 몇 분 동안 몸을 앞뒤로 흔들면서 예수님을 수없이 반복해서 부르다 보니 무릎이 아파 오기 시작했다.

"예수님, 예수님, 예수님……."

"주님을 부르십시오!" 신도들이 큰 소리로 외쳤다. "부르세요! 부르세요!"

"예수님, 예수님, 예수님……."

"그분께서 오십니다! 지금 부르세요!"

헨리는 머리를 앞뒤로 쉼 없이 움직였다. 다리가 저려 오고 아팠다.

"예수님, 예수님, 예수님, 예수님, 예수님……."

"거의 다 됐어요! 조금만 더!"

"주님을 부르세요, 주님을!"

온몸에서 땀이 흘렀다. 숨이 막힐 것만 같았다. 15분, 아니 20분쯤 지난 것 같았다. 예수님이란 단어가 뒤엉키고 뒤엉켜 이제는 '예수님'처럼 들리지도 않았다. 외침과 중얼거림과 신음 소리가 뒤섞여 튀어나왔고 입에서는 침이 흘러내렸다. 목소리와 혀와 이빨과 입술이 한데 섞인 기계가 되어 전율하면서 격앙된 소리로 단어를 뱉어 냈다.

"예수님예수예수예수님예에에수–예수수예수님……!"

"됐습니다! 드디어 성령이 오셨습니다!"

헨리는 성령을 영접했다. 또는 그렇다고 생각했다. 그는 숨을 크게 내쉬었다. 속이 울렁거렸다. 그대로 질식하는 줄만 알았다. 그는 다시 크게 심호흡을 하면서 진정하려고 노력했다. 턱에 흐른 침을 닦았다. 누군가가 헨리가 깔고 있던 젖은 신문지를 둥글게 뭉쳐서 치웠다.

"기분이 어때요?" 목사님이 물었다.

"좋아요." 헨리가 작게 헐떡이며 대답했다.

"성령을 영접하고 나니 기분이 좋은가요?"

"네, 그렇습니다."

그랬다. 헨리는 기분이 좋았다. 방금 무엇을 한 것인지 자신도 정확히 몰랐지만. 그러나 목사님은 미소를 지으면서 헨리를 지켜 달라고 주님께 기도했다. 그것은 헨리도 바라는 바였다. 자신을 지켜 달라는 기도. 그 기도 덕분에 헨리는 집으로 돌아갔을 때도 안전하다고 느낄 수 있었다.

그날 밤 그렇게 헨리는 성령을 받아들였다. 하지만 얼마 안 있어 다른 것들도 받아들였다. 그는 담배를 피우기 시작했다. 술도 마셨다. 여학생과 심하게 싸우고 문제를 일으켜 6학년 때 학교에서 쫓겨났고, 마리화나에도 손을 대기 시작했다.

어느 날 헨리는 '자식들 중에서 헨리가 가장 마음씨가 곱고 착하다'고 엄마가 친척에게 이야기하는 걸 들었다. 엄마는 헨리가 언젠가는 목사님이 될 거라고 믿었다.

헨리는 속으로 코웃음을 쳤다. '목사라고? 내가 마리화나를 얼마나 많이 피우는데?'

## 믿음이 함께하는 일상

회당에 있는 렙의 방은 그의 자택 서재와 크게 다르지 않았다. 많은 서류와 자료와 편지들, 추억이 담긴 물건들로 어지러웠다. 그리고 이곳에서도 역시 그의 유머 감각이 엿보였다. 방문에는 축복이 담긴 문구와 재미난 포스터들, 그리고 '내 공간을 침범하면 당신 얼굴에 한방 먹이겠음'이라고 적힌 표지판까지 붙어 있었다.

자리에 앉은 다음 나는 헛기침으로 목을 가다듬었다. 첫 질문은 간단한 것으로, 제대로 된 추도사를 쓰려면 반드시 알아야 할 것이었다.

랍비님은 어떻게 이 일을 하게 되셨습니까?

"일이라고?"

네, 성직자 일이요.

"으음."

신의 특별한 부르심을 들으셨나요?

"그렇다고 보긴 힘들겠군."

신비로운 환영을 보진 않으셨나요? 아니면 꿈은? 하나님이 어떤 특정한 형태나 모습으로 다가오지 않았나요?

"자넨 책을 너무 많이 읽은 것 같아."

글쎄요, 성경이라면 좀 읽었죠.

그는 미소를 지었다. "어쨌든, 내 경우엔 그렇지 않았어."

무례하게 굴 생각은 결코 없었다. 나는 예전부터 랍비나 신부, 목사 같은 성직자들을 항상 존경해 왔다. 나는 그들이 속세와 천상의 중간에 있는 세계에 사는 분들이라고 생각했다. 저 드높은 곳에는 하나님이, 이곳 지상에는 우리 인간이, 그리고 그 사이에는 그분들이 있는 것이라고.

렙도 당연히 그런 존재였다. 적어도 내가 어린 시절에 보던 렙은 그랬다. 그에게는 거인 같은 키와 뛰어난 평판 외에 또 한 가지 중요한 것이 있었다. 바로 설교다. 열정과 유머와 위엄과 감동적인 속삭임이 담긴 앨버트 루이스의 설교는 최고의 투수가 던지는 강속구 또는 파바로티의 아리아와도 같았다. 사람들은 그의 설교를 듣기 위해 예배당을 찾았다. 우리 모두가 그걸 알았고, 아마 그 자신도 알고 있었을 것이다. 어느 예배당에나 설교가 시작되기 전에 슬그머니 빠져나가는 신도들이 반드시 있기 마련이다. 하지만 우리 회당은 그렇지 않았다. 사람들은 행여나 랍비의 설교 시간에 늦을까 봐 손목시계를 흘긋거리며 발걸음을 재촉했다.

왜 그랬을까? 아마 그의 설교 방식이 전통적 설교들과 달랐기 때문일 것이다. 렙 역시 틀에 박힌 전통적인 스타일의 설교—A라는 이야기에서 시작해 B라는 이야기로 넘어가고, 그것을 분석하고 설명하는 방식—를 배웠지만, 두세 번쯤 시도해 본 뒤에 포기해 버렸다. 신도들은 딴생각을 하거나 지루해했고, 그것이 얼굴에 고스란히 나타났다.

그래서 앨버트 루이스는 자신만의 방식을 개발했다. 창세기 1장 말씀으로 시작해 그 내용을 간단하고 쉬운 개념들로 쪼개서 들려준 다음, 그것을 일상생활과 연결하여 이야기해 주는 것이 그것이었다. 또 신도들에게 질문을 던지고, 그들로부터 질문을 받기도 했다. 그렇게 새로운 설교 스타일이 탄생했다.

시간이 지날수록 그의 설교는 열정적인 공연과 흡사해져 갔다. 그는 마술사 같은 손짓을 섞어서 말했고 중요한 대목에 이르면 목소리 톤을 점점 높였으며, 성경 구절과 프랭크 시나트라의 노래와 뮤지컬 스타일의 농담, 또는 이디시어(히브리어, 아람어와 함께 유대 역사상 가장 중요한 3대 언어—옮긴이) 표현을 섞어 가며 설교했다. 때때로 "손들고 말씀해 보실 분 계세요?" 하며 신도들의 참여를 유도하기도 했다.

그가 설교의 소재로 삼을 수 없는 것은 없었다. 어떤 설교 때는 등받이가 없는 의자에 앉아서 닥터 수스(Dr. Seuss, 미국의 유명한 아동 그림책 작가—옮긴이)의 『거북이 여틀(Yertle the

Turtle)」을 읽었고, 또 어떤 설교 때는 메리 홉킨(Mary Hopkin)의 '그 시절이 좋았지(Those Were The Days)'를 불렀다. 어떤 날은 호박과 나무 장작을 갖고 와서 그것들을 칼로 내리치면서, 오랜 시간에 걸쳐서 자란 것보다 빨리 자란 것이 더 깨지기 쉽다는 교훈을 전달했다.

그는 「뉴스위크」나 「타임」, 「새터데이 이브닝 포스트」, 스누피 만화, 셰익스피어의 작품, TV 시리즈 〈맷록(Matlock)〉에 나오는 구절들을 인용했다. 그는 팝송, 포크송, 오래된 옛날 노래들을 영어, 히브리어, 이탈리아어로, 때로는 아일랜드 억양을 흉내 내며 불렀다. 나는 그 어떤 책들보다도 랩의 설교를 통해서 말이 가진 힘에 대해 배웠다. 설교 도중에 예배당 안을 둘러보면 어느 누구 하나 딴전 피우지 않고 모두 랩에게 집중하고 있었다. 심지어 그가 신도들을 꾸짖거나 나무라고 있을 때도.

무언가에 홀리기라도 한 듯 잔뜩 집중하고 있던 사람들은 설교가 끝나면 그제야 크게 숨을 내쉬었다. 그만큼 랩의 설교에는 사람을 끌어당기는 힘이 있었다.

그래서 나는 그가 신으로부터 어떤 거룩한 영감을 받은 것이 아닌지 궁금했다. 모세는 불타는 떨기나무 앞에서 하나님의 부르심을 들었고, 엘리야에게 하나님은 작고 가느다란 목소리로 다가오셨다. 또 하나님은 나귀를 통해 발람에게 깨달음을 주고자 하셨고, 폭풍이 몰아치는 가운데서 욥에게 말씀하셨다. 나는 성스러운 설교를 하는 사람이라면 당연히 신의 계시 같은 걸 받았으리라고 생각했다.

"모든 성직자가 그런 계시를 받는 건 아니라네." 렙이 말했다.

그럼 왜 성직에 종사하게 되셨어요?

"원래부터 가르치는 사람이 되고 싶었어."

종교적 스승 말입니까?

"역사를 가르치는 사람."

학교에서 일하는 교사요?

"그래, 학교에서 일하는 교사."

하지만 랍비님은 신학교에 다니셨잖습니까.

"시도는 해 봤지."

시도라고요?

"처음에는 떨어졌어."

설마, 농담하지 마세요.

"정말이네. 신학교 교장인 루이스 핀켈스타인이 나를 부르더니 '앨, 자넨 똑똑하긴 하지만, 훌륭한 랍비가 되기엔 자질이 부족한 것 같아.'라고 하더군."

그래서 어떻게 하셨어요?

봄 59

"어떡하긴? 포기했지."

정말 생각지도 못한 대답이었다. 앨버트 루이스 하면 떠오르는 것은 여러 가지가 있었다. 하지만 '훌륭한 랍비가 되기 위한 자질이 부족하다'니? 그것은 전혀 그에게 어울리는 표현이 아니었다.

어쩌면 그는 종교 지도자가 되기에 너무 차분한 성격이었는지도 모른다. 아니면 너무 수줍음을 탔거나. 이유야 어쨌든, 신학교에서 거절당한 일로 그는 크게 낙담했다.

그러다가 어느 해 여름에 뉴욕 주 포트저비스에서 캠프 지도 교사로 일하게 되었다. 그런데 아이들 가운데 특히 까다로운 소년이 하나 있었다. 다른 아이들이 전부 한 장소에 모일 때도 그 소년은 혼자만 다른 곳에 가 있었고, 앉으라고 이야기하면 일부러 서 있곤 했다.

소년의 이름은 피니어스였다. 앨버트는 여름 캠프 내내 피니어스와 대화를 나누며 용기를 북돋워 주고, 인내심 있게 미소를 지으며 그의 고민을 들어 주었다. 그는 청소년 시절의 불안과 고민을 누구보다 잘 알고 있었다. 그 시절의 앨버트는 세상과 동떨어진 종교적 환경에서 자란 땅딸막한 소년이었다. 친구도 거의 없었고, 여자 친구와 데이트도 해 보지 못했다.

피니어스도 앨버트 루이스에게 친밀감을 느꼈다. 그리고 캠프가 끝날 즈음, 피니어스는 완전히 다른 소년이 되어 있었다.

몇 주 후, 앨버트는 피니어스의 아버지에게 전화를 받았다. 식사에 초대하고 싶다는 것이었다. 알고 보니 소년의 아버지는 저명한 유대인 학자이자 보수파 유대교의 중심 인물인 맥스 카두신이었다.

그날 밤 저녁 식사를 하면서 그가 말했다. "앨버트, 정말로 고맙네. 자네가 피니어스를 완전히 다른 아이로 바꿔 놨어. 멋진 소년으로 말이야."

앨버트는 미소로 답했다.

"자네는 사람들을 이끄는 능력이 뛰어난 것 같아. 특히 아이들을 말이야."

앨버트는 감사하다고 말했다.

"혹시 신학교에 들어갈 생각을 해 본 적은 없나?"

앨버트의 입안에 있던 음식이 튀어나올 뻔했다.

"지원한 적은 있습니다. 하지만 거절당했죠."

맥스가 잠시 뭔가 생각하는 듯하더니 말했다.

"다시 도전해 보게."

그리고 맥스 카두신의 도움으로 앨버트 루이스의 두 번째 도전은 첫 번째보다 훨씬 수월하게 풀렸다. 그는 뛰어난 실력을 발휘했고, 무사히 신학교를 졸업했으며, 랍비 서품을 받았다.

그로부터 얼마 뒤, 그는 뉴저지로 가는 버스에 올랐다. 랍비가 되고 나서 처음 맡은 유대교 회당, 50년이 넘도록 떠나지 않게 될 회당으로 가는 버스였다.

천사도 못 보셨다고요? 내가 물었다. 불타는 떨기나무도 없었다고요?

"버스를 탔을 뿐이지." 렙이 싱긋 웃으며 대답했다.

나는 우리가 나눈 얘기를 수첩에 적었다. 내가 아는 가장 성스럽고 존경스러운 랍비가 문제아 소년의 잠재력이 깨어나도록 도와줌으로써 자신의 잠재력도 발견했다니.

나는 그의 방을 나오면서 수첩을 가방에 집어넣었다. 그동안의 만남을 통해 내가 알게 된 것은 서너 가지쯤 됐다. 앨버트 루이스가 하나님의 존재를 믿는다는 것, 그가 하나님과 대화를 나눈다는 것, 우연한 기회에 성직자의 길에 들어섰다는 것, 그리고 어린아이를 잘 다룬다는 것. 그에 대해 알아가는 것은 이제부터 시작이었다.

우리는 로비로 걸어 나왔다. 나는 고개를 들어 일 년에 한 번씩 만나는 커다란 예배당 건물을 눈으로 죽 둘러보았다.

"고향에 돌아오니 기분 좋지, 안 그래?"

나는 그저 어깨만 으쓱했다. 그 예배당은 내 고향이 아니었다.

이런 얘기들을, 그러니까…… 추도사에 넣어도 괜찮은가요? 내가 물었다.

그는 턱을 만지작거렸다.

"그때가 되면, 아마 자네도 무슨 말을 써야 할지 알 수 있을 거야."

## 헨리의 삶

헨리가 열네 살 때 아버지가 돌아가셨다. 오랫동안 병을 앓으신 후였다. 헨리는 검은 정장을 입고 장례식에 참석했다. 생전에 윌리 코빙턴은 아무리 돈이 없어도 아들들에게 정장 하나쯤은 꼭 있어야 한다고 고집했었다.

헨리의 가족들은 뚜껑이 열린 관 앞에 섰다. 그들은 누워 있는 아버지를 보고 깜짝 놀랐다. 윌리는 원래 굉장히 까무잡잡한 피부였는데, 장례식 업자가 황갈색 톤으로 피부를 칠해 놨던 것이다. 헨리의 큰누나가 "우리 아빠 얼굴은 이렇지 않아!" 하고 아버지 얼굴의 메이크업을 닦아 내며 소리 내어 울었다. 헨리의 어린 남동생은 자꾸만 관 안으로 들어가려고 했다. 엄마는 내내 울기만 할 뿐이었다. 헨리는 소리 없이 눈물만 흘리며 그 모든 것을 지켜보았다. 아버지가 다시 일어난다면 얼마나 좋을까 하는 생각뿐이었다.

헨리는 하나님이나 예수님, 아니 그 어떤 초월적 존재보다도 아버지를 존경했었다. 오래 전에 노스캐롤라이나 출신의 매트리스 제조업자였던 아버지를, 2미터 가깝게 키가 크고 가슴팍에는 총상으로 인한 흉터가 여러 개 있는 아버지를, 그 흉터들이 왜 생겼는지 자식들에게 한 번도 얘기해 주지 않았던 그 아버지를 말이다. 그는 골초였고 술을 즐겼다. 하지만 거나하게 취해 집에 돌아온 그는 누구보다도 자식들에게 부드럽고 자상한 아버지였다. 그는 헨리를 불러서 이렇게 묻곤 했다.

"헨리, 아빠 사랑하니?"

"그럼요."

"아빠가 널 사랑한다는 것도 알아?"

"네."

"자, 아빠 한번 안아 주렴. 뽀뽀도 해 주고."

윌리는 수수께끼 같은 사람이었다. 이렇다 할 특정한 직업이 없으면서도 아이들 교육에 대해서만큼은 엄격했고, 마약거래상이자 고리대금업자였으면서도 불법으로 손에 넣은 장물은 절대 집 안에 두지 않았다. 헨리가 6학년 때 담배를 피우기 시작하자, 윌리는 그에게 이렇게만 말했다.

"절대로 나한텐 담배 꿔 달라고 하지 마라."

하지만 윌리는 진정으로 자식들을 사랑했다. 이따금 아이들을 앞혀 놓고 학교에서 배운 내용을 테스트하기도 했다. 그럴 땐 상금도 걸었다. 쉬운 문제는 1달러, 어려운 수학 문제는 10달러였다. 헨리는 아버지의 노래, 특히 '요르단 강가는 시원하다네' 같은 오래된 노래를 듣는 것을 몹시 좋아했다.

하지만 얼마 안 가서 아버지의 노래는 들을 수가 없었다. 윌리는 자주 기침을 했고 갈수록 더 심해지더니 폐기종과 폐결핵까지 함께 찾아왔다. 말년에 그는 거의 침대에만 누워 지냈다. 헨리는 정성을 다해 아버지 음식을 챙겨 드렸다. 심지어 아버지가 피를 토하고 거의 아무것도 먹지 못하게 되었을 때에도.

어느 날 밤, 헨리가 아버지의 식사를 갖고 들어갔을 때였다. 아버지는 헨리를 빤히 올려다보면서 쇳소리 같은 목소리로 말했다.

"헨리, 혹시 담배 떨어지면 내 걸 가져다 피워라."

그로부터 몇 주 후, 윌리 코빙턴은 감은 눈을 영영 뜨지 않았다.

장례식장에서 헨리는 침례교 목사님이 영혼과 예수님에 대해 이야기하는 것을 들었다. 하지만 하나도 마음에 와 닿지 않았다. 헨리는 장례식 내내 생각했다. 아빠는 곧 돌아오실 거야. 어느 날 현관에 나타나서 늘 즐겨 부르던 그 노래를 부르실 거야.

몇 개월이 흘렀다.

하지만 그런 일은 일어나지 않았다.

그리고 자신만의 유일한 영웅을 잃어버린 헨리, 마약상의 아들 헨리는, 지금부터 원하는 것을 손에 넣으면서 살겠노라고 결심했다.

## 5월
### 의식

봄도 거의 끝자락에 와서 이제 여름 느낌이 나기 시작했다. 창문으로 쏟아져 들어오는 늦은 오전 햇살이 제법 따가웠다. 렙과 세 번째로 만나는 날이었다. 질문을 시작하기 전에, 렙이 내게 물을 한 잔 따라 주었다.

"얼음 줄까?" 그가 물었다.

괜찮습니다.

"그가 괜찮다고 하네―" 렙이 노래를 불렀다. "얼음―은 괜찮다고― 괜찮다고―"

렙의 방으로 걸어가는 도중에 우리는 커다란 사진 옆을 지나갔다. 산에서 찍은 젊은 시절의 렙 사진이었다. 화창한 햇살 아래, 검은 머리칼을 뒤로 빗어 넘긴 건장한 체구의 남자가 서 있었다. 내 어린 시절 기억 속의 렙 모습 그대로.

멋진 사진이군요. 내가 말했다.

"참 뿌듯한 순간이었지."

어딥니까?

"시내(Sinai) 산."

모세가 십계명을 받은 곳 말입니까?

"그래."

언제였어요?

"1960년대였지. 학자들 몇 명이랑 함께 다녀왔어. 그 산엔 한 기독교인이랑 올라갔다네. 그가 사진을 찍어 줬지."

시간이 얼마나 걸렸어요?

"꽤 오래 걸렸어. 밤새도록 올라가서 동틀 녘에야 도착했으니까."

나는 곁눈질로 그의 늙은 몸을 보았다. 이젠 더 이상 그런 여행을 갈 수 없으리라. 좁아진 어깨에 상체도 구부정했고 손목께의 피부는 주름이 쪼글쪼글했다.

사진 앞에서 걸음을 떼려는 순간, 나는 뭔가를 발견했다. 흰

셔츠와 탈리스(tallith, 유대인 남자가 아침 기도 때 어깨에 걸치는 숄-옮긴이) 외에도 렙은 전통적인 테필린(tefillin)을 몸에 매고 있었다. 테필린은 의식을 엄수하는 유대인들이 아침 기도를 드릴 때 머리나 팔에 끈으로 묶어 고정시키는, 성경 구절을 담은 작은 상자다.

그는 밤새도록 산을 올랐다고 말했다.

그렇다면 올라가는 내내 테필린도 매고 있었다는 뜻이다.

그런 의식들은 렙의 삶에서 중요한 일부분이었다. 아침 기도, 저녁 기도, 유대교에서 정해진 음식만 먹기 같은 것들. 안식일인 토요일이면 그는 비가 오나 눈이 오나, 맑은 날이나 흐린 날이나 반드시 차를 타지 않고 걸어서 회당에 갔고, 특별한 기념일이나 축제일에는 전통적인 행사에 참여했다. 유월절에는 만찬 의식을 거행했고, 로시 하샤나(Rosh Hashana, 유대교의 신년절-옮긴이) 때는 죄를 씻어 내는 의식으로서 바다에 빵 조각을 던졌다.

가톨릭에 저녁 기도와 여러 가지 성사(聖事)와 영성체가 있듯이, 또 이슬람교에서 하루에 다섯 번 기도를 드리며 깨끗한 옷을 입고 기도용 매트를 사용하듯이 유대교에도 하루 종일, 일주일 내내, 일 년 내내 지켜야 할 의식들이 수없이 많다.

내가 어렸을 때 렙은 때로는 부드럽게, 때로는 강한 어조로 종종 신도들을 타일렀다. 유대교의 중요한 의식을 빼먹거나, 식전 기도를 올리거나 가족의 기일에 촛불을 켜 두는 등의 전통을 고의로 지키지 않거나, 죽은 가족이나 친지를 위해 드리는 기도인 카디시(kaddish)를 소홀히 했을 때였다.

그러나 종교적 의식이라는 끈을 꽉 붙잡으라는 그의 조언과 타이름에도 불구하고, 시간이 지날수록 그 끈을 잡은 신도들의 손은 점점 느슨해졌다. 그들은 기도를 빼먹었고 축제일을 그냥 지나쳤다. 또 유대인이 아닌 다른 민족과 결혼을 했다. 내가 그랬던 것처럼.

나는 궁금했다. 점점 꺼져 가는 촛불 같은 삶을 살고 있는 지금, 그에게 그런 의식들이 얼마나 중요할까?

"반드시 필요하다네." 그가 말했다.

하지만 왜요? 마음속에서 진심으로 하나님을 믿고 계시잖아요.

"미치, 신앙이란 행동의 문제라네. 얼마만큼 믿느냐 하는 것뿐만 아니라, 어떻게 행동하느냐도 중요한 거야."

렙은 단순히 의식을 습관적으로 실천하는 것이 아니라 일상생활 자체가 의식이 되어 있었다. 기도하지 않을 때면 그는 책을 보거나(그의 신앙생활에서 중요한 부분이었다), 자선 활동을 하거나 아픈 사람들을 돌보았다. 그것은 예측 가능하고 뻔한 삶, 요즘 사람들의 기준에서 보자면 지루하고 따분한 삶이었다. 어쨌거나 우리는 '판에 박힌 삶'을 벗어나야 한다고 배우고, 언제나 새롭고 참신한 것을 추구하라는 이야기를 듣지 않는가. 하지만 렙은 새롭고 참신한 것들과는 거리가 멀었다. 그는 세상의 유행을 따르지 않았다. 필라테스도 배우지 않았고 골프도 치지 않았다(그의 창고에는 몇 년 전 누군가 선물한 골프 클럽이 몇 년째 그대로 처박혀 있었다).

그러나 그의 삶에는 평온함이 깃들어 있었다. 이런저런 습관을 조용히 지키는 모습, 특정한 시간에 특정한 생활 규칙을 실천하는 모습, 매년 가을에 하늘을 향해 지붕이 뚫린 수카[유대교의 수코트(Sukkoth) 축제 때 식당 등으로 쓰는 임시 초막-옮긴이]를 짓는 모습, 매주 엄격하게 안식일을 지키는 모습 등 모두에 말이다.

"우리 조부모님도, 그리고 부모님도 그렇게 하셨다네. 내가 그것들을 버린다면 그분들의 삶은 뭐가 되겠나? 그리고 내 삶은? 세대가 바뀌고 바뀌어도 이런 의식들 덕분에 우리가……"

그는 손을 공중에서 움직이며 적당한 단어를 찾으려 애썼다.

연결되어 있다고요? 내가 말했다.

"아, 그렇지. 연결되어 있는 거야."


## 봄의 끝자락

그날 렙과 함께 예배당 현관 쪽으로 걸어 나오면서 내 마음은 죄책감으로 울렁거렸다. 나도 한때는 의식들을 지켰다. 하지만 수십 년간 그것을 외면했다. 그즈음 나는 나 자신을 신앙과 연결해 주는 어떤 행동도 하지 않았다.

물론 나는 멋진 삶을 살고 있었다. 여기저기 많은 곳을 돌아다녔고 흥미로운 사람들도 만났다. 하지만 나의 일상 – 일하고, 뉴스를 검색하고, 이메일을 체크하는 – 은 그저 나만을 위한 것이었지 어떤 믿음이나 전통과 연결되어 있는 것은 아니었다. 나는 무엇과 연결되어 있었을까? 좋아하는 TV 프로그램과? 조간신문과? 내 일은 융통성과 적응력을 필요로 했다. 종교적인 의식은 그와 반대였다. 게다가 나는 종교적인 의식과 습관들이 좋은 것이기는 하지만 시대에 뒤진 진부한 것이라고 여겼다. 마치 먹지를 대고 글씨를 베껴 쓰는 일처럼.

 솔직히 말해, 그즈음 내 행동 가운데 종교적인

의식에 가장 가까운 것은 렙을 만나는 일이었다. 나는 예배당에서, 자택에서 그를 만났다. 때론 화기애애했고, 때론 차분한 분위기가 흘렀다. 나는 편안한 반바지 차림의 그를 보았다.

또 나는 그 한 해 봄에 지난 3년 동안보다 더 많이 그를 만났다. 그런데도 나는 여전히 이해가 가지 않았다. 나는 불성실하고 믿음도 부족한 신도였다. 그는 왜 나를 자신의 죽음을 준비해 줄 사람으로 선택했을까? 그를 실망시킨 신자였을 텐데?

우리는 어느새 현관에 도착했다.

여쭙고 싶은 게 하나 더 있습니다. 내가 말했다.

"하나 더- 있다-네. 문 앞에서-" 렙은 노래를 불렀다.

어떻게 냉소적인 마음이 들지 않으실 수가 있죠?

그는 노래를 멈췄다.

"이 일에는 냉소적인 마음이 비집고 들어올 자리가 없다네."

하지만 사람들은 많은 잘못을 저지르잖습니까. 의식을 경멸하고, 신앙을 무시하고, 심지어 랍비님도 무시하잖아요. 그들을 인도하려고 애쓰는 일이 지겹지 않으세요?

그는 다정한 눈빛으로 나를 응시했다. 내가 진짜 묻고 싶은 질문, '왜 저를 택하셨어요?'라는 마음속 질문을 꿰뚫어 보기라도 한 것처럼.

"이 이야기를 들어 보게. 세일즈맨이 한 명 있어. 그는 누군가의 현관문을 두드리지. 그러면 집 안에서 나온 남자가 '지금은 필요한 물건이 없습니다.'라고 말해. 다음 날, 세일즈맨이 다시 찾아오네. 남자는 그에게 '어서 가 주십시오.'라고 말하지. 그 다음날 세일즈맨이 다시 찾아오네. 이번엔 남자가 고함을 지르지. '또 찾아오다니! 오지 말라고 했잖아요!' 남자는 불같이 화를 내며 세일즈맨의 얼굴에 침을 뱉는다네. 그때 세일즈맨은 미소를 지으며 손수건으로 얼굴의 침을 조용히 닦아 낸 다음, 하늘을 올려다보며 이렇게 말한다네. '비가 내리나 보군.'"

 렙은 빙그레 미소를 지었다.

 "그게 바로 믿음이고 신앙이야. 사람들이 얼굴에 침을 뱉으면 '비가 내리나 보군.' 하고 말하는 것. 그리고 내일 또다시 찾아가는 것."

 그는 나를 보며 웃었다.

 "자네, 다시 올 거지? 내일은 아니더라도 말이야."

 렙은 나를 향해 두 팔을 벌렸다. 기다리던 반가운 소포를 받으려는 사람처럼. 그리고 나는 생애 처음으로, 렙에게서 도망치는 것과 정반대되는 행동을 했다. 그를 꼭 껴안은 것이다.

 짧은 순간이었다. 어쩐지 어색했다. 하지만 나는 살이 빠져 앙상해진 그의 등과, 내 뺨에 닿는 그의 구레나룻을 느낄 수 있었다. 어느 누구보다 크고 거대한 '하나님의 아들'이 그 짧은

봄 73

포옹의 순간만큼은, 인간의 크기로 오그라든 것 같았다.
 지금 생각해 보면, 나는 바로 그때 추도사 부탁에 담긴 의미를 이해한 것 같다.

봄

## 여름

가을

겨울

1971년……

나는 열세 살이다. 오늘은 아주 중요한 날이다. 나는 끝부분이 손 모양으로 생긴 작은 은제 지시봉을 들고 토라 두루마리 앞에 서 있다. 나는 성서 구절과 축복문을 소리 내어 낭송한다. 변성기가 온 내 목소리에서 갈라지는 소리가 난다.

신도석 앞줄에 부모님과 형제들, 할아버지, 할머니가 앉아 있다. 그 뒤에 다른 친지와 지인들, 학교 친구들이 앉아 있다.

나는 속으로 스스로에게 말한다. 두루마리를 내려다봐. 실수하면 안 돼.

나는 계속 읽어 내려간다. 썩 잘 해내고 있다. 낭송이 끝나자, 주변에 있던 사람들이 땀으로 젖은 내 손을 잡고 악수를 하며 "축하한다."라고 말해 준다. 몸을 돌린 나는 설교단을 가로질러 렙이 기다리고 있는 곳으로 걸어간다.

렙은 의식 집전용 가운을 걸치고 있다. 그가 안경 쓴 눈으로 나를 내려다본다. 그리고 나에게 앉으라는 손짓을 한다.

의자가 아주 크게 느껴진다. 렙이 손에 든 기도서가 눈에 들어온다. 종이쪽지들이 기도서 중간 중간에 끼워져 있다. 그만의 커다란 동굴 안에 들어온 듯한 기분이다. 그가 큰 소리로 노래를 부른다. 나도 함께 노래를 부른다. 큰 목소리로. 그는 내가 대충 부른다고 생각하지 않을 것이다. 하지만 내 몸은 떨고 있다.

이제 성인식의 공식적인 식순이 모두 끝난다. 하지만 가장 긴장되는 마지막 순서가 남아 있다. 랍비와의 대화 시간이다. 이 순서는 미리 연습하거나 공부할 수도 없다. 정해진 형식이 없기 때문이다. 게다가 그분의 바로 옆에 서야 하니 도망칠 수조차 없다. 기도가 끝나자 그가 나를 부른다. 내 키는 랍비 앞의 성서대 맨 위에 겨우 닿을락말락하기 때문에, 몇몇 신도들은 나를 보려고 몸을 옆으로 살짝 움직인다.

랩이 묻는다. "자, 기분이 어떤가? 편안한가?"

네. 나는 웅얼거리듯 대답한다.

신도석에서 숨죽인 웃음소리가 들린다.

"몇 주 전에 우리가 대화를 나눌 때, 자네 부모님을 어떻게 생각하느냐고 내가 물었지? 기억나나?"

네, 조금요.

또 숨죽인 웃음소리가 들려온다.

"그때 나는 '부모님이 완벽한 분들이라고 생각하느냐, 아니면 개선이 필요하다고 생각하느냐'고 물었지. 자네가 뭐라고 대답했는지 기억나나?"

나는 긴장해서 잔뜩 얼어붙는다.

"자넨 부모님이 완벽하지 않다고 대답했어. 하지만······."

그가 나에게 고갯짓을 한다. '마저 이어서 말해 봐.'라는 뜻으로.

하지만 개선할 필요는 없다고 말했습니다. 내가 말한다.

"하지만 개선할 필요는 없다. 그건 대단히 지혜로운 대답이라네. 왜 그런지 아나?"

아니요.

또 웃음소리가 들린다.

"자네가 사람들을 있는 그대로의 모습으로 받아들일 줄 안다는 뜻이니까. 세상에 완벽한 사람은 없다네. 어머니와 아버지도 마찬가지야."

그는 미소를 지으며 두 손을 내 머리에 얹는다. 그리고 축복의 말을 낭송한다. "부디 주님의 빛이 이 아이에게 비치도록 하옵시고······."

이제 나는 축복받은 사람이며, 내게 주님의 빛이 비친다. 앞으로 나는 더 많은 자유를 갖게 되는 것일까, 아니면 그 반대일까?

### 헨리의 삶

내가 우리 종교 의식에 따라 '성인'이 되었을 그 무렵, 헨리는 범죄자가 되었다.

그는 자동차 절도에 가담하는 일부터 시작했다. 헨리가 망을 보는 동안 형이 쇠지렛대로 잠긴 자동차 문을 열었다. 그 다음엔 지갑 소매치기를, 그 다음엔 가게에서 좀도둑질을 했다. 주로 식료품 상점에서였다. 그는 돼지고기와 소시지를 훔쳐 커다란 바지와 셔츠 안에 숨겨 가지고 나왔다.

학교생활은 이미 멀어진 지 오래였다. 다른 또래들이 풋볼 경기장이나 댄스파티에 갈 때 헨리는 강도짓을 하고 다녔다. 그는 노인이나 젊은이, 백인, 흑인 등 상대를 가리지 않았다. 총을 들이대고 돈을 내놓으라고, 지갑과 핸드백과 보석을 내놓으라고 윽박질렀다.

그렇게 몇 년을 보냈다. 시간이 흐르면서 그에게는 많은 적들이 생겨났다. 그러다가 1976년 가을, 평소 적대 관계에 있던 사내가 헨리를 모함하여 살인 사건에 연루된 것처럼 조작하는 일이 발생했다. 그 사내는 경찰에게 헨리가 살인범이라고 말했다. 그리고 나중에는 헨리가 아니라 다른 남자라고 말했다.

경찰이 조사하러 찾아왔을 때, 초등학교 6년이 학력의 전부인 열아홉 살의 헨리는 '머리만 잘 써서 상황을 반전시키면 보상금 5,000달러를 받아 낼 수 있겠다'는 생각이 들었다.

그래서 그는 "저는 모릅니다." 또는 "그 근처에도 안 갔습니다."라고 말하는 대신 어디에 누가 있었고, 누가 무엇을 어떻게 했는지 등등을 꾸며서 진술했다. 거짓말이 술술 나왔다. 그는 현장에는 있었지만 범죄에는 가담하지 않은 사람이 되었다. 헨리는 자신이 발휘한 기지에 스스로도 감탄했다.

하지만 그것은 순전히 착각이었다. 결국 헨리는 거짓말로 인해 상황이 꼬이는 바람에 과실치사 혐의로 체포되었다(지목됐던 다른 남자도 함께 체포되었다). 다른 남자는 법정에 섰고 유죄판결이 내려져 25년형을 받았다. 헨리의 변호사는 재빨리 플리 바긴(plea bargain, 피고가 유죄를 인정하는 대신 검사 측이 형량을 경감해 주는 협상-옮긴이)을 제안했다. 변호사는 7년만 살면 된다고, 받아들이라고 했다.

헨리는 망연자실했다. 7년이라고? 범죄를 저지르지도 않았는데?

"어떻게 하면 좋을까요?" 그는 어머니에게 물었다.

어머니는 말했다. "7년이면 25년보다는 낫잖니."

헨리는 눈물을 삼켰다. 그리고 형량을 받아들였다.

그는 수갑이 채워진 채 끌려갔다. 감옥으로 향하는 버스 안에서, 그는 부당하게 옥살이를 하게 된 현실에 이를 갈며 분해했다. 과거에 나쁜 짓을 저지르고도 용케 체포되지 않았던 적이 수차례라는 사실은 떠올리지 않았다. 어쩌면 그것들을 전부 합쳐 대가를 치르는 것일지 모른다는 생각 또한 하지 않았다. 그는 분노와 참담함에 몸서리쳤다. 그리고 감옥에서 나오면 세상이 그에게 큰 빚을 갚아야 할 것이라며 주먹을 불끈 쥐었다.

## 오랫동안 잃어버렸던 것

2003년 여름의 어느 날, 우리는 주방에 앉아 있었다. 렙의 아내 사라(Sarah)가 외출하기 전에 멜론을 잘라 두었다. 흰색 반소매 셔츠에 빨간 양말과 샌들—나는 이제 그런 차림에 놀라지 않았다—을 신은 렙이 찬장에서 접시를 꺼냈다.

"좀 들게."

이따가 먹겠습니다.

"배 안 고픈가?"

이따가 먹을게요.

"몸에 좋은 거야."

나는 한 조각을 집어 들고 먹었다.

"맛-이-있-지?"

나는 눈을 동그랗게 뜨고 렙을 쳐다보았다. 그의 목소리에 장난기가 넘쳤다. 렙을 만나기 시작한 지 3년이 흘렀고, 이제 우리는 상대방을 놀릴 만큼 편안한 관계가 되어 있었다. 물론 그렇게 오랫동안 만남이 지속되리라고는 생각하지 못했다. 누구라도 추도사를 써 달라는 부탁을 받으면 그의 마지막 순간이 멀지 않았다고 생각하기 마련이니까.

그러나 렙은 강인하고 오래된 나무 같았다. 폭풍우가 몰아치면 구부러졌지만 결코 부러지지는 않았다. 그동안 그는 호지킨병과 폐렴을 앓았고 불규칙한 심박동이 나타났으며 경미한 뇌졸중도 일으켰다.

그즈음 렙은 여든다섯 살의 육체를 지탱하기 위해서 날마다 여러 가지 약을 복용했다. 발작을 제어하기 위해 다일랜틴을, 심장과 혈압을 위해 바소텍과 토프롤을 먹었다. 최근에는 대상포진도 앓은 터였다. 또 내가 방문하기 얼마 전에는 넘어지며 갈비뼈가 부러지는 바람에 한동안 병원 신세를 져야 했다. 의사는 그에게 '안전을 위해서' 어딜 가든 반드시 지팡이를 짚고 다니라고 신신당부했다. 하지만 그는 좀처럼 지팡이를 쓰지 않았다. 신도들의 눈에 약한 노인네로 비치기 싫다는 것이었다.

그런 몸인데도 그는 내가 찾아갈 때마다 몹시 밖에 나가고 싶어 했다. 쇠락해 가는 육체에 굴복하지 않으려는 그의 모습이 내심 기뻤다. 나는 노쇠하고 허약한 그를 보고 싶지 않았다. 그는 언제나 우뚝 솟은 존재, 장엄하고 고귀한 '하나님의 아들'이었으니까.

나는 그가 언제나 우리에게 건재한 모습만 보여 주었으면 좋겠다는 이기적인 소망을 품고 있었다.

게다가 나는 그와 비슷한 노년이 허물어져 가는 것을 목격했었다. 그 무렵으로부터 8년 전, 나는 사랑하는 노스승인 모리 슈워츠(Morrie Schwartz)가 루게릭병으로 서서히 죽어 가는 것을 지켜보았다. 나는 화요일마다 보스턴 근교에 사는 선생님을 찾아가 만났다. 한 주 한 주 시간이 갈수록 선생님의 정신은 변함없이 빛났지만, 그의 육체는 점점 쇠락해 갔다.

선생님 댁을 처음 방문하고 여덟 달도 안 되어, 그분은 돌아가셨다.

나는 앨버트 루이스-그는 우연찮게도 모리 교수님과 비슷한 시기에 태어났다-가 더 오래 살았으면 좋겠다고 생각했다. 모리 교수님께 미처 물어보지 못한 것들이 너무나 많았고, "시간이 조금만 더 있다면……" 하며 가슴을 친 날도 이루 헤아릴 수 없었다.

나는 렙과 만나는 날을 손꼽아 기다렸다. 내가 커다란 초록색 의자에 앉아 있는 동안, 렙이 "그 편지를 어디 두었더라?" 하면서 책상을 뒤적이곤 하는 그날 말이다. 어떤 날은 내가 사는 디트로이트에서 필라델피아로 비행기로 날아간 다음 거기서 뉴저지로 향했다. 하지만 대개는 일요일 아침에 뉴욕에서 TV 프로그램 녹화를 마친 뒤 기차를 타고 뉴저지로 갔다. 내가 렙의 집에 도착할 즈음은 대부분의 사람들이 교회에 있을 시간이었으므로, 우리 역시 우리만의 교회에서 주일을 보내고 있는 셈이기도 했다. 두 유대인 남자가 신앙에 대해 이야기하는 작은 방을 교회라고 부를 수 있다면 말이다.

친구들은 미심쩍은 눈빛으로, 또는 호기심 어린 말투로 내게 이렇게 물었다.

"평범한 친구를 만나듯이 그의 집에 찾아간단 말이야?"

"랍비가 무섭지 않아?"

"집에 찾아가면 랍비님이 너한테 기도하라고 그래?"

"추도사에 대해서 이야기를 나눠? 우울하고 섬뜩하지 않아?"

지금 생각해 보면 분명 평범한 일은 아니었던 것 같다. 그리고 얼마쯤 렙을 방문하다가 발길을 끊을 수도 있었다. 추도사에 담을 내용은 충분히 얻었으니까. 하지만 나는 그를 계속 만나야 한다고 느꼈다. 글로써 그라는 사람을 좀 더 정확하게 표현할 수 있으려면 말이다.

좋다. 솔직하게 말하겠다. 사실은 그게 전부가 아니었다. 그는 내 안에서 오랫동안 잠자고 있던 무언가를 건드렸다. 그는 항상 '우리의 아름다운 신앙'을 찬미했다. 다른 유대인들이 그런 이야기를 하면 나는 불편하고 거부감이 들었으며, 그들과 같은 무리에 포함되고 싶지 않았다. 그러나 믿음으로 인해 그 나이에 그토록 기쁨에 넘치는 랩의 모습에는 사람 마음을 끌어당기는 무언가가 있었다. 내게는 믿음이 그다지 중요한 의미가 없었지만, 그에게는 너무나도 중요한 것이었다. 그리고 믿음은 그로 하여금 평온한 삶을 살게 만들었다. 그런 사람은 정말로 흔치 않았다.

그래서 나는 계속 랩을 찾아갔다. 우리는 많이 이야기하고 많이 웃었다. 옛날 설교들을 들춰 보며 그것을 주제로 대화를 나누기도 했다. 나는 랩에게 그 어떤 이야기도 할 수 있었다. 그가 귀를 기울이며 내 눈을 응시할 때면 온 세상이 멈춘 듯한 기분, 내가 세상의 중심이 된 것 같은 기분이 들었다.

진심을 다해 경청하는 태도는 그가 성직자라는 일에 바치는 선물이었을지도 모른다.

아니면, 성직자라는 직업이 그에게 준 선물이었을지도.

그즈음 렙은 사람들의 말을 훨씬 많이 들었다. 주임 랍비에서 은퇴한 후라서 공식적인 모임이나 그가 처리할 서류들이 많이 줄어 있었다. 그가 처음 이곳에 왔을 때와 달리, 이제 회당은 스스로 알아서 잘 돌아가고 있었다.

사실 그는 은퇴한 뒤 플로리다나 애리조나처럼 따뜻하고 살기 좋은 지역으로 떠날 수도 있었다. 하지만 그것은 렙에게 맞지 않았다. 언젠가 그는 마이애미에서 은퇴한 랍비들이 모이는 자리에 참석했다. 그리고 굉장히 많은 랍비들이 은퇴 후 그곳에 살고 있는 것을 보고 깜짝 놀랐다.

그는 이렇게 물었다. "왜 당신이 설교하던 회당을 떠나셨습니까?"

그들은 자신이 남아 어슬렁거리는 것을 새로 온 젊은 랍비들이 좋아하지 않을 것이라고, 혹은 더 이상 설교대에 오를 수가 없어 자존심이 상한다고 대답했다. 하지만 렙은 자신이 늘 서던 설교대에 오르는 젊은 랍비들에게 부러움이나 시기를 전혀 느끼지 않았다(그는 성직자가 가장 경계해야 할 것은 '자존심'이라고 입버릇처럼 말했다). 은퇴 후 그는 원래 쓰던 널찍한 방을 자진해서 비우고 작은 방으로 옮겼다. 그리고 어느 안식일 아침부턴가는 강단 옆의 상석인 커다란 의자에서 내려와 신도석 뒷줄의 아내 옆에 앉기 시작했다. 신도들은 깜짝 놀랐다. 존 애덤스

(John Adams)가 대통령 퇴임 후 시골로 돌아갔듯이, 렙은 신도들 사이로 조용히 돌아간 것이다.

## 1958년, 렙의 설교 중에서

한 소녀가 학교에서 미술 시간에 그린 그림을 들고 집에 왔습니다. 소녀는 깡충깡충 뛰어서 엄마가 요리하고 있는 부엌으로 들어갔어요.

"엄마, 이게 뭐게요?" 소녀는 그림을 공중에 흔들면서 밝은 목소리로 말했지요.

엄마는 소녀를 돌아보지 않은 채 대답했어요.

"뭔데?" 엄마는 끓는 냄비만 보고 있었어요.

"이게 뭐게요?" 소녀가 그림을 흔들면서 다시 말했어요.

"뭔데?" 엄마는 접시들을 만지면서 물었어요.

"엄마, 내 말 안 듣고 있잖아요."

"아니야, 듣고 있어."

"엄마, 엄마 눈은 딴 데 가 있잖아요."

## 헨리의 삶

헨리가 처음에 간 교도소는 라구아디아 공항과 인접한, 이스트 강가의 리커스 아일랜드 교도소였다. 집에서 얼마 떨어지지 않은 곳이라 그는 더욱 괴로웠다. 자신의 어리석음 때문에 집을 불과 몇 마일 옆에 두고 창살 안에 갇혀 있다는 사실이 자꾸 떠올랐다.

리커스 아일랜드에서 지내는 동안, 그는 차마 볼 수 없는 광경을 수없이 목격했다. 수감자들은 다른 수감자를 괴롭히고 구타했다. 그들은 때리는 사람이 누군지 볼 수 없도록 희생자의 머리를 담요로 덮은 다음 잔인하게 폭력을 휘둘렀다. 하루는 헨리와 말다툼을 했던 사내가 방으로 들어오더니 헨리의 얼굴에 주먹을 날렸다. 2주 후에 그 사내는 헨리를 날카로운 포크로 찌르려 했다. 그곳에 있는 내내, 헨리는 자신의 결백을 외치고 싶었다. 하지만 그래 봐야 무슨 소용이 있겠는가? 그 안에 있는 사람들은 누구나 자신이 결백하다고 주장하니 말이다.

한 달쯤 후, 헨리는 북쪽에 있는 강력범 교도소인 엘마이라 교도소로 이송되었다. 그는 거의 먹지 않았다. 잠도 거의 잘 수가 없었다. 매일매일 담배만 피웠다. 어느 무더운 여름날 밤, 그는 온몸이 땀에 젖은 채 차가운 물을 마시려고 자리에서 일어났다. 그런데 잠에서 깨어 정신을 차린 순간, 굳게 닫혀 있는 철문이 눈에 들어왔다. 순간 그는 자신이 있는 곳을 깨달았다. 그리고 잠자리에 풀썩 쓰러져 엉엉 울었다.

 헨리는 왜 아기였을 때 자신을 죽이지 않았느냐고 하나님을 원망했다. 희미한 불빛 아래, 방 한쪽에 꽂혀 있던 성경이 눈에 들어왔다. 그는 욥기를 펼쳐서 욥이 자신이 태어난 날을 저주하며 울부짖는 장면을 읽었다.

 그 순간, 처음으로 헨리는 하나님이 자신에게 말을 걸고 있다는 느낌을 받았다.

 하지만 그는 거기에 귀를 기울이지 않았다.

## 6월
### 이웃들

 멜론을 다 먹은 후 우리는 서재로 자리를 옮겼다. 각종 상자와 신문, 편지, 서류철로 여전히 어지러웠다. 랩의 컨디션이 좋았다면 아마 산책을 나갔을지도 모른다. 그는 동네 여기저기를 산책하는 것을 무척 좋아했다. 이제 예전과 달리 이웃 사람들을 많이 알지는 못했지만 말이다.

"내가 자란 브롱크스에서는 이웃 사람들이 모두 서로 알고 지냈다네. 우리 아파트에 사는 주민들은 전부 가족처럼 지냈고, 옆집 사람이 어떻게 지내는지 늘 관심을 가졌지. 하루는 말이야, 내가 어렸을 때였는데, 무지 배가 고팠어. 그런데 마침 우리 아파트 앞에 과일이랑 야채가 실린 트럭이 세워져 있었지. 나는 옆을 지나면서 트럭에 몸을 부딪치려고 했어. 사과가 떨어지게 만들려고 말일세. 그렇게 하면 훔치는 것처럼 안 느껴질 테니까. 그런데 그때 갑자기 저 위에서 누군가가 이디시어로 '앨(앨버트의 애칭-옮긴이), 그거 만지면 안 된다!' 하고 크게 고함을 치는 거야. 나는 소스라치게 놀랐지. 하나님인 줄 알았어."

누구였습니까?

"우리 위층에 사는 아줌마였다네."

내가 웃으며 말했다. 하나님은 아니었군요.

"그래, 아니었어. 우리는 이웃들의 삶과 연결되어 있었다네. 그래서 누군가 잘못을 저지를 것 같으면 다른 누군가가 붙잡아 주기도 했어. 우리도 서로에게 그런 존재가 되어야 하네. 케힐라 케도샤(Kehillah Kedoshah), 즉 '성스러운 공동체' 말이야.

하지만 요즘은 그런 모습들이 점점 사라지고 있어. 이곳 교외 지역도 이제 많이 변했지. 누구나 자동차를 갖고 있어. 다들 빡빡한 스케줄에 쫓기면서 살고. 그러니 이웃에게 신경 쓸 틈

이 어디 있나? 가족들끼리 한자리에 둘러앉아 식사만 할 수 있어도 다행이지."

그는 고개를 가로저었다. 렙은 무엇이든 시간이 흐르면 발전해야 한다고 믿는 사람이었다. 하지만 지금과 같은 발전은 분명 그가 바라는 형태의 것이 아니었다.

렙은 은퇴 후에도 자기 나름의 방식으로 이웃과 연결된 끈을 늘 견고하게 유지하며 살았다. 그는 시간이 날 때마다 이런저런 메모들이 까맣게 적혀 있는 주소록을 훑어보면서 전화기의 숫자들을 꾹꾹 눌렀다. 그의 전화기는 손자들이 선물해 준 것으로, 그가 쉽게 누를 수 있도록 숫자 버튼들이 큼지막하게 달려 있었다.

"안녕하세요, 앨버트 루이스입니다."

그는 신도나 이웃들에게 중요한 날―기념일이나 은퇴하는 날―들을 기억해 뒀다가 전화를 걸었다. 또 몸이 아픈 이웃에게도 전화해 안부를 물었다. 그는 사람들이 기쁜 일이나 고민거리를 장황하게 늘어놓을 때마다 끝까지 귀담아 들어 주었다. 특히 나이 많은 신도들은 더 신경 써서 챙겼는데, 그는 그 이유를 '그들로 하여금 자신이 여전히 공동체의 중요한 일원이라는 느낌을 갖게 만들기 위해서'라고 설명했다.

나는 렙 자신도 그런 느낌을 갖기 위해서라는 뜻이 아닐까 하고 생각했다.

 나는 어땠을까? 나는 일주일에도 백여 명의 사람들과 연락을 했다. 하지만 대부분 이메일이나 문자 메시지를 통해서였다. 나는 블랙베리(Blackberry, 스마트폰의 일종–옮긴이)를 손에서 놓지 않았다. "내일 통화합시다.", "거기서 봐요." 등등 내 대답은 거의 두세 마디를 넘지 않았다. 나는 짧고 간결하게 끝내는 것을 좋아했다.

하지만 렙은 짧고 간결하게 끝내는 법이 없었다. 이메일도 사용하지 않았다. "이메일을 사용하면 서로를 제대로 이해하고 있는지를 어떻게 아나? 진심이 아닌 말도 얼마든지 쓸 수 있는데 말일세. 나는 상대방을 보고 싶어. 하지만 볼 수 없다면 목소리라도 들어야지. 볼 수도 없고 들을 수도 없으면 어떻게 상대방을 돕는단 말인가?"

그는 크게 숨을 내쉬었다.

"물론 옛날에는 말이야……"

그러더니 갑자기 노래를 시작했다.

"예–옛날에는– 집집마다–아 찾아다니곤 했지–"

어렸을 때 기억이 난다. 렙이 우리 동네 누군가의 집을 방문하는 날이면 나는 커튼을 살며시 젖히고 창밖을 내다보곤 했다. 골목 앞에 세워진 렙의 차가 보였다. 물론 그때는 지금과 다른 시절이었다. 의사들이 왕진을 다녔고, 우유 배달부가 현관에 우유를 놓고 가는 일도 많았다. 집에 안전 경보 장치를 해 두는 사람도 없었다.

렙은 슬픔에 빠진 가족을 위로하기 위해 방문했다. 또 어떤 집의 아이가 가출을 하거나 누군가가 직장에서 해고당했을 때도 찾아갔다. 그런데 지금도 그럴까? 만일 일자리를 잃은 사람에게 '신의 아들'이 집에 찾아와 함께 식사를 하면서 '곧 좋은 일이 생길 테니 용기 내라'며 등을 두드려 주면, 과연 얼마나 위로가 될까? 아마도 그런 행동은 무례한 사생활 침해까지는 아니더라도 케케묵은 구식 관습처럼 보일 것이다. 요즘은 어느 누구도 남의 '공간'을 침범하고 싶어 하지 않으니까.

 지금도 신도들을 방문하십니까? 내가 물었다.

"부탁을 받을 때만."

유대교인이 아닌 사람들한테도 요청을 받나요?

"물론이지. 두 주 전쯤에는 병원에서 전화가 왔다네. 전화 건 사람이 '죽어 가는 여인이 있는데 랍비님을 뵙고 싶어 합니다.'라고 하더군. 그래서 찾아갔지. 가 보니 숨쉬기조차 힘들어 하는 여성이 누워 있고 그 옆에 남자가 한 명 앉아 있었어. 남자가 묻더군. '누구십니까? 여기 왜 오신 거죠?' 나는 전화를 받았다고 말했어. 죽어 가고 있는 어떤 여인이 나를 만나길 원한다는 얘길 들었다고. 남자는 화를 내더군. '제 아내를 보세요. 말이라도 제대로 할 수 있을 것 같습니까? 저는 당신한테 와 달라고 전화한 적 없습니다. 대체 누가 전화한 겁니까?' 물론 나도 누가 전화했는지 몰랐지. 그래서 그냥 그가 화를 내도록 내버려 뒀어."

"한참 있으니 그는 화가 좀 가라앉더군. 그리고 내게 이렇게 물었어. '결혼하셨습니까?' 나는 그렇다고 대답했지. '아내를 사랑하시나요?' '그럼요.' '선생님이라면 아내가 죽어 가는 모습을 보고 싶으시겠습니까?' '물론 아니지요. 아내가 살 가망이 있는 한은요.' 우리는 한 시간쯤 이야기를 나눴네. 마지막에 내가 '당신 아내를 위해서 기도를 해 드리고 싶은데, 괜찮을까요?'라고 물었어. 그래 주면 대단히 고맙겠다고 하더군. 그래서 기도했어."

그다음에는요?

"그러고는 병원을 나왔지."

나는 고개를 내저었다. 처음 만난 낯선 사람과 한 시간이나 이야기를 하다니. 내가 마지막으로 그래 본 게 언제였는지 까마득했다. 아니, 그랬던 적이 있기나 한 건지 잘 생각나지 않았다.

누가 전화를 했는지는 결국 알아내셨나요? 내가 물었다.

"음, 공식적으로는 아니지. 하지만 나오는 길에 한 간호사를 봤어. 예전에 다른 일로 그 병원에 갔을 때 몇 번 본 적이 있는 사람이었지. 독실한 기독교 신자였는데, 그녀와 눈이 마주친 순간 그녀가 전화했다는 걸 알았다네. 그 간호사는 아무 말도 안 했지만."

잠깐만요. 개신교 신자가 유대교 랍비한테 전화를 했다고요?

"그녀는 슬픔으로 괴로워하는 남자를 보았고, 그를 혼자 내버려 두고 싶지가 않았던 거야."

용기 있는 여성이었네요.

"그래. 그리고 사랑이 가득한 여성이었지."


### 앨버트 루이스가 겪은 시간들

아마 그즈음은 개신교 간호사가 전화를 걸어 도움을 요청해도 이상하지 않을 만큼 앨버트 루이스의 평판이나 입지가 확고해진 때였을 것이다. 그러나 종교적 편견을 극복하는 일이 항상 쉽지만은 않았다. 모세가 자신을 일컬어 '타국에 있는 객(客)'이라고 말한 것을 떠올려 보라. 그 문구가 1948년 뉴저지 주의 해이든 하이츠에 처음 온 렙을 맞이했다 해도 그는 별로 놀라지 않았을 것이다.

당시 해이든 하이츠는 교외의 철도 요충지로서 서쪽으로는 필라델피아로, 동쪽으로는 대서양 연안으로 향하는 기차가 지나다녔다. 그 마을에는 개신교 교회가 여덟 개였고 유대교 회당(이라고 부를 수나 있다면)은 하나뿐이었다. 이 회당은 3층짜리 빅토리아 양식의 주택을 개조한 것으로, 마을의 가톨릭 성당과 성공회 교회 사이에 위치해 있었다. 개신교 교회들은 뾰족한 첨탑도 있는 근사한 벽돌 건물이었지만, 렙의 '예배당'에는 지붕 달린 현관과 1층 주방이 있었다. 예전에 침실로 쓰이던 방을 성서 공부방으로 썼으며, 극장에서 쓰던 의자들을 가져다가 신도석에 사용했다. 건물 내부의 한가운데는 예전 사람들이 쓰던 나선형 계단이 그대로 남아 있었다.

유대인 주민들은 랍비가 꼭 필요하다는 편지를 유대 신학교에 보냈었고, 렙은 그래서 그곳에 부임한 것이었다. 만일 랍비가 아무도 오지 않으면 그나마 간신히 운영되고 있던 회당은 문을 닫게 될 형편이었다. 처음에 기독교인들은 그 지역에 유대교 회당이 들어오지 못하도록 해 달라는 청원을 올리기도 했었다. '유대인들의 공동체'라는 개념은 그들에게 이질적이고 위협적인 무언가로 인식되었다.

때문에 앨버트 루이스는 그런 인식과 상황을 바꾸기로 마음먹었다. 그는 지역 미니스테리움(특정한 목적이나 지역 사회 봉사를 위해 여러 종교의 성직자들이 모인 단체-옮긴이)에도 가입했고, 다양한 종교의 성직자들과 교류하기 시작했다. 또 학교나 교회들을 직접 방문하여 잘못된 종교적 편견이나 선입관을 없애려고 노력했다. 어떤 때는 마음먹은 대로 일이 잘 풀렸지만, 어떤 때는 그렇지 못했다.

언젠가 그가 기독교 교회에서 학생들을 앉혀 놓고 유대교에 대해 설명해 주고 있을 때였다. 한 소년이 손을 들고 질문했다.

"랍비님의 뿔은 어디 있어요?"

렙은 깜짝 놀랐다.

"랍비님의 뿔은 어디 있냐고요? 유대인들은 머리에 뿔이 달렸다던데요?"

렙은 작게 한숨을 쉬었다. 그리고 소년에게 앞으로 나오라고 했다. 그는 머리에 쓰고 있던 키파(kippah, 유대인들이 쓰는 작은 접시 모양의 모자-옮긴이)를 벗은 다음 소년에게 만져 보라고 했다.

"뿔이 만져지니?"

소년은 렙의 머리를 만지작거렸다.

"잘 찾아보렴. 보이니?"

소년은 마침내 렙의 머리에서 손을 뗐다.

"아니요." 소년은 얌전한 목소리로 대답했다.

"그럼 됐다."

소년은 자리로 돌아가 앉았다.

"자, 내가 아까 어디까지 얘기했더라……." 렙이 말했다.

또 언젠가 렙은 성공회 사제를 초대해 유대교인들에게 설교하는 자리를 마련했다. 두 사람은 전부터 친교 관계를 맺어 왔었고, 렙은 성직자들이 다른 종교의 신전에서 환영받을 수 있다면 매우 바람직한 일이 될 것이라고 생각했다.

성공회 사제는 금요일 저녁 예배에 참석했다. 다 함께 성가를 부른 다음, 사제가 신도들에게 소개되었다. 그가 설교대로 올라가자 신도석이 조용해졌다. 사제가 입을 열었다.

"이 자리에 서게 되어 대단히 기쁩니다. 그리고 저를 초대해주신 랍비님께 감사의 말씀을 전하며……."

그때 갑자기 사제의 눈에 눈물이 그렁그렁해졌다. 그는 앨버트 루이스가 얼마나 선하고 훌륭한 성직자인지 칭찬했다. 그러고는 감정이 북받쳐 오르는 목소리로 말했다. "그러므로 여러분 모두는 이 훌륭한 랍비께서 예수님을 진심으로 받아들일 수 있도록 도와주셔야만 합니다."

예배당 안이 찬물을 끼얹은 듯 조용해졌다.

"랍비님은 정말로 좋은 분이십니다." 사제의 목소리는 탄식에 가까웠다. "저는 이분이 지옥에 가시는 것을 원치 않습니다."

얼음 같은 정적이 이어졌다.

"제발, 랍비께서 예수님을 영접하시기를. 제발……"

그날 예배는 모든 신도들의 머릿속에서 내내 지워지지 않고 또렷이 남았다.

한번은 이런 일도 있었다. 신년제 예배가 진행되는 도중, 렙의 회당 신자들 중 한 명이자 독일인 이민자인 군터 드레퓌스가 급히 들어오더니 렙을 예배당 한쪽으로 끌고 갔다. 그는 얼굴이 하얗게 질린 데다 목소리까지 떨고 있었다.

"대체 무슨 일인가?" 렙이 물었다.

군터는 바깥에서 신도들의 주차를 도와주고 있었다. 그런데 갑자기 옆 성당의 신부가 다가오더니 자신의 성당 옆에 주차된 유대인 자동차들에 대해 호통을 치며 화를 냈다고 했다. 그날은 일요일이었고, 유대인들이 세운 차 때문에 가톨릭 신자들의 주차 공간이 부족해진다는 이유에서였다.

"차들을 빼십시오!" 군터 말에 따르면, 신부는 이렇게 크게 고함을 질렀다. "당신네 유대인들 차를 당장 빼란 말입니다!"

"하지만 신부님, 오늘은 신년제 예배가 있는 날입니다." 군터가 말했다.

"왜 하필 일요일에 그런 예배를 드린단 말이오?" 신부가 고함을 쳤다.

"저희는 3,000년 전부터 이 날을 중요하게 지켜 오고 있습니다." 이민자인 군터의 말에는 강한 독일어 억양이 섞여 있었다. 신부는 성난 눈으로 그를 노려보았다. 그리고 신부의 입에서는 차마 믿기지 않는 말이 튀어나왔다.

"유대인들이 아직도 몰살시키지 않은 독일 놈들이 남아 있나 보군."

군터는 심한 모멸감과 분노를 느꼈다. 그의 아내는 나치의 강제 수용소에서 3년 반이나 갇혀 있던 사람이었다. 그는 신부의 얼굴에 주먹을 날리고 싶었다. 다행히 누군가 옆에서 말려 그런 상황까지 벌어지진 않았지만, 그는 분노에 떨면서 유대교 회당으로 돌아왔다.

다음날 렙은 그 지역 교구를 관장하는 가톨릭 대주교에게 전화를 걸어 예배당 앞에서 일어난 사건을 설명했다. 그 다음 날, 렙의 방 전화기가 울렸다. 문제의 신부였다. 찾아와서 이야기를 나누고 싶다는 것이었다.

렙은 방문 앞에 나가 그를 맞았다. 두 사람은 마주 보고 앉았다.

"랍비님, 사과드리고 싶습니다." 신부가 말했다.

"예."

"제가 해서는 안 될 말을 했습니다."

"암요. 하셔서는 안 될 말씀이었지요."

"저희 대주교님께서 한 가지 제안을 하셨습니다."

"무슨 제안 말입니까?"

"지금 저희 성당의 성서 학교에서 수업이 진행 중인데요. 조금 있으면 휴식 시간입니다. 그래서……."

렙은 신부의 말을 끝까지 들었다. 그리고 고개를 끄덕이며 함께 자리에서 일어났다.

잠시 후, 휴식 시간이 되자 학교 문이 열리고 아이들이 밖으로 쏟아져 나왔다. 아이들은 세인트 로즈 오브 리마 성당의 신부와 템플 베스 숄롬의 랍비가 다정하게 팔짱을 끼고 앞뜰을 걷는 모습을 목격했다. 어떤 아이들은 눈을 깜박거렸고, 어떤 아이들은 눈을 동그랗게 뜨고 쳐다보았다. 하지만 모두 하나같이 신부와 랍비에게서 눈을 떼지 못했다.

어쩌면 그것은 불안하고 거북한 휴전이었을지 모른다고 생각될 수도 있다. 두 사람은 억지로 팔짱을 끼고 뜰을 거닐었을 거라든가, 이후 그들의 관계는 어색해졌을 거라고 말이다. 하지만 시간이 지나자 두 성직자는 절친한 친구가 되었다. 그리고 그로부터 수년 후, 렙은 그 신부의 성당 안에 서 있었다. 신부의 장례식이 열리는 날이었다.

"신부님의 장례식을 집전해 달라는 부탁을 받았다네." 렙은 그때를 회상했다. "나는 그를 위해 기도를 드렸어. 아마 그 양반도 별로 나쁘지 않다고 생각했을 거야."

### 헨리의 삶

헨리는 살면서 '예수님은 당신을 사랑하십니다.'라는 말을 수없이 들었다. 아마도 예수님은 정말로 헨리를 사랑하셨던 것 같다. 그에게 여러 번의 기회를 줬으니까.

교도소에 있는 동안 헨리는 헤비급 선수와 붙어도 이길 만큼 복싱 실력을 키웠다. 또 중학교도 제대로 마치지 못했지만, 공부를 열심히 해서 준(準)학사 학위도 땄다.

출소한 후 그는 해충 방제 업체에 취직했으며 오랫동안 사귄 애인 아네트와 결혼했다. 그리고 얼마간은 평범한 삶을 살았다. 아네트는 임신을 했고, 헨리는 남자아이가 태어나길 바랐다.

어느 날 밤, 퇴근해서 집에 와 보니 아네트가 배를 움켜쥐고 통증에 괴로워하고 있었다. 헨리는 황급히 아네트를 병원에 데려갔다. 그녀는 그날 출산을 했고, 석 달이나 일찍 태어난 조그만 사내아이는 겨우 500그램이 될까 말까 했다. 그들은 아기에게 제럴이라는 이름을 붙여 줬다. 의사는 아기가 건강하게 생존할 가능성이 미미하다고 말했지만, 헨리는 자신의 커다란 손으로 조그만 아기를 들고 기쁨에 겨워 자그마한 발에 입을 맞췄다.

"내 아들……." 그는 나지막이 말했다. 그리고 하나님에게 기도했다. "제발 이 아이를 살려 주십시오. 제발, 살려 주세요."

그로부터 닷새 후, 아기는 숨을 거두었다.

헨리와 아네트는 끝없이 흐느꼈다. 두 사람은 아기를 롱아일랜드에 있는 한 공동묘지에 묻었다. 헨리는 하나님이 자신이 과거에 저지른 일들에 대한 벌을 내리신 게 아닌가 하는 생각이 들었다.

하지만 곧 그의 마음속에는 증오와 원망이 쌓이기 시작했다. 돈벌이가 신통치 않고 집까지 압류에 들어간 데다, 자신에겐 1달러짜리 지폐만 수두룩한데 마약상을 하는 형은 100달러짜리 지폐를 마음껏 쓰는 것을 보자 헨리는 하나님에게서, 그리고 정상적인 삶을 살 수 있는 기회에서 등을 돌리고 다시 범법과 어둠의 세계에 발을 들여놓았다.

그는 마약을 조금씩 거래하다가 점차 규모를 늘려 갔다. 순식간에 큰돈이 손에 쥐어졌다. 그는 우두머리 행세를 하며 우쭐댔고 부하들에게 지시를 내렸다. 멋지고 화려한 옷을 사 입었고 최신 헤어스타일을 했다. 사람들은 무언가를 원할 때 그의 앞에서 무릎을 꿇었다. 단, 그는 아기를 데리고 온 엄마들에게만큼은 관대했다. 그런 여인들은 마약만 얻을 수 있다면 그에게 무엇이든 주겠다고 했다. 때론 슈퍼마켓에서 사 온 식료품을, 때론 자기 아이의 조그만 귀걸이를 내밀기도 했다. 그럴 때 헨리는 작은 약 봉지를 건네면서 이렇게 말했다.

"그건 당신이 가지고 있어요. 하지만 그 귀걸이 임자는 이제 나니까, 나를 찾아올 땐 항상 아이 귀에 그게 달려 있어야 해요."

헨리는 단숨에 부자가 되었다. 1980년대 중반, 그는 한 달에 수만 달러를 손에 쥐었다. 그는 화려한 파티에서 마약을 팔았다. 판사나 변호사, 심지어 근무 시간 외의 경찰관 같은 '점잖은' 인사들도 그의 고객이 되었다. 헨리는 짧은 순간이나마 그들이 약자가 되고 자신이 주도권을 쥐는 상황에 자부심을 느꼈다. 하지만 그러던 어느 날 밤, 그는 치명적인 실수를 저질렀다. 자신이 거래하는 물건을 직접 소비하기 시작한 것이다.

그것은 낭떠러지였다. 그리고 헨리는 거기서 뛰어내렸다.

점점 마약에 중독된 헨리는 그 행복한 도취감에 빠질 방법만 궁리하기에 이르렀다. 때로는 고객한테 넘기기로 약속한 마약을 자신이 복용한 다음, 그것을 은폐하기 위해서 희한한 거짓말을 꾸며내기도 했다. 담뱃불로 자기 팔뚝을 지져 흉터를 낸 다음 그것을 보여 주면서 '강도한테 위협을 당해 마약을 빼앗겼다'고 하는가 하면, 친구한테 25구경 권총으로 자기 다리를 쏴 달라고 부탁한 다음 '강도를 만났다'고 거짓말을 했다. 고객들은 병원으로 찾아와 상처를 보여 달라고 요구했다.

어느 날 밤, 이미 마약에 취해 있던 헨리는 돈을 마련하기 위해 조카와 매부와 함께 차를 타고 브루클린의 카나시라는 동네로 향했다. 그들이 주로 쓰는 수법은 방심하고 있는 목표물 옆에 차를 댄 다음 뛰어내려서 돈을 갈취하고 재빨리 현장을 뜨는 것이었다. 이번에도 역시 그 방식을 택했다. 대상은 어느 노부부였다.

헨리는 노부부의 얼굴에 총구를 들이대고 협박했다.

"무슨 뜻인지 잘 알겠지!"

노부부는 비명을 질렀다.

"입 다물어! 그렇지 않으면 머리통을 날려 버릴 테니까!"

그들은 벌벌 떨면서 가진 돈과 보석, 시계를 넘겨주었다. 헨리는 노부부의 얼굴을 보자 약간 마음이 불편했다. 왠지 양심의 가책이 느껴졌다. 하지만 그래도 하던 행동을 멈추지는 않았다.

일을 마친 후 그들의 차는 빠른 속도로 플랫랜드 애비뉴를 내달렸다.

그리고 뒤이어 사이렌 소리가 거리에 울려 퍼졌다. 뒤에서 번쩍거리는 경찰차 불빛이 보였다. 헨리는 더 속도를 내라고 조카에게 소리쳤다. 그는 재빨리 창문을 내리고 시계, 지갑 등 노부부에게서 강탈한 것들을 전부 창밖으로 내버렸다. 그리고 총도 밖으로 던져 버렸다.

얼마 후, 경찰이 그들을 따라잡았다. 경찰서에 끌려간 헨리는 목격자의 확인을 위해 용의자들을 일렬로 세우는 줄 가운데 섰다. 그는 말없이 기다렸다. 이윽고 경찰관들이 노부부 중에 남편을 데리고 들어왔다.

헨리는 이제 끝장이구나 싶었다. 저 노인은 틀림없이 나를 지목할 거야. 그리고 나는 유죄 판결을 받고 적어도 감방에서 15년은 썩겠지. 이제 다 끝났어. 내가 왜 그런 무모한 짓을 했을까? 훔친 물건들과 함께 자신의 삶도 창밖으로 내던져 버린 것 같았다.

"저 사람입니까?" 경찰관이 물었다.

헨리는 침을 꿀꺽 삼켰다.

"잘 모르겠습니다." 노인이 웅얼거리듯 대답했다.

'뭐라고? 모르겠다니?' 헨리는 생각했다.

"다시 한 번 잘 보십시오." 경찰관이 말했다.

"잘 모르겠어요. 확신이 안 가요." 노인이 다시 대답했다.

헨리는 자신의 귀에 들리는 말을 믿을 수가 없었다. 왜 '저 놈이에요.'라고 말하지 않는 거지? 바로 저 노인의 눈앞에 총을 들이댔는데?

정확한 혐의가 확인되지 않자 헨리는 풀려났다. 그는 집으로 돌아가 침대에 누웠다. 하나님이 살려 주신 거라는 생각이 들었다. 하나님이 그에게 또 한 번의 기회를 주는 자비를 베푸신 것이다. 그리고 하나님은 더 이상 그가 강도짓을 하지 않기를, 마약을 복용하거나 사람들을 위협하지 않기를 바랐다.

아마 하나님은 정말 그러길 원하셨을 것이다.

하지만 이번에도 헨리는 그의 뜻에 귀를 기울이지 않았다.

### 1974년……

나는 고등학생이고, 지금은 성서를 공부하는 시간이다. 오늘의 주제는 모세가 홍해를 가른 사건이다. 자꾸만 하품이 나온다. 이런 걸 배워서 어디에 쓴담? 수백 번도 더 들은 이야기다. 나는 교실 저쪽에 앉아 있는, 내가 좋아하는 여자애를 흘끔거린다. 저 애의 관심을 얻기는 쉽지 않겠지.

"탈무드 주석을 보면 이렇게 적혀 있어요." 선생님이 말한다.

아, 그래, 나도 알지. 이제 히브리어 번역이 이어지겠지. 지루하고 따분한 시간. 하지만 선생님이 이야기를 이어 갈수록 나도 모르게 귀를 기울이고 있다.

이스라엘 사람들은 양쪽으로 갈라진 홍해를 무사히 건넌 후, 뒤따라오던 이집트 군사들이 모조리 물에 빠져 죽는 것을 지켜보았다. 이스라엘 사람들은 바닷가에 서서 적군이 멸하는 모습에 환호했다. 그들이 노래 부르고 춤추면서 기뻐하는 모습을 내려다보면서 노하신 하나님은 이렇게 말씀하셨다.

"기쁨과 환호를 멈추어라. 이집트인들도 역시 나의 자녀이니라."

이집트인들도 역시 하나님의 자녀라니.

"여러분은 어떻게 생각해요?" 선생님이 우리에게 묻는다.

누군가가 손을 들고 대답을 한다. 그런데 나는 이런 생각이

든다. 하나님이 우리들뿐만 아니라 '적들도' 사랑하실 수 있다는 것을 처음 알게 되었다는 생각 말이다.

  오랜 시간이 흐르면 아마 나는 오늘의 수업도, 선생님 이름도, 저쪽에 있는 좋아하는 여자애도 잊어버릴 것이다. 하지만 오늘 들은 이야기만은 기억날 것 같다.

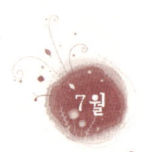
## 7월
### 가장 중요한 질문

어떤 대화가 이루어지는 자리에서든 언제나 적어도 세 명이 존재한다고 나는 배웠다. 그것은 나, 상대방, 그리고 하나님이다.

어느 여름날 렙의 서재에 앉아 있을 때, 나는 그 사실이 떠올랐다. 렙과 나는 둘 다 반바지 차림이었다. 땀 때문에 맨다리가 초록색 가죽 의자에 자꾸 들러붙었다. 다리를 약간 들어 올리자 '쩌억' 하는 소리가 나며 의자에서 떨어졌다.

렙은 또 어떤 편지를 찾고 있었다. 그는 수첩과 봉투를 들어 올리고, 그 다음엔 신문 아래를 들춰 보았다. 나는 그가 결코 편지를 찾지 못하리란 걸 알고 있었다. 혼란스러운 그의 서재 풍경은 이제 너무나 자연스러웠다. 삶을 재미나게 만드는 일종의 게임 같기도 했다. 기다리다가 책꽂이의 낮은 칸에 꽂혀 있는 '하나님' 파일에 눈길이 갔다. 우린 아직도 그것을 열어 보지 않은 상태였다.

"나 원 참." 렙이 포기한 듯 중얼거렸다.

뭐 한 가지 여쭤 봐도 될까요?

"물어보게, 젊은 친구." 그가 밝은 목소리로 대답했다.

신이 존재한다는 걸 어떻게 아세요?

그는 움직이던 손을 멈췄다. 그의 얼굴에 미소가 스쳤다.

"아주 좋은 질문이군 그래."

그는 손가락으로 턱을 만지작거렸다.

대답 안 해 주실 거예요? 내가 말했다.

"그 전에 먼저, 신이 존재하지 않는다는 주장에 대한 옹호론을 펴 보게."

좋습니다. 나는 그의 도전을 수락했다. 이렇게 설명해 보면 어떨까요? 우리는 유전자 지도를 작성하고, 체세포를 복제하며, 이목구비도 바꿀 수 있는 세상에 살고 있습니다. 게다가 수술로 성(性)을 바꾸기까지 하지요. 과학은 지구의 탄생에 관해 많은 것을 설명해 주고, 사람들은 탐사용 로켓을 쏘아 올려 우주를 탐험합니다. 태양은 더 이상 신비로운 대상도 못 돼요. 그리고 과거 사람들은 달을 경외의 대상으로 숭배했지만, 이제는 달의 암석 조각을 지구로 가져오는 세상이에요. 그렇지요?

"계속해 보게." 렙이 말했다.

그처럼 한때 신비로운 불가사의였던 것들이 풀렸는데, 대체 누가 아직도 하나님이나 예수님을, 알라를, 어떤 초월적 절대자를 믿겠습니까? 이렇게 발전한 인류에겐 그런 존재를 믿는 게 더 이상 어울리지 않는 일이 아닐까요? 나무 인형 피노키오 아시지요? 팔다리에 달린 줄이 없이도 움직일 수 있다는 사실을 알게 된 피노키오가, 제페토(나무를 깎아 피노키오를 만든 노인-옮긴이) 할아버지를 예전과 똑같은 눈과 마음으로 바라볼 수 있을까요?

렙은 손가락으로 책상 위를 가볍게 두드렸다.

"연설 한번 훌륭하군."

신이 존재하지 않는다는 주장을 옹호해 보라고 하셨잖아요.

"그래."

렙은 몸을 앞으로 약간 숙이고 말했다. "자, 이제 내 차례군. 과학이 결국 신이 존재하지 않음을 입증할 거라는 주장에 대한 내 의견은 다르네. 아무리 세포나 원자처럼 작은 부분까지 파고든다 해도, 항상 그 너머에는 인간이 결코 설명할 수 없는 무언가가 남아 있지. 그 모든 것을 존재하게끔 만든 어떤 힘 말이야. 그리고 인간이 아무리 멀리까지 날아가고, 유전자를 자유자재로 다루며, 이런저런 세포를 복제하고, 생명을 연장해서 150살까지 산다고 해도 어느 시점에 이르면 삶은 끝나게 되어 있어. 그다음엔 뭐가 있을까? 생명이 다하면?"

나는 어깨를 으쓱해 보였다.

"내 말뜻 알겠나?"

그는 다시 의자 뒤로 등을 기대며 미소를 지었다.

"생명이 다하는 지점, 바로 거기에 신이 계신다네."

　　　수많은 위대한 지성인들은 신이 존재하지 않음을 증명하려 했다. 그리고 때때로 그들은 결국 신이 존재한다는 입장으로 돌아섰다. 유명한 기독교 지성인이자 설득력 있는 목소리로 신앙의 힘을 설파했던 C. S. 루이스(C. S. Lewis)도 처음에는 신의 존재 자체에 대해 회의를 품었으며, 스스로를 '영국에서 가장 커다란 회의와 반항심을 가졌던 기독교 귀의자'라고 불렀다. 뛰어난 과학자인 루이 파스퇴르(Louis Pasteur)는 사실적 자료와 연구를 통해 신의 존재를 논박하려 했다. 그러나 결국 인간을 창조한 신의 숭고한 뜻을 이해하고 받아들였다.

　근래에 나온 수많은 책들은 신의 존재를 믿는 것이 순진한 생각이며 기묘한 속임수에 넘어가는 것이라고, 나약한 정신의 소유자를 위한 만병통치약일 뿐이라고 말한다. 나는 렙이 그런 현상을 불쾌하고 모욕적으로 느낄 것이라고 생각했다. 하지만 그는 한 번도 그렇게 여기지 않았다. 그는 믿음에 이르는 길이 결코 곧게 뻗은 쉬운 길이 아님을, 그리고 항상 논리적인 것만도 아님을 잘 알고 있었다. 그는 학식 있는 사람들의 주장과 논지를 존중했다. 비록 그것에 동의하지는 않더라도 말이다.

　개인적으로 나는 항상 신은 존재하지 않는다고 외치는 저자

나 유명 인사들을 보며 이런 생각이 들었다. 그들이 그런 주장을 펼치는 것은 대개 건강하고 인기가 있을 때, 많은 대중이 그들의 책을 읽어 주고 그들의 말에 귀를 기울일 때다. 그렇다면 죽음을 앞둔 고요한 순간에는 어떨까? 그때 그들에겐 올라설 무대도, 자신의 주장을 들어 줄 청중도 없으며, 세상은 그들의 죽음과 상관없이 계속 돌아간다. 만일 숨을 거두는 최후의 순간에, 두려움이나 환영이나 어떤 깨달음을 통해서 그들이 신에 대한 생각을 바꾼다 해도, 과연 그 누가 그것을 알겠는가?

랩은 정말로 독실한 믿음을 소유한 사람이었다. 하지만 때로는 하나님이 이 세상에 내리시는 고통 때문에 괴로워했다. 그는 오래전에 딸을 잃었다. 그 일은 그의 삶을 뒤흔들었다. 그리고 그는 한때 건강했지만 육체가 허물어져 병원에 누워 있는 신도들을 만나고 돌아와서 눈물을 흘렸다. 그는 하늘을 올려다보며 이렇게 말했다. "주님, 왜 이런 고통을 주시나이까? 저들을 벌써 데려가시다니. 당신의 뜻이 무엇이옵니까?"

언젠가 나는 랩에게 신앙과 관련된 가장 흔한 질문을 던졌다. 선량한 사람들에게 왜 슬프고 불행한 일이 일어나는 것일까? 지금껏 수많은 사람들이 책과 설교, 웹 사이트에서 이 질문에 대해 여러 가지 방식으로 대답했다. '신은 그녀를 곁에 두고 싶어서 데려가셨다.', '그 사람은 자신이 사랑하는 일을 하다가 죽었다.', '그녀는 신이 우리에게 잠시 주셨던 선물이다.', '신은 이 일로 우리를 단련시키려는 것이다.' 등등······.

우리 가족과 친하게 지내는 분이 있었다. 그런데 그분의 아들이 끔찍한 병에 걸렸다. 병에 걸리고 난 뒤, 그는 종교적인 의식이 있는 날, 심지어 누군가의 결혼식 날에도 예배당에 들어가길 거부하고 언제나 복도에 서 있었다. 그는 "설교를 더 이상 못 듣겠어요."라고 말하곤 했다. 믿음을 잃어버린 것이다.

"왜 선량한 사람들이 슬픔과 고통을 겪어야 할까요?"라고 내가 묻자, 렙은 사람들이 흔히 하는 대답을 해 주지 않았다. 대신 이렇게 조용히 말했다.

"그 이유는 아무도 모르지."

맞는 말이었다. 하지만 그런 의문 때문에 하나님의 존재에 회의가 들지 않느냐고 묻자, 렙은 단호하게 대답했다.

"그런 생각은 들지 않아."

전지전능한 존재를 믿지 않는 사람들은 그런 회의를 품죠.

"무신론자 말이지?"

네.

"신이 없다면 내 기도가 응답받지 못하는 이유도 설명이 될 거고."

그렇죠.

렙은 나를 뚫어지게 쳐다보았다. 그리고 눈을 천천히 깜박거렸다.

"예전에 무신론자인 의사한테 진료를 받았었지. 내가 그 의사 얘길 한 적이 있던가?"

아니요.

"그 의사는 나와 내 신앙을 툭하면 공격했어. 그는 일부러 내 진료일을 안식일인 토요일로 잡곤 했다네. 그러면 나는 병원 접수계에 전화를 걸어서 토요일에 갈 수 없는 이유를 설명해야 했지."

재밌는 의사군요.

"하루는 그의 형이 죽었다는 소식을 지역 신문에서 읽었어. 그래서 애도를 표하고 위로를 해 주고 싶어서 그에게 전화를 했다네."

그 사람이 랍비님을 그렇게 대했는데도요?

"나 같은 사람은 말이야, 복수 같은 건 안 키워."

나는 웃음을 터뜨렸다.

"난 그의 집을 찾아갔어. 낙담과 슬픔으로 혼란에 빠져 있더군. 나는 형제를 잃어서 안됐다고 말해 주었지. 그런데 그가 화난 얼굴로 '랍비님이 부럽습니다.'라고 하더군. 내가 물었어.

'왜 내가 부럽습니까?' 랍비님은 사랑하는 누군가를 잃었을 때 신을 욕할 수 있으니까요. 신을 향해 울부짖고, 신을 원망할 수 있으니까요. 왜 내게 이런 일을 겪게 하느냐고 소리칠 수 있으니까요. 하지만 전 신을 믿지 않습니다. 저는 의사였어요! 그런데도 우리 형을 어떻게 할 수가 없었다고요!' 그는 울음을 터뜨리기 직전이었어. '전 누구를 원망해야 하죠? 전 신의 존재를 믿지 않아요. 그러니 저 자신을 탓할 수밖에 없습니다.'"

렙은 그때의 기억이 떠올라 슬퍼지는 듯 얼굴이 굳어졌다. 그리고 조용히 말했다.

"그건 끔찍한 자기 비난이야."

그보다는 기도하고 응답받지 못하는 게 더 낫다는 말씀인가요?

"그래. 들어 줄 존재가 아무도 없다고 생각하는 것보다는 하나님이 내 목소리를 듣고 대답해 주지 않는다고 믿는 게 훨씬 더 위안이 되지."

### 헨리의 삶

헨리는 서른 번째 생일을 눈앞에 두고 있었다. 그는 범죄자이자 마약 중독자에, 하나님을 배반한 거짓말쟁이였다. 헨리에게는 아내가 있었다. 그래도 그는 멈추지 않았다. 그에게는 딸도 있었지만, 그래도 멈추지 않았다. 생활은 점점 궁핍해졌고, 화려한 옷들도 사라졌으며, 헤어스타일도 이제 누추하기 그지없었다. 하지만 그는 잘못된 길에서 되돌아 나오지 않았다.

어느 토요일 밤, 그는 마약이 절실하게 필요했다. 그래서 차를 몰고 친구 두 명과 함께 퀸스의 자메이카라는 동네로 향했다. 돈과 마약을 모두 갖고 있을 게 분명한 사람들, 즉 그가 예전에 밑에서 부하로 일했던 마약상들이 사는 곳이었다.

헨리는 그들이 있는 집의 문을 두드렸다. 사내 여럿이 나왔다. 헨리는 총부리를 들이댔다.

"뭐 하는 짓이야?" 그들이 믿기지 않는 표정으로 말했다.

"무슨 뜻인지 잘 알 텐데." 헨리가 대답했다.

사실은 공이도 없는 총이었지만, 다행히 마약상들은 그 사실을 몰랐다. 헨리는 총을 흔들면서 "자, 어서!"라고 외쳤다. 사내들은 할 수 없이 그에게 돈과 보석류와 마약을 건네주었다.

헨리는 친구들과 재빨리 그곳을 떠났다. 그는 친구들에게 돈과 귀중품을 줘 버리고 마약은 자신이 가졌다. 헨리의 몸이 원하는 것은 오로지 그것뿐이었고, 머릿속에도 온통 약 생각뿐이었다.

그날 밤 헨리는 마약과 술에 취해 한참 시간을 보낸 다음, 자신이 바보 같은 치명적 실수를 저질렀음을 깨달았다. 마약상들은 자신들을 갈취한 사람이 누군지, 그가 어디 사는지 알고 있었다. 따라서 앙갚음을 할 것이 뻔했다.

헨리는 부리나케 산탄총을 찾아 손에 쥐었다. 그리고 집 밖으로 나가 쓰레기통 뒤에 숨었다. 겁을 잔뜩 집어먹은 아내가 울기 시작했다.

"대체 무슨 일이야?"

"집 안의 불을 전부 꺼!" 그가 외쳤다.

요란한 소리에 잠에서 깬 딸아이가 방에서 눈을 비비며 걸어 나왔다.

"나오지 말고 들어가 있어!"

그는 쓰레기통 뒤에서 기다렸다. 온몸이 벌벌 떨렸다. 내면의 직감이 그에게 속삭이고 있었다. 지금까지는 여러 차례 위험한 순간에서 운 좋게 빠져나왔지만 오늘밤만큼은 그럴 수 없을 거라고. 아마 곧 저 멀리서 자동차가 다가올 것이고, 그는 총알 세례를 받게 될 것이라고 말이다.

그 순간, 헨리는 마지막으로 하나님을 불렀다.

'하나님, 절 살려 주시겠습니까?' 그는 속으로 외쳤다. '제 삶을 하나님께 바치겠다고 약속하면, 오늘 밤 저를 살려 주시겠습니까?' 그는 소리 죽여 울었다. 숨이 거칠어졌다. 지난날 저지른 모든 죄와 과오에도 불구하고 아직 기도할 수 있는 자격이 있다면, 정말 어느 때보다도 간절하고 진심 어린 기도를 드리고 싶었다. "제발, 하나님, 제발……."

그는 문제아였다. 비행 청소년이었고, 나쁜 범죄자였다. 그는 생각했다. 이런 나의 영혼이 과연 구원받을 수 있을까?

> 내가 이 세상에서 유일하게 인정하는 독재자는
> 내면에서 나오는 고요한 목소리다.
>
> – 모한다스 간디(Mohandas Gandhi)

## 전쟁은 왜 일어나는가?

여름이 순식간에 지나가고 있었다. 신문 지면은 온통 이라크 전쟁 이야기뿐이었고, 앨라배마 법원 건물 홀 안에 화강암으로 만든 십계명 비석을 세우는 문제를 둘러싼 논란과 법정 공방도 상당한 비중을 차지했다.

나는 렙을 방문하지 않을 때는 종종 전화를 걸었다. 그의 목소리는 언제나 밝고 쾌활했다.

"디트로이트에서 전화하는 건가?" 그는 때로 이렇게 말문을 열었다. 또 어떤 날은 "랍비 직통 전화입니다. 무엇을 도와드릴까요?"라고 말했다.

그럴 때면 평소 전화 받는 내 습관이 부끄러워졌다(나는 대개 귀찮다는 듯이 재빨리 "여보세요?"라고 내뱉었다). 렙을 알고 지낸 동안, 나는 그가 "나중에 다시 통화하죠."라고 말하는 걸 한 번도 들어 본 적이 없다. 그토록 많은 사람들을 상대해야 하는데도 한 사람 한 사람 모두에게 기꺼이 시간을 내주는 그를 보면 존경스러울 따름이었다.

8월이 끝나 갈 무렵 나는 렙을 찾아갔다. 렙과 함께 60여 년을 함께해 온, 세심하고 자상한 아내 사라가 현관에서 나를 맞아 그의 서재로 안내해 주었다. 렙은 의자에 앉아 있었다. 아직 여름이 끝나지 않았는데도 그는 긴팔 셔츠를 입고 있었다. 부드러운 흰 머리칼은 깔끔하게 정리되어 있었지만, 그가 자리에서 일어나지 않는다는 걸 나는 알아챘다. 그는 앉은 채로 팔을 뻗어 나를 안아 주었다.

괜찮으세요? 내가 물었다.

그는 손바닥을 들어 보이며 말했다.

"이렇게 대답하면 될까? 어제만큼 컨디션이 좋지는 않아. 하지마안- 내일보다는- 지금이 더 좋지이-"

노래하는 건 잊어버리지도 않으시는군요.

"그래." 그는 웃었다. "내가 노래하면, 자네도 따라 흥얼거리고……"

나는 의자에 앉았다.

렙의 책상에 신문이 펼쳐져 있었다. 그는 항상 새로운 소식들을 챙기려고 노력했다. 이라크 전쟁이 얼마나 오래갈 것 같으냐고 내가 묻자 그는 어깨만 으쓱했다.

랍비님은 전쟁을 여러 번 경험하셨죠?

"그랬지."

타당한 전쟁이라고 생각되신 적이 있으세요?

"아니."

우리 둘은 이번 전쟁은 특히나 문제가 많다는 데 의견이 일치했다. 자살 폭탄 테러. 숨겨진 폭발물들. 이번 것은 여기저기 탱크가 돌아다니던 과거의 전쟁과는 분명 달랐다.

"하지만 이렇게 끔찍한 상황 가운데서도 인간의 사랑과 자비를 보여 주는 작은 행동들을 발견할 수 있다네. 몇 년 전에 딸애를 만나러 이스라엘에 간 적이 있어. 그때 목격한 광경이 아직도 잊히질 않는다네. 나는 아파트 발코니에 앉아 있었어. 그런데 '콰쾅!' 하는 커다란 폭발음이 들리지 뭔가. 고개를 돌려 보니 상점가에서 연기가 피어오르더군. 그러니까, 그거였어……. 그 뭐지……."

자동차 폭탄 테러요?

"그래, 맞아. 나는 부랴부랴 아파트에서 나와 그곳으로 향했어. 상점가에 도착하니 차 한 대가 내 앞에 서더군. 젊은 남자가 차에서 내렸어. 구조대원용 조끼를 입고 있기에 그를 따라갔지. 현장에 가 보니 완전히 박살난 자동차가 보이더군. 어떤 여성이 길거리 한쪽에서 빨랫감을 만지고 있었던 것 같았어. 그녀도 희생자들 중 한 명이었지."

"그런데 말이야, 길거리에서……." 그는 침을 삼켰다. "거기

길거리에서…… 사람들이 그녀의 시신 조각들을 줍고 있더군. 아주 조심스럽게, 하나도 빠짐없이. 손도, 손가락 하나까지도."

그는 잠시 고개를 떨어뜨렸다.

"사람들은 손에 장갑을 끼고 조심조심 움직이면서 이쪽에서 다리를, 저쪽에서 살가죽을, 심지어 피도 모았어. 왜 그랬는지 아나? 그들은 믿음의 원칙을 따르고 있었던 거야. 신체의 모든 부분들은 반드시 함께 묻혀야 한다는 원칙 말일세. 그들은 죽음에 또 다른 형태의 생명을 부여하고 있었어. 그토록 잔인한 참사 속에서…… 생명은 신이 우리에게 주신 선물이니까. 어떻게 신이 주신 선물의 조각들을 더러운 길바닥에 그냥 내버려두겠나?"

나도 자카(ZAKA)라는 구조팀에 대해 들어 본 적이 있다. 이 팀은 사고 현장의 수습을 도울 뿐 아니라 사망자에 대한 예우를 최대한 갖추어 사후 처리가 이뤄지도록 애쓰는 사람들이다. 어떤 때는 자카 팀이 앰뷸런스나 의료진보다 먼저 도착하기도 한다.

"난 그 모습을 보고 울고 말았어. 그냥 내내 눈물이 흐르더군. 사람들의 따뜻한 마음씨, 믿음, 죽은 자의 팔다리를 모으는 모습에……. 그게 바로 우리 인간의 모습이야. 정말로 아름다운 믿음이지."

우리는 잠시 말없이 앉아 있었다.

왜 인간은 살인을 할까요? 마침내 내가 먼저 입을 열었다.

렙은 집게손가락으로 입술을 만지작거렸다. 그리고는 앉은 채로 의자를 천천히 움직여 책이 쌓여 있는 곳으로 갔다.

"여기에 둔 것 같은데……."

제1차 세계 대전 중에 태어난 앨버트 루이스는 신학교 학생이었던 시절에 제2차 세계 대전을 겪었다. 그의 신도들 가운데는 퇴역 군인과 나치의 유대인 학살에서 살아남은 생존자도 많았다. 어떤 이들의 손목에는 아직도 문신으로 새긴 죄수 번호가 남아 있었다.

그는 살아오면서 젊은 신도들이 한국 전쟁과 베트남 전쟁에 참전하는 것을 목격했다. 그의 사위와 손자들은 이스라엘 군대에서 복무했다. 때문에 전쟁이란 단어는 거의 언제나 그의 머릿속에 남아 있었다. 그리고 전쟁이 가져온 결과도.

1968년 중동 전쟁이 끝난 후 렙은 이스라엘을 방문했다. 그는 일단의 사람들과 함께 북쪽 국경에 있는 한 지역을 찾아갔다가 어떤 황폐한 마을을 돌아다니게 되었다. 그리고 무너진 집의 잔해 속에서 아랍어로 쓰인 교과서를 발견했다. 표지는 떨어져 나가고 없었다. 그는 그것을 가지고 고국에 돌아왔다.

그 교과서가 지금 그의 손에 들려 있었다. 40년 가까이 된 교과서가.

"자, 한번 보게." 렙은 내게 그것을 넘겨주었다.

종이는 너덜너덜하고 표지도 형편없이 낡아 있었다. 여기저기 찢어지고 종이가 말린 마지막 페이지에 여학생과 고양이, 토끼의 그림이 크레용으로 그려져 있었다. 아마도 어린아이들이 보는 책 같았다. 책 내용은 전부 아랍어로 쓰여 있어서 하나도 읽을 수가 없었다.

이걸 왜 가져오셨어요? 내가 물었다.

"그곳에서 일어난 일들을 잊지 않고 싶어서. 거긴 건물도 다 쓰러지고, 사람들도 하나 없었지. 하지만…… 뭐라도 구해야 할 것 같았네."

대부분의 종교에서 전쟁을 반대한다. 하지만 인류 역사에서는 그 어떤 것보다도 종교를 둘러싼 다툼과 전쟁이 빈발했다. 기독교인은 유대인을 죽였고, 유대인은 이슬람교도를, 이슬람교도는 힌두교도를, 힌두교도는 불교도를 죽였다. 가톨릭교도는 개신교도를 죽였고, 정통 교회는 이교도들을 죽였다. 그 반대도 마찬가지였다.

전쟁은 결코 끝나지 않는다. 단지 잠시 휴지기가 있을 뿐.

나는 렙에게 물었다. 살아오면서 전쟁과 폭력에 대해 지금과 다른 견해를 가진 적이 있느냐고.

"자네, 소돔과 고모라 이야기 기억하나?"

네. 당연히 기억하지요.

"아브라함은 그곳에 악인이 가득하다는 사실을 알고 있었지. 부도덕하고 타락한 도시라는 것을 말이야. 하지만 어떻게 했나? 그는 소돔과 고모라를 멸하지 말아 달라고 하나님께 간청했어. 아브라함은 '의인 50명이 있으면 그곳을 구해 주시겠습니까?'라고 물었네. 하나님은 그러마고 하셨지. 그러자 아브라함은 그 숫자를 40명, 30명으로 다시 내렸어. 의인이 그만큼 되지 않는다는 것을 알고 있었지만 말일세. 그렇게 협상을 해서 결국 숫자는 열 명까지 내려갔지."

그런데 의인은 열 명도 안 되었죠. 내가 말했다.

"그래. 열 명도 되지 않았어. 하지만 중요한 게 뭔지 아나? 아브라함의 생각은 옳았어. 전쟁과 폭력, 파괴에는 먼저 반대론을 펴야 하는 거야. 그건 정상적인 삶의 방식이 아니니까."

하지만 많은 사람들이 신의 이름으로 전쟁을 자행하잖아요.

"미치." 렙이 나무라는 말투로 말했다.

"하나님은 그런 폭력과 살인이 계속되는 걸 결코 원치 않으시네."

그런데 왜 그런 사태가 없어지지 않는 걸까요?

렙은 눈썹을 약간 위로 치켜세웠다.

"인간이 계속하기 때문이야."

당연히 그의 말이 맞다. 전쟁을 지지하는 목소리가 울려 퍼지고, 복수의 움직임이 일어나고, 관용과 용서라는 말은 조소를 받는다. 오랫동안 나는 '우리 편'이 옳다고 배워 왔고, 그 이유를 들어 왔다. 그리고 지구 저쪽 편에 있는 누군가는 그 반대로 배웠을 것이다.

"그 책을 자네에게 보여 주는 이유가 있어." 렙이 말했다.

뭔데요?

"책을 펴 보게."

나는 책을 펼쳤다.

"더 넘겨 봐."

나는 페이지들을 몇 장 더 넘겼다. 갑자기 작은 흑백 사진 세 장이 투툭 하고 바닥에 떨어졌다. 빛이 바랬고 먼지와 때로 얼룩이 져 있었다.

하나는 점잖은 기품이 느껴지는 검은 머리의 아랍인 부인의 사진이었고, 다른 하나는 양복에 넥타이를 매고 콧수염을 기른 젊은 아랍 남자의 것이었다. 나머지 한 장의 사진 속에는 귀여운 어린아이 둘이 나란히 서 있었는데, 아마도 남매지간인 것 같았다.

이 사람들이 누굽니까?

"나도 모르지."

그가 달라고 손을 뻗었고, 나는 아이들 사진을 그에게 건네주었다.

"생각이 날 때마다 이 아이들을 꺼내서 봤다네. 애들 엄마와 그 아들도. 그래서 이 책을 버리지 않았던 거야. 어떻게든 이들을 살아 있게 지켜 주고 싶어서."

"어쩌면 언젠가는, 이 사진을 보고서 자신이 아는 가족들이라고 말할 누군가를 만나게 될지도 모른다는 생각이 들었어. 그러면 살아남은 자에게 돌려줄 수 있을 테니까. 그런데 이제 난 시간이 부족하군."

렙은 사진을 다시 내게 돌려주었다.

잠깐만요. 내가 말했다. 잘 이해가 안 갑니다. 유대교의 입장에서 보면 이 사람들은 적이 아닙니까.

그는 화가 난 듯한 목소리로 말했다.

"적이라니, 그게 다 뭔가. 그 사람들은 그냥 가족이야."

1975년, 렙의 설교 중에서

한 사내가 농장에서 일자리를 찾고 있었습니다. 그는 농장에 찾아가 새로운 주인에게 추천장을 건넸어요. 거기에는 이렇게만 쓰여 있었습니다. "이 사람은 폭풍우가 치는 날에도 잠을 잡니다." 농장 주인은 일손 구하는 일이 급했기 때문에 사내를 그 자리에서 고용했습니다.

그런데 몇 주가 지난 어느 날 밤, 갑자기 사나운 폭풍우가 마을에 몰아쳤습니다. 거센 비바람 소리에 깜짝 놀란 농장 주인은 침대에서 일어나 밖으로 뛰어나갔습니다. 그는 사내를 불렀지만, 사내는 깊이 잠들어 있어서 그 소리를 듣지 못했지요.

주인은 급히 외양간으로 달려갔습니다. 놀랍게도 가축들은 넉넉한 여물 옆에서 안전하게 자고 있었습니다.

그는 밀밭으로 뛰어나갔습니다. 밀 짚단들은 단단히 묶인 채 안전하게 방수 천에 덮여 있었습니다.

이번에는 곡물 창고로 달려갔습니다. 문들에는 빗장이 걸려 있었고, 곡물들은 비 한 방울 맞지 않고 있었습니다.

그제야 주인은 "이 사람은 폭풍우가 치는 날에도 잠을 잡니다."라는 말의 의미를 깨달았습니다.

여러분, 우리가 삶에서 중요한 것들에 항상 신경 쓰면서 살아

가면, 사랑하는 사람들에게 늘 관심과 애정을 쏟고 우리의 믿음을 바탕으로 행동하면, 미처 행하지 못한 일들 때문에 괴로워하는 일은 없을 겁니다. 우리의 말에는 항상 진실함이 담길 것이고, 사랑하는 이를 껴안는 우리의 두 팔에 힘이 들어갈 것입니다. "이렇게 할 수도 있었는데…….", "저렇게 했어야만 했는데……." 하는 탄식과 후회에 빠지는 일은 없을 겁니다. 우리는 폭풍우가 치는 날에도 안심하고 잠잘 수 있습니다.

그리고 때가 되면, 온전하고 후회 없는 모습으로 그들에게 마지막 이별을 고할 수 있을 것입니다.

### 헨리의 삶

헨리 코빙턴은 그날 밤을 뜬눈으로 새웠다.

그리고 죽지도 않았다.

그가 급습했던 마약상들은 어쩐 일인지 그를 찾아오지 않았다. 그날 밤 그의 집 앞에 다가온 자동차들은 아무 일 없이 그냥 지나갔다. 헨리는 쓰레기통 뒤에 숨어서 손에 총을 꼭 쥔 채 같은 질문만 몇 번이고 되풀이했다. "하나님, 저를 살려 주시겠습니까?"

그는 절망의 끝에 다다라서야 하나님을 찾곤 하는 인간의 슬픈 습관을 따르고 있었다. 물론 그는 전에도 그랬다. 하지만 눈앞의 곤경에서 빠져나온 뒤에는 또 다른 곤경을 만나곤 했다.

그러나 이번엔 달랐다. 푸르스름하게 동이 터 올 때, 헨리 코빙턴은 무사히 살아 있었다. 그는 침대 밑에 총을 밀어 넣고 아내와 딸아이 옆에 누웠다.

부활절 아침이었다.

헨리는 자신이 그동안 살아온 삶을 떠올렸다. 강도짓을 했고, 거짓말을 했으며, 선량한 사람들의 얼굴에 총부리를 들이댔다. 마약을 구하느라 가진 돈을 전부 탕진했고, 언젠가는 크랙 코카인은 있는데 그것을 담아서 피울 무언가가 없어서 담배꽁초를 찾기 위해 정신없이 거리를 헤매기도 했다. 누군가가 밟았거나 길거리 개의 오줌이 묻은 꽁초였을지도 모르지만, 상관없었다. 그는 기꺼이 그것을 입으로 가져갔다. 그에게 필요한 것은 오로지 약뿐이었다.

부활절 아침인 지금, 그는 자신에게 뭔가 다른 것이 필요함을 깨달았다. 뭐라고 꼬집어 설명할 수는 없었지만 확실히 그랬다. 그때 헨리의 친구가 헤로인을 가지고 찾아왔다. 헨리의 눈은, 그의 온몸은 그것을 갈망하고 있었다. 하지만 그것을 받아들이는 순간, 그것이 자신을 죽일 것이라는 사실을 헨리는 알고 있었다. 틀림없었다. 그는 쓰레기통 뒤의 어둠 속에서 삶을 하나님에게 바치겠다고 약속했다. 그런데 그로부터 불과 몇 시간 뒤에 첫 번째 시험이 찾아온 것이다.

헨리는 친구에게 그냥 돌아가라고 말했다.

그리고 욕실로 들어가 무릎을 꿇고 기도하기 시작했다. 기도가 끝난 다음, 나이퀼(감기약 겸 진통제 이름-옮긴이) 한 병을 꿀꺽꿀꺽 들이켰다.

이튿날도 한 병을 마셨다.

그리고 그 다음 날도 또 한 병을 비웠다. 마약의 유혹을 이겨내기 위한, 그리고 괴로움을 마비시키기 위한 그만의 몸부림이었다. 사흘째가 되어서야 그는 겨우 음식을 조금 입에 넣을 수 있었고, 또 사흘이 지나자 겨우 침대에서 일어날 수 있었다.

다시 사흘이 흘렀다.

그리고 그는 새롭게 눈을 떴다.

9월
행복

렙이 눈을 떴다. 그는 병원에 있었다.

그가 병원 신세를 지는 것은 이번이 처음이 아니었다. 그는 내게 아프다는 얘기를 안 했지만, 나는 최근 몇 달 사이에 그가 똑바로 서서 걷기가 힘들어졌다는 사실을 알고 있었다. 한번은 보도에서 넘어져 이마가 찢어졌고, 한번은 집 안에서 미끄러져 목과 얼굴을 바닥에 세게 부딪힌 적도 있었다. 이번에는 의자에서 일어나다 넘어지는 바람에 가슴팍을 책상 모서리에 세게 부딪쳤다. 순간적인 졸도였거나, 일시적으로 의식이 희미해졌거나, 경미한 뇌졸중이었거나, 일시적인 발작으로 현기증이 일어나 방향 감각을 잃은 것인지도 몰랐다.

어느 쪽이든 분명 바람직한 현상은 아니었다.

나는 최악의 상황이 자꾸 떠올랐다. 그가 있는 곳은 병원이었다. 마지막 순간으로 향하는 현관 같은 곳. 나는 미리 전화를 걸어 찾아가도 괜찮은지 물었었다. 사라는 친절한 목소리로 그래도 좋다고 대답했다.

나는 병원 입구에서 마음을 가다듬었다. 병원 특유의 우울한 분위기가 나를 휘감았다. 소독약 냄새. 낮고 단조롭게 떠다니는 텔레비전 소리. 침대에 드리워져 있는 커튼들. 이따금 옆 침대에서 들리는 신음 소리. 환자들을 병문안하러 수도 없이 병원에 다녀 봤기에 그 분위기를 잘 알고 있었다.

한참 만에 처음으로, 렙이 했던 부탁이 불현듯 떠올랐다. "내 추도사를 써 주겠나?"

나는 렙의 병실로 들어갔다.

"오, 먼 곳에서 손님이 오셨군." 렙이 웃으며 맞이했다.

나는 머릿속의 문장을 떨쳐내 버렸다.

우리는 포옹을 했다. 아니, 더 정확하게 말하자면 나는 그의 어깨를 끌어안았고 그는 내 머리를 어루만졌다. 처음으로 병원에서 만나는 날이었다. 앞섶이 살짝 열린 환자복 사이로 가슴팍의 맨살이 흘끗 보였다. 탄력을 잃은 가녀린 살갗에 하얀 털들이 조금 나 있었다. 나는 괜히 민망해져서 얼른 시선을 딴 데로 돌렸다.

간호사가 방으로 들어왔다.

"오늘은 기분이 어떠세요?"

"오늘- 난- 말이지-" 렙이 흥얼거리듯 말했다.

간호사가 웃음을 터뜨렸다. "항상 저렇게 노랠 하신다니까요."

예, 저도 압니다. 내가 말했다.

나는 새삼 놀라웠다. 어쩌면 저리도 한결같이 밝고 인자한 성품을 유지할 수 있을까. 그는 간호사들 앞에서 노래를 불렀고 의사들과 농담을 주고받았다. 그 전날, 병원 직원 한 명이 복도에서 휠체어를 타고 있는 렙에게 다가와 축복의 말을 부탁했다고 했다. 그래서 렙은 그의 머리에 두 손을 올리고 기도해 주었다.

렙은 결코 자기 연민에 빠지지 않았다. 오히려 그는 자신에게 나쁜 일이 생길수록 주변 사람들이 그것 때문에 걱정하거나 우울해하지 않게 하기 위해 더 애쓰는 것 같았다.

병실의 텔레비전에서는 항우울제 광고가 나오고 있었다. 절망에 빠진 우울한 사람이 혼자 벤치에 앉아 있거나 멍하니 창밖을 응시하는 장면이 나왔다.

텔레비전에서 목소리가 흘러나왔다. "뭔가 나쁜 일이 일어날 것만 같은 기분이 항상 들어요……"

그리고 알약 사진과 몇 가지 그림이 지나간 다음, 아까 그 우울했던 사람들이 다시 등장했다. 이번에는 밝고 행복해진 모습으로.

렙과 나는 말없이 화면에 시선을 고정하고 있었다. 광고가 끝나자 그가 물었다.

"저 약이 정말 효과가 있을 것 같은가?"

아무래도 광고와는 다르겠죠.

"맞아. 광고하고는 다르지."

작은 알약 속에 행복이 담겨 있는 세상. 프로잭, 팍실, 자낙스(모두 우울증 치료제 이름-옮긴이). 이런 약을 광고하는 데 엄청난 돈이 들어간다. 그리고 그보다 훨씬 많은 돈이 그것들을 구입하는 데 쓰인다. 꼭 특별한 정신적 외상이나 정신병이 있을 때가 아니더라도, '일반적 우울 증세'나 '불안감'이 나타나기만 해도 사람들은 약을 복용한다. 마치 슬픔과 우울함이 흔한 감기라도 되는 것처럼.

나도 우울증이 중요하고 실제적인 병이라는 것은 안다. 그리고 많은 경우에는 반드시 의학적인 치료가 필요하다. 하지만 우울증이란 말이 너무 남용되고 있는 것 또한 사실이다. 사실 우리가 '우울증'이라고 부르는 것은 대부분 '불만'이라는 감정인 경우가 많다. 기준을 너무 높게 설정해 놓거나, 마땅한 노력은 기울이지 않으면서 훌륭한 결과만을 얻으려고 하는 것에서 비롯된 감정 말이다. 나는 몸무게 때문에, 대머리 때문에, 직장에서 승진하지 못하기 때문에, 완벽한 배우자를 만나지 못하기 때문에 견딜 수 없는 괴로움을 느끼는 사람들을 많이 보았다. 설령 그들 자신은 그것 때문에 슬픈 것이 아닌 것처럼 행동했지만 말이다. 그들에게 우울함이란 신체적 질환과 같은 것이다. 약이 도움이 될 수 있다면, 그들은 기꺼이 약을 먹는다.

그러나 약은 그들의 근본적인 문제를 해결하지는 못한다. 가질 수 없는 것을 갖고 싶어 하는 것, 거울 속에 비친 외모에서 자존감을 찾으려고 하는 것, 끊임없이 일에 파묻혀 살면서도 자신이 만족하지 못하는 이유를 알지 못하는 것 말이다.

나는 그것을 잘 안다. 내가 그랬기 때문이다. 한동안 나는 잠을 최소한으로 줄여 가면서까지 일에 매달렸다. 명성과 성공을 쌓았고 부를 얻었다. 사람들로부터 박수와 칭찬도 받았다. 그런데 그런 삶이 계속되자 오히려 공허감이 느껴지기 시작했다. 마치 찢어진 타이어에 공기를 계속 불어 넣는 기분이었다.

그러다 오랜 스승인 모리 교수님을 만나면서, 질주하던 내 삶에 '끼익' 하고 제동이 걸렸다. 교수님이 죽어 가는 것을 지켜보면서, 그리고 삶의 마지막 순간에 그분이 무엇을 중요하게 여기는지 목격하면서 나는 내 삶의 속도를 조절하기 시작했다. 그리고 빽빽하던 스케줄을 상당 부분 줄였다.

하지만 여전히 나는 삶이라는 자동차의 핸들을 꽉 쥐고 있었다. 나는 죽음이나 신앙 같은 문제들을 진지하게 고민하지 않았다. 또 매사에 신에게 의지하며 그 뜻을 따르고자 노력하는 사람들을 멀리하고 싶어 했다. "하나님께서 원하시면, 반드시 그렇게 됩니다."라고 믿는 사람들 말이다. 자신과 예수님의 관계가 세상 그 무엇보다 중요하다고 말하는 사람들 앞에서 나는 입을 다물었다. 그런 순종은 바보 같은 일처럼 느껴졌다. 나는 내가 그들보다 더 똑똑하다고 느꼈다. 하지만 정작 그들보다 더 행복하다고 말할 자신이 없었다.

렙은 그 모든 치료와 약물에도 불구하고 신경 안정제, 우울증 치료제 같은 약은 한 번도 먹지 않았다. 그는 언제나 웃었다. 결코 화내지도 않았다. 또한 '나는 왜 태어났을까?'라는 의문을 품어 본 적도 없었다. 그는 자신이 왜 이 세상에 와 있는지 잘 안다고 말했다. 다른 사람들에게 베풀기 위해서, 하나님을 찬미하기 위해서, 자신이 속해 있는 이 세상에 감사하기 위해서였다. 그의 아침 기도는 항상 이렇게 시작했다. "주여, 오늘도 제 영혼을 다시 돌려주셔서 감사합니다."

그렇게 기도하면, 그날 하루는 특별한 보너스가 된다.

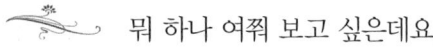 뭐 하나 여쭤 보고 싶은데요.

"그래, 말해 보게."

행복해지려면 뭐가 필요할까요?

"음……." 그가 눈동자를 굴려 병실 안을 둘러보고는 말했다. "그런 얘기를 하기엔 썩 어울리지 않는 공간인 것 같군."

맞아요, 그러네요.

"하지만 말이야." 그는 깊이 숨을 쉬었다. "한편으론 이렇게 생각해 볼 수도 있지. 이곳 병원에서는 삶과 죽음이라는 중요한 현실들과 마주해야 하네. 어떤 사람들은 건강해져서 나가고, 어떤 사람들은 그렇지 못하지. 그러니 그 말이 의미하는 바를 정의하기에 적절한 장소일지도 몰라."

'행복' 말씀이신가요?

"그래. 이 물질적인 사회는 우리가 행복해져야 한다고 말하지. 이런저런 새로운 물건을 사고, 더 큰 집을 장만하고, 더 좋은 직장에 취직해서 말일세. 하지만 그건 틀린 생각이야. 그 모든 것을 가진 사람들이 인생 상담을 받으러 나를 찾아오곤 했는데, 그들은 결코 행복하지 않았거든."

"남부러울 것 없이 풍족하게 소유하고도 결혼 생활이 파탄에 이르는 부부들, 돈과 건강을 갖고 있으면서도 항상 싸우기만 하는 사람들을 보게. 더 많이 가지면 행복할 것 같지만, 그러면 그보다 더 많이 갖고 싶은 욕망에 휩싸이지. 항상 더 많이 갖고 싶어 하면, 말하자면 더 부자가 되고, 더 예뻐지고, 더 커다란 명성을 얻고자 하면 정말 중요한 큰 그림을 놓치게 된다네. 절대로 행복이 찾아오지 않거든."

앞만 보며 달리던 걸음을 잠시 멈추고 장미꽃 향기를 맡으라는, 뭐 그런 식상한 얘기를 하시려는 건 아니죠?

그가 웃으며 대답했다. "그래, 아니야. 하지만 이 방 냄새보다 장미꽃 향기가 더 낫긴 하겠군."

그때 갑자기 바깥에서 크게 우는 어린아이 소리가 들렸다. 뒤이어 "쉿, 쉿, 조용히 해야지!" 하는 소리도 들렸다. 아이를 달래는 엄마인 듯했다. 랩도 물론 그 소리를 들었다.

"저 아이의 울음소리 들리지? 저걸 들으니 유대교의 가르침 하나가 생각나는군. 아기가 세상에 태어날 때는 이렇게 두 손을 꼭 쥐고 있지?"

그는 주먹을 쥐어 보였다.

"왜 그럴까? 아직 아무것도 모르는 아기는 세상 모든 것을 움켜잡아 가지고 싶기 때문이야. 말하자면 '온 세상이 내 것이다!'라는 뜻이지. 하지만 삶의 마지막 순간에는 어떻게 하나? 두 손을 펴고 죽는다네. 왜 그런지 아나? 무언가를 깨달았기 때문이야."

무엇을요?

렙은 손을 다시 활짝 펴 보였다.

"죽을 때는 아무것도 가져갈 수 없다는 거."

우리는 잠시 동안 그의 손만 쳐다보았다. 손이 경미하게 떨리고 있었다.

"이거 보이나, 떨리는 거?" 그가 말했다.

네.

"멈출 수가 없군."

그는 손을 가슴에 얹었다. 복도에서 카트 지나가는 소리가 들렸다. 렙의 열정적인 이야기에 너무 집중한 나머지, 나는 잠시 우리가 있는 곳이 병원이라는 사실을 잊고 있었다.

"여하튼, 뭐……." 그가 말끝을 흐렸다.

나는 그가 병실에 누워 있는 모습이 싫었다. 하루빨리 그가 집으로 돌아가, 어울리지 않는 우스꽝스러운 옷을 입고 어질러진 책상 앞에 앉아 있는 모습을 보고 싶었다. 나는 애써 미소를 지었다.

그럼 이제 행복의 비결이 뭔지, 수수께끼가 풀린 건가요?

"그렇다고 생각하네."

말씀해 주시겠어요?

"준비됐나?"

준비됐습니다.

"만족할 줄 아는 것."

그게 다인가요?

"감사할 줄 아는 것."

그게 다인가요?

"자신이 가진 것에 대해서. 자신이 받은 사랑에 대해서. 그리고 하나님이 자신에게 주신 것들에 대해서."

그게 다인가요?

렙은 내 눈을 잠시 응시했다. 그리고 깊게 한숨을 내쉬었다.

"그래. 그게 전부야."


### 여름의 끝자락

그날 병원을 나오면서 렙의 막내딸인 길라에게서 전화를 받았다. 그녀는 나와 같은 연배였다. 학창 시절부터 그녀를 알고 있었고, 내가 고향을 떠난 후에도 이따금 연락을 주고받았다. 길라는 다정하고 재미있고 자기주장이 강한 여성이었으며 아버지를 끔찍이 사랑했다.

"아버지가 말씀하셨어요?" 그녀가 우울한 목소리로 물었다.
뭘요?
"종양이요."
뭐라고요?
"아버지 폐에 종양이 있어요."
암이란 말입니까?
"아버지가 아무 말씀도 안 하셨어요?"
나는 멍하니 전화기를 쳐다보았다.
렙은 내게 암 이야기는 한마디도 하지 않았다.

봄

여름

# 가을

겨울

### 교회

 디트로이트 시내의 트럼불 애비뉴에 있는 공터 근처에 교회가 하나 있다. 이 교회는 붉은 벽돌과 석회암으로 만들어진 거대한 고딕 양식 건축물로, 마치 다른 세기의 시대에서 옮겨다 놓은 듯한 인상을 준다. 뾰족한 첨탑이 곳곳에 달려 있고 출입구도 아치 모양으로 만들어져 있다. 화려한 색깔의 스테인드글라스 창문들 가운데 하나에는 '내가 어떻게 하여야 구원을 얻으리이까.'라는, 사도행전에 나오는 문구가 적혀 있다.

 이 교회는 1881년에 지어졌다. 당시 이 지역에는 고급 주택들이 즐비했고 부유한 장로교회 교인들이 많이 살았다. 그들이 지은 이 교회는 1,200명의 신도들을 수용할 수 있는 곳으로, 미국 중서부 지역 최대 규모의 것이었다. 하지만 고급 주택들과 장로교인들이 모두 사라진 지금, 초라하고 쓸쓸하게 서 있는 이 교회는 사람들의 기억에서 거의 잊힌 것 같다. 건물 벽도 부식되어 갈라지고 지붕도 여기저기 무너져 있다. 그동안 스테인드글라스 창틀 중 일부가 도난당했으며 어떤 창문에는 유리 대신 널빤지를 대 놓았다.

나는 거기서 반마일쯤 떨어진 곳에 있는 유명한 야구 경기장인 타이거 스타디움에 가는 길에 그 교회 옆을 지나가곤 했다. 하지만 한 번도 들어가 본 적은 없었다. 누군가가 그곳으로 들어가는 것을 본 적도 없었다.

내가 아는 한, 그곳은 버려진 교회였다.

하지만 얼마 안 가서 다른 사실을 알게 되었다.

렙이 "적이라니, 그게 다 뭔가."라고 말한 이후로, 나는 내가 가진 선입견들에 대해 다시 생각해 보게 되었다. 관대하고 자비심 있는 사람이 되려고 노력하긴 했지만 사실 내 마음속에는 여전히 '우리 편'과 '저쪽 편'을 가르는 경계선이 존재했다. 문화적 측면에서든, 인종적이나 종교적 측면에서든 말이다. 다른 많은 이들과 마찬가지로 나 역시 내가 속한 공동체에서부터 자선과 관용을 베푸는 일을 시작해야 한다고, 우리 쪽에 속하는 사람들부터 먼저 도와야 한다고 배웠다.

하지만 '우리 쪽'이란 대체 누구를 의미하는 걸까? 나는 어린 시절을 보낸 고향에서 멀리 떨어진 도시에 살고 있었다. 나는 다른 종교를 가진 여성과 결혼했다. 나는 흑인 인구가 압도적으로 많은 도시에 사는 백인이었다. 그리고 나는 다행히 경제적으로 안정된 생활을 하고 있었지만, 내가 사는 디트로이트는 점차 무너져 가고 있었다. 미국 전체를 강타하게 될 경제 위기를 예고하는 조짐이 거리 곳곳에서 나타났다. 일자리는 급속도로 줄어들었고, 많은 주택들이 저당 잡혔으며, 버려진 건물들이 속출했다. 디트로이트를 먹여 살리던 자동차 산업도 흔들렸고 일자리를 잃거나 집 없이 떠돌아다니는 사람들의 숫자도 빠르게 늘어났다.

어느 날 밤, 나는 어느 교회에서 운영하는 노숙자 쉼터에 있었다. 그곳에서 노숙자들과 하룻밤을 지낸 다음 그곳에서의 경험을 내 칼럼에 소개할 생각이었다. 나는 줄을 서서 이불과 비누를 받고 잠자리도 얻었다. 목사님의 설교도 들었다. 힘겨운 삶에 지친 많은 노숙자들이 손으로 턱을 받치고 앉아서 어떻게 하면 구원을 받을 수 있는지를 열심히 듣는 모습이 퍽 인상적이었다.

한번은 식사를 받으려고 줄을 서 있는 내게 한 남자가 다가오더니, 의아한 표정으로 자기가 아는 그 미치 앨봄이 맞느냐고 물었다.

네, 맞습니다. 내가 대답했다.

그는 천천히 고개를 저으며 말했다.

"세상에……. 어쩌다 이렇게 되셨어요?"

그날 경험을 계기로 나는 노숙자들을 위한 자선 활동을 시작하기로 결심했다. 나는 뜻이 맞는 사람들과 함께 기금을 모아 노숙자 쉼터 여러 곳을 지원했다. 관리 비용이나 기타 비용을 따로 들일 일 없이 우리끼리 소규모로 운영해 나간다는 사실이 꽤 뿌듯했다. 그리고 우리는 지원금이 어디에 쓰이는지 정확하게 확인되지 않으면 지원을 하지 않았다. 때문에 대개 지원할 만한 장소나 단체를 직접 찾아다녔다.

그래서 어느 습한 9월 오후, 나는 트럼불 애비뉴에 있는 그 낡은 교회를 찾아갔다. 어느 목사님이 그곳에서 작은 노숙자 쉼터를 운영한다는 얘기를 사람들에게 들었는데, 내가 직접 가서 지원이 필요한 곳인지 알아볼 생각이었다.

도로 위 줄에 매달린 신호등이 바람에 흔들렸다. 나는 차에서 내려 자동차 열쇠고리에 달린 잠금 버튼을 누르고 교회 건물 쪽으로 걸어갔다. 흑인 남자와 여자가 교회 앞에 있는 접이식 알루미늄 의자에 앉아 있었다. 해변에서 많이 쓰는 싸구려 의자였다. 두 사람은 나를 빤히 응시했다. 남자는 왼쪽 다리가 없었다.

저, 목사님을 찾고 있습니다만……. 내가 말했다.

여자가 의자에서 일어나더니 경첩이 불안하게 삐걱거리는 붉은색 문을 열고 안으로 들어갔다. 나는 밖에서 기다렸다. 다리가 하나뿐인 남자가 나를 향해 웃어 보였다. 그의 의자 옆에는 목발이 기대어져 있었고, 안경을 쓴 그 남자는 앞니가 거의 빠져 있었다.

"오늘은 날씨가 따뜻하네요." 그가 말했다.

네. 내가 대답했다.

나는 손목시계를 들여다보면서 얼마간 서성거렸다. 마침내 문 안쪽에서 누가 나오는 소리가 들렸다.

그리고 체구가 커다란 남자가 걸어 나왔다.

정말 '어마어마한' 거구의 남자였다.

그는 ― 나중에 알게 된 바에 따르면 ― 쉰 살이었다. 하지만 숱이 많지 않은 턱수염을 짧게 깎은 얼굴은 소년 같은 분위기를 풍겼다. 키는 농구선수만큼이나 컸고, 몸무게도 180킬로그램 이상은 나가 보였다. 널찍하고 단단한 널빤지 같은 가슴팍 밑으로 보이는 거대한 배는 마치 바지 허리띠 위에 달려 있는 베개 같았다. 그의 굵은 팔뚝은 특대형 흰색 티셔츠 밖으로 나와 있었고, 이마에는 땀이 줄줄 흘렀다. 그는 마치 가파른 계단을 막 올라온 사람처럼 숨을 몰아쉬고 있었다.

나는 생각했다. 이 사람이 하나님의 아들이라면, 나는 달 위에 서 있는 조그만 인간쯤 되겠군.

"안녕하세요……." 그가 한 손을 뻗으며 숨찬 목소리로 말했다. "헨리라고 합니다."

## 1981년, 렙의 설교 중에서

한 군목(軍牧)이 제게 이런 이야기를 들려주었습니다.

어떤 병사가 먼 지역의 복무를 발령받아 그곳으로 가족과 함께 떠나게 되었습니다. 그의 어린 딸이 공항에서 가족들의 초라한 짐 옆에 앉아 있었지요.

소녀는 졸음이 쏟아졌습니다. 그래서 더플백(손에 들거나 한쪽 어깨에 메는, 커다란 원통형 가방—옮긴이)들과 짐 꾸러미에 몸을 기댔습니다.

한 여성이 저나가다가 걸음을 멈추고는 소녀의 머리를 쓰다듬으며 말했어요.

"가엾기도 하지. 가정이 없는 애로구나."

소녀는 깜짝 놀라서 올려다보며 이렇게 말했답니다.

"아니에요. 우린 가정도 있고 가족도 있어요. 단지 들어가서 살 집이 없을 뿐이에요."

## 물질적 부

  이제 렙은 환자용 보행기를 사용하고 있었다. 현관문 앞에 서 있자니 쿵쿵거리며 보행기가 다가오는 소리가 들렸다. 9월이었다. 우리가 병실에서 행복에 대해 이야기를 나눈 후 3년이 흘렀고, 나뭇잎들이 하나둘씩 물들어 가고 있었다. 렙의 집 앞에 세워진 낯선 자동차가 눈에 띄었다. 안쪽에서 렙의 노랫소리가 들렸다. "나가네— 잠깐만 기다려— 곧 간다고—"

  문이 열렸다. 렙은 환한 미소로 나를 맞았다. 처음 그를 방문했을 때에 비하면 많이 말라 있었다. 팔도 앙상했고 얼굴의 뼈 골격도 그대로 드러났다. 머리는 이제 거의 다 흰색이었고, 한때 늠름했던 상체도 구부정하게 굽어 있었다. 연약해 보이는 손가락들이 보행기 손잡이를 꽉 잡고 있었다.

  "내 새로운 친구한테 인사하게." 그가 보행기를 덜걱덜걱 움직이며 말했다. "우린 언제 어딜 가든 함께 다니지."

  그러더니 조그만 목소리로 장난스럽게 말했다.

  "흥, 나는 할아버지를 흔들 수가 없잖아요!"

  나는 웃음을 터뜨렸다.

"자, 들어가세."

나는 언제나 그랬듯 렙의 뒤를 따라 들어갔다. 그는 보행기를 밀면서 수많은 책들과 '하나님' 파일이 있는 서재로 향했다.

집 앞에 세워진 낯선 자동차는 집에 머물면서 렙을 도와주는 의료 간병인의 것이었다. 이는 어느 때고 예고 없이 그의 육체가 그를 배반할 수 있다는 것, 즉 '만약의 상황'이 벌어질 수 있다는 것을 의미했다. 렙의 폐에는 여전히 종양이 자라고 있었다. 너무 노령이라 – 이제 렙은 여든아홉이었다 – 의사들은 수술로 제거하기엔 위험 부담이 크다고 했다. 아이러니하게도, 렙의 기력이 떨어지면서 암이 퍼지는 속도도 느려졌다. 마치 피곤하고 지친 두 명의 투사가 천천히 마지막 결승선을 향해 걸어가고 있는 것 같았다. 의사는 '암 세포보다 나이가 먼저 렙을 데려갈 것 같다'고 했다.

천천히 복도를 걸어가는 동안, 나는 바깥에 세워진 차가 유독 내 눈에 띄었던 또 다른 이유를 깨달았다. 6년 전 처음 방문한 이후로 이 집에는 변한 것이 거의 없었다. 가구들도 그대로였고, 카펫도 바뀌지 않았으며, 텔레비전도 달라지지 않았다.

렙은 물건들에 전혀 욕심을 내지 않았다. 하지만 많이 가져본 적도 결코 없었다.

앨버트 루이스는 1917년에 태어났다. 그의 집안은 당시 평범한 수준에도 훨씬 못 미칠 만큼 가난했다. 그의 어머니는 리투아니아에서 이민 온 여성이었고, 직물 판매업자인 아버지는 항상 일하느라 바빴다. 앨버트의 가족은 브롱크스의 토핑 애비뉴에 있는 비좁은 아파트에 살았다. 먹을 것은 항상 부족했다. 어린 앨버트는 매일 학교에서 돌아오면서, 집의 가구들이 길거리에 나와 있지 않게 해 달라고 기도했다. 그것은 또 쫓겨난다는 의미였기 때문이다.

세 명의 아이들 중 맏이였던 앨버트는 - 밑으로 여동생과 남동생이 있었다 - 하루 종일 예시바(yeshiva, 유대인의 탈무드 교육기관 - 옮긴이)에서 시간을 보냈다. 그에게는 자전거도, 좋은 장난감도 없었다. 어머니는 이따금 유통기한이 하루 이틀 지나 싸게 파는 빵을 사다가 잼을 발라서 따뜻한 차와 함께 챙겨 주었다. 그는 그것을 "어린 시절 먹었던 가장 맛있는 음식"이라고 회상했다.

대공황이 닥쳤을 즈음 앨버트에게는 옷이 단 두 벌뿐이었다. 하나는 평일에 입는 것, 또 하나는 안식일에 입는 것이었다. 낡은 신발은 늘 수선해서 신었고 양말도 매일 빨아야 했다. 성인식을 하던 날, 아버지는 앨버트에게 새 정장을 마련해 주셨다. 앨버트는 퍽 자랑스러운 마음으로 그것을 입었다

가을 157

그로부터 몇 주 후, 그는 그 정장 차림으로 아버지와 함께 전차를 타고 친척 집을 방문했다. 친척은 부유한 변호사였다. 아버지의 손에는 어머니가 정성스럽게 구워 준 케이크가 들려 있었다.

그 집에 앉아 있는데 앨버트와 비슷한 또래의 사촌이 방에 들어왔다. 그런데 사촌은 앨버트를 보더니 웃음을 터뜨렸다. "앨, 그거 내가 입던 정장인데!" 사촌은 앨버트를 손가락으로 가리키며 큰 소리로 말했다. "저거 봐요! 앨이 내 헌 옷을 입고 있어요!"

앨버트는 창피해서 어쩔 줄을 몰랐다. 그 집에 있는 내내 얼굴이 벌게져서 앉아 있었다.

전차를 타고 다시 집으로 돌아가는 길에, 그는 아버지에게 원망스러운 눈빛을 보내며 터져 나오려는 울음을 꾹꾹 참았다. 아버지는 케이크를 주고 옷이 잔뜩 든 가방을 받아 왔다. 그것이 부자 친척과 가난한 친척 사이에 이루어진 교환이라는 것을 앨버트는 알고 있었다.

하지만 집에 도착했을 때, 앨버트는 더 이상 참을 수가 없었다. "이해가 안 가요." 그는 아버지를 향해 마음속의 말을 쏟아냈다. "아빠는 신앙심이 깊어요. 그 친척은 안 그렇고요. 아빠는 날마다 기도하지만, 그 친척은 안 해요. 그런데 그 사람들은 원하는 걸 모두 가졌고 우리에겐 아무것도 없잖아요!"

아버지는 고개를 끄덕이고는 이디시어로, 노래하는 듯한 낮은 목소리로 대답했다.

"하나님과 그분이 내리시는 결정은 언제나 옳단다.

하나님은 그 누구라도 아무 이유 없이 벌하시지 않는단다.

하나님은 당신이 하시는 일을 잘 알고 계신단다."

앨버트는 그 이후로 아버지한테 그런 질문을 다시는 던지지 않았다.

그리고 그 이후로는 절대 물질적인 소유물을 근거로 삶을 판단하지 않았다.

그로부터 76년이 흐른 후, 렙이 가지고 있는 것들은 정말로 소박하고 보잘것없었다. 그의 옷차림은 마치 재고 정리 세일 판매대의 물건들을 합쳐 놓은 것 같았다. 조악하고 화려한 색깔의 양말에다 체크무늬 셔츠와 하밴드-폴리에스테르 진 바지나 주머니가 여러 개 달린 조끼 등을 만드는 저가 의류 브랜드다-에서 파는 바지를 같이 코디해서 입었다. 렙은 주머니가 많은 옷일수록 좋다고 했다. 그리고 거기에다 메모지며 펜, 조그만 미니 손전등, 5달러짜리 지폐, 오려 낸 신문 기사, 연필 같은 것들을 넣고 다녔다.

물건에 관한 한 렙은 어린아이 같았다. 가격표는 그에게 아무 의미가 없었다. 그저 물건이 마음에 들고 그것으로 작은 행복을 느낄 수 있다면 그만이었다. 첨단 기술 제품? 그는 옛날 음악이 흘러나오는, 시계가 달린 구식 라디오를 좋아했다. 고급 레스토랑? 그가 제일 좋아하는 음식은 단맛이 없는 통밀 크래커와 땅콩버터 쿠키였고, 그가 생각하는 최고의 식사는 오트밀 죽에 시리얼을 넣은 뒤 건포도를 한 컵 넣고 휘휘 저은 것이었다. 렙은 식료품 쇼핑을 굉장히 좋아했지만 오로지 싼 것만 찾아다녔다(대공황 시절부터 생긴 습관이다). 그가 슈퍼마켓에서 쇼핑을 하는 방식을 모르는 사람은 거의 없었다. 그는 카트를 밀며 몇 시간이고 통로를 돌아다니며 꼭 필요한 물건만 신중하게 선택했다. 그리고 계산대 앞에 서서는 주머니에서 챙겨 뒀던 쿠폰들을 내밀면서 직원과 유쾌하게 농담을 주고받았다.

렙의 수입을 챙기는 것은 항상 그의 아내인 사라의 일이었다. 렙은 그런 것에 전혀 신경을 안 썼기 때문이다. 랍비로 처음 부임했을 때의 수입은 1년에 고작 몇 천 달러밖에 안 됐다. 그리고 50년이 지난 후에도, 그가 받는 보수는 다른 성직자들에 비해 훨씬 낮았다. 하지만 그는 더 받으려고 애쓴 적이 한 번도 없다. 그는 그런 행동이 부적절하다고 생각했다. 처음 몇 년 동안은 자동차도 없었다. 필라델피아에 있는 드롭시

(Dropsie) 대학에 강의를 나갈 때면 에디 아델먼이라는 이웃 사람이 그를 필라델피아까지 태우고 가서 지하철역에 내려 주곤 했다.

렙은 신앙과 물질적 부 사이에 존재하는 척력(斥力)을 몸소 보여 주는 사람 같았다. 신도들이 그에게 뭔가를 그냥 주려고 하면, 그는 자기한테 주지 말고 자선 단체에 기부하라고 말했다. 그는 자선기금을 모으는 것도 싫어했다. 성직자가 사람들에게 돈을 요구하는 일은 부적절하다고 생각했기 때문이다. 언젠가 그는 설교에서 '내가 백만장자였으면 좋겠다는 바람이 드는 유일한 때는 그 돈으로 재정적인 어려움에 빠진 수많은 사람들을 구해 줄 수 있다는 생각이 들 때'라고 말했다.

렙은 뭐든 오래된 것을 좋아했다. 오래된 옛날 동전, 오래된 그림 같은 것들. 그가 들고 다니는 기도서도 다 낡아서 너덜너덜했다. 기도서에는 이런저런 메모나 자료들이 끼워져 있고 밖으로 고무 밴드가 둘러져 있었다.

"나한텐 필요한 만큼 있어." 그가 어질러진 책상과 선반을 둘러보며 말했다. "그런데 더 많이 가지려고 애쓸 필요가 뭐 있나?"

그 말씀을 들으니 유대교 경전 구절이 생각나네요.' 내가 말했다. '사람이 만일 온 천하를 얻고도 제 목숨을 잃으면 무엇이

유익하리요?'

"그건 예수님이 하신 말씀이야."

아 맞다, 죄송해요. 그랬죠.

"그렇다고 사과할 것까진 없네." 그가 웃으며 말했다. "어쨌거나 좋은 말씀이지."


### 교회

창밖에 디트로이트의 자동차들이 씽씽 지나가고 있었다. 나는 '내 형제는 내가 지킵니다(I Am My Brother's Keeper)'라는 이름을 단 교회를 이끌고 있는 헨리 코빙턴 목사와 함께 커다란 건물 안을 걸어갔다. 한때 무척 화려한 예배당이었던 것 같았다. 높은 천장과 마호가니로 만든 커다란 설교단, 높게 솟은 파이프오르간, 위층의 발코니 신도석이 보였다.

하지만 많이 낡아 있었다.

페인트칠은 군데군데 벗겨지고, 회벽에는 금이 가 있었다. 바닥 상태도 그리 좋지 않았고, 카펫 여기저기에는 움푹 들어간 곳이 있어서 잘못하면 발목을 삐끗하기 십상일 듯했다. 고개를 들어 위쪽을 쳐다보니 천장에 구멍이 뚫려 있었다. 꽤 커다란 구멍으로, 지름이 3미터는 될 것 같았다.

"저게 아주 골칫거립니다." 헨리가 함께 위를 보며 말했다. "특히 비가 오는 날은 더 그렇죠."

천장의 구멍 뚫린 위치 아래쪽 바닥에는 빨간 양동이들이 놓여 있었다. 흰색 회벽은 습기 때문에 누렇게 변해 있었다. 교회 건물에 그렇게 큰 구멍이 뚫려 있는 것은 처음 보았다. 포탄에 맞아 파괴된 커다란 배를 보는 기분이었다.

우리는 의자에 앉았다. 배가 무지막지하게 큰 헨리 목사는 몸의 균형을 잡기 위해서인지 양쪽 팔꿈치를 기다란 신도석 등받이 위에 걸쳐 놓았다.

"그런데 무슨 일로 찾아오셨는지요?" 그가 정중하게 물었다.

노숙자들을 돌봐 주신다고 들었습니다.

"네. 일주일에 2~3일 정도는요."

식사도 제공합니까?

"네. 교회 안에 있는 실내 체육관에서요."

그들이 여기서 잠도 잡니까?

"네."

기독교 신자들만 여기 머물 수 있나요?

"그건 아닙니다."

그들을 기독교로 개종시키려고 노력하십니까?

"아닙니다. 그들을 위해 기도해 주고 개종하고 싶은지 의향을 묻긴 하지만, 강요는 하지 않습니다. 이곳은 누구에게나 열려 있습니다."

나는 고개를 끄덕였다. 나는 지원금 얘기를 꺼내며 우리가 혹시 도와줄 수 있을지도 모른다고 말했다.

"아." 그는 눈썹을 치켜세우며 대답했다. "그거 대단히 반가운 얘기군요."

나는 주변을 둘러보며 말했다.

교회가 대단히 크네요.

"그렇지요." 그가 웃으며 말했다.

말투에 뉴욕 억양이 섞여 있군요.

"네. 브루클린 출신입니다."

이곳이 목사님이 처음 맡으신 교회입니까?

"네, 그랬지요. 이곳에 처음 왔을 때는 집사 겸 관리인이었습니다. 바닥을 대걸레로 닦고, 진공청소기를 돌리고, 화장실도 청소했지요."

나는 렙이 우리 유대교 회당에 처음 왔을 때 문단속을 직접 하고 예배당을 청소했었다는 얘기가 떠올랐다. '성직자들은 모두 그런 겸손함을 갖고 있나 보다' 하는 생각이 들었다.

그가 말을 이었다.

"옛날에 이곳은 아주 유명한 교회였습니다. 하지만 이 교회를 쓰던 사람들이 오래전에 우리 교단에 건물을 팔았지요. 유지비를 감당할 수 있으면 매입하라고 하더군요."

나는 건물 안을 둘러보았다.

원래 목사가 되겠다는 목표를 갖고 계셨습니까?

그가 코웃음을 치며 대답했다.

"아아―뇨."

그럼 학교를 졸업하고 나서 어떤 계획을 갖고 계셨어요?

"사실 저는 전과잡니다."

나는 깜짝 놀랐다. 하지만 가급적 티를 내지 않으려고 애썼다.

그러셨어요? 교도소엔 왜 가셨습니까?

"음, 옛날에 많은 죄를 지었지요. 마약에다, 자동차 절도에다······. 감옥엔 과실치사죄로 들어갔습니다. 사실 저와는 아무 상관도 없는 사건이었는데 말이죠."

어떻게 하다가 여기까지 오게 되셨어요?

"음······. 어느 날 밤 제가 돈을 갈취한 사내들이 있었는데, 그들이 저를 죽이러 올 거라고 생각했어요. 그래서 하나님께 약속했지요. 만일 아침까지 무사히 살아 있게 된다면 하나님께 제 삶을 바치겠다고 말입니다."

그는 잠시 말을 멈췄다. 옛날 일들이 하나둘 떠오르는 모양이었다. "그게 벌써 20년 전이군요."

그는 손수건을 꺼내 이마에 흐르는 땀을 닦았다. "살아오면서 별의별 일을 다 겪었습니다. 전 이제 사람들이 '영광, 영광, 할렐루야, 내 무거운 짐을 다 내려놓았으니.' 하고 노래하는 이유를 누구보다 잘 압니다."

나는 마땅히 대꾸할 말이 생각나지 않아서 그냥 '네, 그렇군요.'라고 대답했다.

잠시 후 우리는 옆문으로 나갔다. 복도 바닥은 먼지와 때로 더러웠다. 한쪽에 있는 계단으로 내려가면 어둠침침한 불이 켜져 있는 작은 체육관이 있었다. 헨리는 그곳에서 노숙자들이 잠을 잔다고 말했다.

나는 그곳을 지원할지 확신이 서지 않은 상태였기 때문에 나중에 다시 와서 좀 더 이야기를 나누자고 했다. 솔직히 말하면 목사가 전과자라는 게 꺼림칙했다. 나는 사람이 변화할 수 있다는 걸 잘 안다. 하지만 또 어떤 사람은 자신이 있는 위치만 바꿀 뿐 속은 그대로라는 것도 잘 안다.

스포츠 분야를 취재하면서-그리고 디트로이트에 살면서-나는 마약, 폭행, 총기 사건 등등의 범죄를 저지르는 사람들을 많이 봐 왔다. 많은 청중이 모인 기자 회견에서 '사과'를 하는 사람들도 목격했고, 자신이 저지른 잘못은 이제 과거 일이라고 확신에 차서 말하는 사람들을 인터뷰한 뒤 그들을 칭찬하고 격려하는 기사를 쓰기도 했다. 하지만 몇 달 후에 그들은 또 다시 우리를 배반하곤 했다.

스포츠 분야에서 당연히 그것은 지탄받을 만한 행동이다. 하지만 나는 유달리 종교적 위선자들에게도 혐오감을 갖고 있었다. 돈을 요구하거나 음란한 행동으로 체포되는 종교인들, 진정으로 참회했다며 새로운 가면을 쓰고 또다시 돈을 요구하는 전도자들을 보면 정말 역겨웠다. 나는 헨리 코빙턴을 믿고 싶었다. 하지만 너무 순진해지고 싶지도 않았다.

그리고 또 한 가지 이유를 솔직히 말하자면, 그의 교회는 내가 생각하는 교회의 모습과 너무나 달랐다. 외관뿐 아니라 건물 내부도 불안해 보이기 짝이 없었다. 헨리 목사 말로는, 위층으로 올라가면 기숙사처럼 생긴 방에서 다섯 명의 사람들이 살고 있다고 했다.

잠깐만요, 이 교회에서 '살고' 있다고요?

"네. 다섯 명쯤 됩니다. 방세도 조금 낸답니다."

건물 유지비는 어떻게 마련하세요?

"대부분 그 방세를 받아서 꾸려 가지요."

회비 같은 건 없나요?

"없습니다."

그럼 목사님이 받는 수입은요?

그는 웃으며 대답했다.

"안 받습니다."

우리는 밖으로 나왔다. 다리가 하나뿐인 흑인 남자는 아직 거기 있었다. 그가 내게 미소를 보냈다. 나도 할 수 없이 미소를 지어 보였다.

그럼 목사님, 곧 다시 찾아뵙겠습니다.

정말 그럴 건지는 나도 확신할 수 없었다.

"일요일 예배에 한번 나오십시오. 언제든 환영입니다."

저는 개신교 신자가 아닙니다.

그는 그저 어깨만 으쓱했다. '그렇다면 안 되겠군요.'라는 뜻인지 '그래도 상관없습니다.'라는 뜻인지 알 수가 없었다.

유대교 회당에 가 보신 적 있으세요? 내가 물었다.

"있지요……." 뭔가를 기억에서 떠올리는 표정이었다. "십 대 청소년이었을 때 말입니다."

무슨 일 때문에요?

그는 약간 부끄러운 듯 시선을 떨어뜨렸다.

"도둑질하러요."

# 늙는다는 것

회당 앞의 주차장이 차들로 가득했다. 차량 행렬은 큰길까지 몇 백 미터쯤 길게 이어져 있었다. 유대인들에게 가장 엄숙하고 중요한 종교 절기인 욤키푸르로, 영생을 얻을 사람들이 누구인지 하나님이 결정하여 '생명의 책(Book of Life)'에 기록하신다는 날이었다.

욤키푸르는 엄숙한 날인 동시에 렙이 가장 빛나는 날이기도 했다. 렙의 가장 훌륭하고 멋진 설교는 이날을 위해서 남겨졌다. 멀리 사는 신도들도 이날만큼은 거의 빠짐없이 고향에 돌아와 삶과 죽음, 사랑과 용서에 관한 렙의 메시지를 들었다.

하지만 오늘은 아니었다. 여든아홉 살의 렙은 이제 더 이상 설교를 하지 않았다. 대신 그는 다른 사람들 사이에 섞여 조용히 신도석에 앉아 있었다. 그리고 나는 통로를 사이에 두고 옆의 신도석에, 매년 그랬듯이 우리 부모님과 함께 앉아 있었다.

이날만큼은 나도 유대교 회당에 소속되어 있는 것처럼 보였다.

 오후 예배가 진행되는 중간에 나는 렙이 있는 쪽

가을 169

으로 다가갔다. 어린 시절 친구들의 얼굴이 보였다. 옛날의 얼굴 모습이 어렴풋하게 겹쳐졌다. 하지만 이제는 머리숱이 줄어들고, 안경을 쓰고, 전에는 없던 목살이 붙은 모습들이었다. 그들은 웃으면서 낮은 목소리로 내게 인사를 건넸다. 나보다 상대방 쪽에서 먼저 알아보는 경우가 많았다. 옛 친구들은 내가 이곳을 떠나 넓은 세상에서 많은 것을 경험했으니 그들에 대해 우월감을 느낀다고 여기지 않을까 하는 생각이 들었다. 당연히 그럴 법했다. 내가 그런 식으로 행동했으니까.

렙은 통로에서 몇 좌석 떨어진 안쪽에 앉아서 기도 소리에 맞춰 가볍게 손뼉을 치고 있었다. 그는 예배가 있는 날은 늘 그렇듯이 크림색 가운을 입고 있었다. 그리고 사람들 앞에 그토록 보이기 싫어하는 보행기도 근처 벽에 기대어 세워져 있었다. 옆에 있던 사라가 나를 발견하고 내게 손을 흔들었다. 그녀가 어깨를 톡톡 두드리자 렙이 고개를 이쪽으로 돌려 쳐다보았다.

"오오, 디트로이트에서 오신 손님이군."

그는 가족들의 부축을 받아 자리에서 일어났다.

"자, 그럼 손님이랑 얘기 좀 할까."

렙은 천천히 자리에서 빠져나와 보행기를 잡았다. 통로 쪽에 있는 신도들이 그에게 길을 내주기 위해 몸을 바싹 끌어당기고는, 혹시 넘어지면 도와주려고 그를 주시하고 있었다. 그들의 표정에는 존경심과 걱정이 뒤섞여 있었다.

렙은 보행기의 손잡이를 잡고 예배당 밖으로 빠져나갔다.

복도를 걸어가는 중에 그는 인사를 받기 위해 몇 번이나 걸음을 멈춰야 했다. 20여 분 뒤, 우리는 그의 아담한 방에 앉아 있었다. 지금 그의 방은 그가 한때 사용했던 커다란 방의 맞은편에 위치하고 있었다. 욤키푸르에 렙과 함께 이렇게 마주 앉는 것은 처음이었다. 바깥은 많은 신도들로 북적거리는데 작은 방 안에 그와 단둘이 앉아 있으니 기분이 조금 묘했다.

"아내도 함께 왔나?" 그가 물었다.

아니요. 친구들과 함께 왔습니다.

"그랬군."

렙은 항상 내 아내에게 호의적이었고, 그녀의 종교 때문에 나를 불편하게 만든 적이 한 번도 없었다. 참으로 다행한 일이었다.

몸은 좀 어떠십니까?

"세상에, 오늘 나보고 식사를 하라고 하더군."

누가요?

"의사가."

당연히 하셔야죠.

"무슨 소린가." 그는 주먹을 꼭 쥐었다. "오늘은 금식을 해야 하는데. 살면서 항상 지켜 온 전통이야. 늘 그랬듯이 지키고 싶네."

렙은 주먹을 앉은 다리 위에 내려놓았다. 주먹이 저절로 떨리고 있었다. 그는 잠시 자기 손을 쳐다보았다.

"보이나? 이게 인간의 딜레마야. 인간은 늘 그것에 대해 불평하고 푸념하지."

늙는 것 말입니까?

"우리는 늙어 가는 것에 적절히 대처할 수 있어. '늙은 것' 자체는 불편하긴 하지만."

내 기억에 가장 남는 렙의 설교 가운데 하나는 그의 이모님 – 살아 계신 그의 친지 중 가장 나이가 많은 분이셨다 – 이 돌아가셨을 때 했던 설교다. 렙의 부모님도 이미 돌아가셨고, 그의 할아버지와 할머니도 물론 오래전에 땅에 묻히셨다. 렙은 이모님의 무덤 앞에 서서 단순하면서도 두려운 사실 한 가지를 문득 깨달았다고 했다. '다음 차례는 나군.'

자연의 섭리와 순서에 따라 죽음의 문턱 가까운 곳에 다다른 순간이 왔을 때, '아직 내 순서는 아니야.'라는 말 뒤에 숨는 것이 더 이상 불가능해질 때, 우리는 어떤 기분이 들까?

설교단 위에 서 있는 대신 책상 뒤에 구부정하게 앉아 있는 렙을 보면서, 그가 다른 가족과 친지들을 모두 먼저 보내고 오랫동안 자신의 차례를 기다려 왔을 거라 생각하니 문득 슬퍼졌다.

왜 이제 설교를 하지 않으세요? 내가 물었다.

그가 한숨을 쉬며 대답했다. "생각만 해도 끔찍해. 만일 내가 말이라도 더듬거리면 어떡하나? 만일 중요한 순간에 넘어지기라도 하면······."

그래도 창피해하거나 그러실 필요는 없어요.

그는 고개를 가로저었다.

"창피할까 봐 그러는 게 아니야. 신도들 때문이라네. 그들이 당황한 내 모습을 보면······ 내 죽음이 가까웠다고 생각할 게 아닌가. 그들에게 두려움과 걱정을 주고 싶지가 않아."

렙은 당신 자신이 아니라 '우리'를 걱정하고 있었다.

어렸을 때 나는 생명의 책이 진짜로 있다고 믿었다. 하늘나라의 도서관에 먼지가 쌓인 묵직한 생명의 책이 있어서, 일 년에 한 번씩 욤키푸르가 되면 하나님이 한 손에는 멋진 깃털이 달린 깃펜을 들고 다른 한 손으로는 책장을 넘기면서 "이 사람은 합격.", "이 사람은 불합격." 하며 체크를 하신다고 믿었다. 항상 나는 내 기도가 부족해서 불합격될까 봐 두려왔다. 그래서 하나님이 내 이름 앞에 '합격' 표시를 하시려면, 내가 눈을 더 꼭 감고 열심히 기도해야 한다고 생각했다.

사람들이 죽음을 앞에 두고 제일 두려워하는 게 뭘까요? 내가 물었다.

"두려워하는 거?" 그는 잠시 생각하더니 입을 열었다.

"음, 이런 거겠지. 죽음 다음엔 뭐가 있을까? 나는 어디로 가게 될까? 그곳은 내가 상상하던 그런 곳일까?"

맞아요. 그럴 거예요.

"그래. 하지만 또 다른 게 있지."

뭐요?

렙은 의자 뒤로 몸을 기댔다. 그리고 나지막이 말했다.

"사람들에게 잊히는 것."

우리 집에서 멀지 않은 곳에 1800년대 사람들이 묻혀 있는 오래된 공동묘지가 하나 있다. 나는 그곳에 찾아와 꽃을 놓고 가는 사람을 본 적이 없다. 지나가던 사람들이 묘비들을 보고 "와, 정말 오래된 곳이네." 하고 말할 뿐이다.

렙과 이야기를 나누다가 그 묘지가 떠올랐다. 렙이 아름답지만 슬픔이 느껴지는 시 한 구절을 암송한 후였다. 토머스 하디(Thomas Hardy)가 쓴, 어떤 사람이 묘지 한가운데 서서 땅속에 묻힌 자들과 대화를 나누는 형식의 시였다. 죽은 지 얼마 안 되는 영혼들이 자신보다 더 오래전에 죽어 사람들의 기억에서 잊힌 영혼들에 대해 이렇게 슬퍼한다.

저들은 영영 산 자들의 기억에서 지워졌고,
아예 존재한 적도 없는 사람들과도 같으며,
그것은 마지막 숨이 끊어지는 것보다 더욱 커다란 상실이라네.
그들은 두 번째 죽음을 맞는 것이라네.

두 번째 죽음. 찾아오는 이 없이 양로원에서 죽는 사람들, 뒷골목 어딘가에서 동사한 채 죽어 가는 노숙자들을 생각해 보라. 누가 그들의 죽음을 슬퍼할까? 그들이 이 세상에 존재했던 흔적을 누가 기억해 줄까?

"예전에 러시아에 간 적이 있는데 말이야." 렙이 옛날 일을 떠올렸다. "오래된 유대교 회당이 있었어. 들어가 보니 한 노인이 혼자 앉아서 카디시(kaddish, 사망한 근친을 위해 드리는 기도-옮긴이) 기도를 하고 있더군. 누굴 위해서 기도하고 있냐고 물었더니, 그가 이렇게 대답하는 게 아닌가. '저 자신을 위해서 하고 있습니다.'"

두 번째 죽음. 죽은 후에 세상 사람 어느 누구도 자신을 기억해 주지 않는 것. 사람들이 세상에 자신의 이름을 알리려고, 유명해지려고 노력하는 것도 결국 두 번째 죽음을 피하기 위해서가 아닐까. 나는 문득 그런 생각이 들었다. 유명 인사들이 얼마나 중요한 대우를 받는지 생각해 보라. 사람들은 유명해지기 위해서 가수가 되어 노래를 부른다. 세상 사람들에게 자기 존재를 각인시키기 위해 때로는 가장 부끄러운 비밀을 고백한다. 또 살을 빼고, 징그러운 벌레를 먹는 묘기를 하는가 하면 심지어 살인까지 저지른다. 젊은이들은 인터넷 온라인 공간에 자기 속마음을 적은 글을 올리거나, 자기 침실에 카메라를 설치해 사생활을 드러내기도 한다. 마치 다들 "날 봐 줘요! 나를 기억해 달란 말이에요!" 하고 외치는 듯하다.

하지만 그렇게 얻은 인기나 평판은 그리 오래가지 않는다. 그들의 이름은 금세 세인들의 기억 속에서 희미해지고 시간이 지나면 아예 지워진다.

나는 렙에게 물었다. 랍비님은 두 번째 죽음을 어떻게 피하실 수 있을 것 같으세요?

"한동안은 피할 수 있겠지. 이유는 간단해. 가족들이 있으니까. 몇 세대 동안이라도 가족들 덕분에 내가 기억될 수 있길 바라네. 그들이 날 잊지 않는 한, 나는 계속 살아 있는 사람이 되는 거야. 그들이 나를 위해 기도해 주는 한, 우리가 함께 울고 웃었던 시간들을 기억해 주는 한은 말이야. 하지만 그것에도 한계가 있지."

그럼 얼마나 오래 기억될까요?

렙은 노래로 대신 대답했다.

"만일- 내가- 제대로 삶을 살았다-면, 한 세대 동안은 기억되겠지- 어쩌면 두 세대……. 하지만 결국-엔- 이렇게들 말할 거야- '그분의 이름이 뭐였더라?'"

나는 '그럴 리가 없어요!'라고 속으로 외쳤다. 어떻게 렙이 사람들 기억에서 사라진단 말인가? 하지만 곧 수긍할 수밖에 없었다. 나는 내 증조할머니의 이름을 몰랐고, 증조할아버지의 얼굴도 본 적이 없었다. 가족들 간의 유대감이 남달리 돈독한 가정이라 할지라도, 그 빽빽한 천의 올이 풀리고 서로에 대한 기억이 사라지는 데 과연 몇 세대의 시간이 걸릴까?

렙이 다시 말을 이었다. "그래서 신앙이 중요한 걸세. 그것은 산을 오르내릴 때 우리 모두가 단단히 쥐어야 하는 로프와도 같아. 아마 몇 십 년 후엔 아무도 날 기억하지 못할지도 몰라. 하지만 내가 믿었던 것, 내가 가르쳤던 내용들-신에 대해, 또는 우리의 전통에 대해-은 사라지지 않고 계속 그 생명을 이어 가지. 내 부모님, 부모님의 부모님들이 주신 것들 말일세. 그것들이 내 손자들과 또 그들의 손자들에게까지 이어지면, 우리는 언제까지고……"

연결되어 있을 수 있다고요?

"그래, 바로 그거야."

다시 예배당으로 돌아가야죠. 내가 말했다.

"그래야지. 이보게, 나 좀 잠깐 도와주겠나?"

방 안에 렙 말고 나밖에 없다는 사실이 문득 떠올랐다. 그는 남의 도움 없이는 혼자 의자에서 일어설 수가 없었다. 내가 신도석에 앉아 경탄스러운 눈으로 쳐다보는 동안, 설교대 위에서 팔을 흔들면서 낭랑하고 또렷한 목소리로 좌중을 휘어잡던 랍비는 어디 갔을까. 나는 옛날 생각을 떨쳐내려고 애썼다. 나는 렙의 뒤로 다가갔다. 그리고 그의 팔 밑에 내 팔을 집어넣고 "하나, 둘, 셋!" 하며 일으켰다.

"휴우." 그가 숨을 크게 내쉬었다. "늙었어. 이제 다 늙었어."

지금도 충분히 멋진 설교를 하실 수 있어요.

그는 미소를 지었다. 그리고 보행기의 손잡이를 잡았다.

"정말 그렇게 생각하나?"

그럼요. 당연하죠.

렙의 집 지하실에 렙과 사라, 아이들의 모습이 담긴 오래된 필름이 있다. 이 필름 안에는 부부가 1950년대 초에 첫째 아이인 샬롬을 품에 안고 있는 모습이 있다. 쌍둥이 자매인 오라와 리나와 함께하고 있는 몇 년 후의 모습, 막내인 길라를 유모차에 태우고 걷는 1960년의 모습도 있다.

세월이 흘러 필름 화면은 많이 바랬지만, 아이들을 안아 주고 입맞춤을 하는 렙의 얼굴에 넘치는 행복함과 기쁨은 보는 누구든 느낄 수 있다. 그는 마치 행복한 가정을 꾸릴 운명을 지고 태어난 사람 같다. 그는 아이들을 키우면서 한 번도 손찌검을 한 적이 없다. 목소리를 높인 적도 거의 없다. 그는 사소하지만 사랑이 넘치는 행동들을 아이들의 기억 속에 심어 주었다. 예배당에서 집까지 아이들 손을 잡고 천천히 걸어왔고, 밤이면 딸아이들의 숙제를 도와주었으며, 안식일 저녁이면 오래도록 식사를 하며 가족들과 대화를 나눴고, 여름이면 아들과 야구공을 던지며 놀았다.

하루는 장남인 샬롬과 그의 친구들을 태우고 필라델피아에서 돌아오던 중 다리를 건너게 되었다. 다리의 요금 징수소가 가까워질 무렵, 그는 아이들에게 통행증을 갖고 있느냐고 물었다.

"통행증이라뇨?" 아이들이 놀라서 물었다.

"너희들, 통행증도 안 갖고 왔단 말이야? 통행증도 없이 뉴저지에 들어가려고 그랬어?" 그리고 이렇게 말했다. "다들 어서 빨리 담요 밑에 숨어! 숨소리도 내지 말고 조용히 있어야 한다!"

세월이 흐른 후, 그는 그때 일로 아들과 친구들을 툭하면 놀렸다. 하지만 그 자동차 뒷좌석의 담요 밑에서는 사소하지만 즐거운 추억이 또 하나 만들어졌다. 아버지와 아들이 두고두고 웃을 수 있는 소중한 추억이.

렙의 자녀들은 이제 성인이다. 아들 샬롬은 아버지의 뒤를 이어 랍비가 되었다. 큰딸은 도서관장이고, 막내딸은 교사로 생활하고 있다. 그들도 이제 자기 자식들을 거느린 부모들이다.

렙은 언젠가 가족 사진을 내게 보여 주며 말했다.

"우리 가족이 함께 찍은 사진이야. 죽음의 망령이 내 곁을 어슬렁거리는 느낌이 들 때마다 이 사진을 들여다본다네. 가족들 모두 카메라를 보고 환하게 웃고 있는 모습을. 그리고 이렇게 중얼거린다네. '앨, 자넨 괜찮은 삶을 살았어. 이들이 있으니 자넨 죽어도 결코 죽는 게 아니야.'라고."

### 교회

내가 교회에 들어가자 마른 체구에 이마가 넓은 사내가 고개를 끄덕여 인사를 보냈다. 그리고 기부금을 내고 싶으면 담으라는 뜻으로 작은 흰 봉투를 건넸다. 그는 아무데나 원하는 곳에 앉아도 좋다는 손짓을 해 보였다. 아까부터 바깥에 비가 내리고 있었다. 천장에 시커멓게 입을 벌리고 있는 구멍이 더 크게 보였다. 떨어지는 빗물을 받기 위해 바닥의 널찍한 베니어합판 위에 빨간 양동이들이 놓여 있었다.

신도석에 사람들이 드문드문 앉아 있었다. 앞쪽 제단 옆에서는 한 남자가 작은 휴대용 오르간 앞에 앉아 이따금 반주를 했고, 그때마다 박자에 맞춰 다른 남자가 차바퀴처럼 생긴 둥근 쇠테를 두드렸다. 그들이 만들어 내는 연주 소리가 커다란 방 안에 울렸다.

그 옆에 헨리 목사가 서 있었다. 그는 길게 내려오는 푸른색 가운을 입고 선율에 맞춰 몸을 옆으로 흔들었다. 나는 몇 차례의 간곡한 부탁을 받은 끝에 예배에 참석하러 찾아간 터였다. 나도 왜 그의 부탁을 수락했는지 모르겠다. 어쩌면 그냥 호기심 때문이었을 수도 있다. 또는 어쩌면 믿고 지원금을 줘도 괜찮은 곳인지 다시 확인하고 싶었기 때문인지도 모른다. 나는 헨리 목사와 이미 여러 번 이야기를 나눈 후였다. 마약, 총기 강도, 교도소 복역 등 그는 자신의 부끄러운 과거를 하나도 숨기지 않고 들려주었다. 그가 솔직하게 얘기해 준 것은 고마웠지만, 그런 과거를 가진 사람에게 뭔가를 선뜻 투자하기는 쉽지 않은 법이다.

하지만 그의 얼굴에서는 뭔가를 진심으로 고백하는 슬픈 빛이, 목소리에서는 지친 빛이 느껴졌다. 마치 이 세상을 겪어 볼 만큼 다 겪어 본 사람처럼, 아니 적어도 특정한 부분은 충분히 겪어 본 사람처럼. 나는 '뚱뚱한 목사는 절대 믿지 말라.'라는 오래된 격언이 떠오르긴 했지만, 헨리 코빙턴이 그곳을 찾아오는 신자들로부터 이윤을 갈취하고 있다는 의심은 거의 들지 않았다. 사실 갈취당할 만큼 돈이 많은 신자도 없었다.

그는 묵상을 마치고 고개를 들다가 나와 눈이 마주쳤다. 그리고 다시 기도를 계속했다.

헨리 코빙턴이 디트로이트에 온 것은 1992년이었다. 그를 디트로이트로 보낸 사람은 뉴욕에 있는 필그림 형제단(The Pilgrim Assemblies International)의 고위 성직자인 로이 브라운이었다. 브라운은 자신의 교회를 찾아온 헨리를 우연히 만나 그의 신앙 고백을 들었고, 교도소를 데리고 다니며 수감자들에게 간증을 하도록 이끌었다. 헨리의 이야기가 수감자들에게 미치는 영향은 실로 대단했다. 이후 브라운은 헨리가 기독교인의 길을 걸을 수 있도록 제대로 가르치고 집사로 임명한 후 그에게 디트로이트로 가라고 명했다.

헨리는 브라운의 말이라면 어떤 것이든 들을 준비가 되어 있었다. 그는 가족들을 데리고 디트로이트로 가서 시내에 있는 라마다 인 호텔에서 지내기 시작했다. 그리고 브라운에게서 일주일에 지원금 300달러씩을 받으며 새로운 필그림 교회를 세우기 위한 노력에 착수했다. 그는 로이 브라운이 준 오래된 검정색 세단을 몰고 돌아다녔다. 브라운이 주말에 예배를 집도하기 위해 디트로이트에 올 때마다 그를 이 자동차로 교회까지 모시기도 했다.

그동안 헨리는 세 명의 목사들을 보좌했다. 그 목사들은 하나같이 헨리의 열정적인 학구열과 주변 사람들과 쉽게 어울리는 친화력을 칭찬했다.

시간이 지나면서 헨리는 장로가 되었고, 결국 목사가 되기에 이르렀다. 하지만 필그림 형제단의 관심이 시들해지고 브라운 목사도 발길을 끊게 되자, 헨리에게 들어오던 지원금도 함께 끊어졌다.

그는 그대로 주저앉을 것인지, 혼자 힘으로 헤쳐 나갈 것인지 결정해야 했다.

주택 압류 통지서가 날아왔고 집 앞에 빨간색 압류 표지판이 세워졌다. 수도와 전기 공급까지 끊기고 말았다. 한편 그의 마음 한구석에는 부서진 보일러와 깨진 수도관을 갖고 있는 버려진 교회가 있었다. 한번은 동네 마약상들이 찾아와, 만일 그 교회를 마약 거래를 위한 비밀 장소로 사용할 수 있게 도와준다면 앞으로 돈 걱정은 하지 않고 살 수 있도록 확실하게 손써주겠노라고 헨리에게 제안했다.

하지만 헨리는 그런 삶에서 손을 뗀 지 오래였다.

그래서 이를 악물고 뛰어들었다. 그는 '내 형제는 내가 지킵니다'라는 이름의 교회를 만들고, 하나님께 길을 인도해 달라고 간절히 기도했다. 그리고 교회와 가족들을 지키기 위해서라면 무슨 일이든 했다.

오르간이 연주되는 동안 누군가가 목발을 짚고 절뚝거리며 앞으로 나갔다. 처음 그곳에 갔을 때 문 앞에서 만났던 외발 사내였다. 사내의 이름은 앤서니 카스텔로였고 사람들은 그를 애칭으로 카스라고 불렀다. 알고 보니 카스는 그 교회의 장로였다.

그가 연단에 올라 눈을 감고 기도를 시작했다. "감사합니다.

감사합니다, 주여. 감사하고, 감사하고, 또 감사합니다."

누군가가 박수를 쳤다. 또 누군가는 "아멘!" 하고 탄성을 질렀다. 사람들이 드나드느라 예배당 문이 열릴 때마다 바깥의 자동차 소리가 들려왔다.

"감사합니다, 예수님. 우리의 귀하신 목사님을 보내 주셔서 감사드립니다. 그리고 오늘 하루……."

신도석에 앉은 사람을 세어 보니 스물여섯 명이었다. 전부 흑인이었고 대부분 여성이었다. 나는 푸른색 드레스를 입고 거기에 어울리는 챙 넓은 모자를 쓴 나이 든 부인 뒤에 가서 앉았다. 캘리포니아에 있는 대형 교회들과는 사뭇 다른 풍경이었다. 아니, 도시 변두리에 있는 예배당만큼도 못 되는 분위기였다.

"오늘 하루를 허락하신 주님께 감사합니다."

카스 장로의 기도가 끝났다. 그가 몸을 돌려 설교단에서 내려오는데, 그만 전깃줄이 그의 목발에 걸려 마이크가 '쿠쿵' 하는 요란한 소리를 내며 바닥에 떨어졌다.

한 여성이 얼른 일어나 마이크를 제자리에 갖다 놓았다. 잠시 예배당 안이 조용해졌다.

그리고 얼마 후, 볼과 이마가 벌써 땀으로 번들거리기 시작한 헨리 목사가 설교대에 섰다.

목사님이 설교를 하러 일어나는 순간은 내 몸이 편안하게 긴장을 푸는 순간이자, 가슴을 울리는 말씀이 곧 시작되려는 순간이다. 나는 렙의 설교를 들을 때도 언제나 그랬다. 그래서 오르간 연주자가 '나 같은 죄인 살리신(Amazing Grace)'의 반주를 끝낼 무렵, 나는 습관적으로 목재로 만든 신도석에 편안하게 몸을 기댔다.

헨리는 설교대에 서서 신도석을 향해 앞으로 약간 몸을 기울였다. 그는 뭔가 생각을 정리하는 듯 잠시 그렇게 있었다. 그리고 입을 열었다.

"주님의 놀라운 은총입니다." 그는 고개를 흔들면서 말했다. "주님의— 놀라운 은총입니다."

몇몇 사람이 그의 말을 받아 반복했고, 어떤 사람들은 손뼉을 쳤다. 이들은 내가 익숙하게 느끼는 조용하고 엄숙한 분위기의 신도들이 아닌 게 분명했다.

"주님의 놀라운 은총!" 헨리가 크게 외쳤다. "주님의 은총이 아니었다면, 저는 벌써 죽었을 수도 있습니다. 이미 이 세상 사람이 아니었을 것입니다."

"오오!"

"아마 죽었을 겁니다! 하지만 주님의 은총 덕분에!"

"아멘!"

"주님의 은총이 몹쓸 불한당을 살리셨습니다. 저는 정말로 몹쓸 불한당이었습니다. 그게 무슨 뜻인지 아십니까? 저는 코카인 중독자였고 알코올 중독자였으며 헤로인 중독자였고 거짓말쟁이였고 강도였습니다. 그 모든 짓을 저질렀습니다. 하지만 예수님께서 오셔서……."

"예수님!"

"예수님은 갱생의 길로 이끄는 가장 뛰어난 능력을 지닌 분이십니다! 그분은 저를 들어 올리시고 제가 새로운 삶을 살도록 하셨습니다. 마땅히 있어야 할 곳으로 제 위치를 바꿔 주셨습니다. 저 혼자서는 아무것도 하지 못했을 것입니다."

"아멘!"

"하지만 그분께서는 모든 것을 변화시킵니다!"

"아멘, 아멘!"

"여러분. 오래전 저 위쪽 지붕에는 구멍이 났고, 지금 우리 예배당에는 물이 새고 있습니다. 하지만 여러분, 모두 그 노래를 아시지요? 할렐루야!"

"할렐루야!"

헨리는 손뼉을 치기 시작했다. 오르간도 연주를 시작하고 드러머도 뒤이어 합류했다. 갑자기 제단 쪽에 환하게 무대 조명이 켜지기라도 한 것처럼, 무언가 폭발하듯 노래가 시작되었다.

"할렐-루-야-" 헨리가 노래했다. "삶의 고난으로 인해 주저앉지 말지니- 시험과 고난이 찾아오면 고개를 높이 들고 노래하라. 할렐루야! 언제나!"

그의 목소리는 맑고 또렷하면서도 아름답게 울려 퍼졌다. 그렇게 거구에서 어떻게 그런 고음이 나올까 싶었다. 신도석에 앉아 있던 사람들 모두 그의 선율에 동참하여 손뼉을 치고 어깨를 들썩이며 노래를 불렀다. 나만 빼고 전부 다. 마치 합창단에서 빠진 외톨이가 된 기분이었다.

노래가 끝나자 헨리는 다시 설교로 돌아왔다. 그곳에서는 기도와 찬송가, 대화, 노래, 설교, 간청, 부름, 응답 사이의 구분 없이, 모든 것이 전부 한데 어우러져 있었다.

"지난날 우리가 이곳에 왔을 때, 안을 둘러보니 사방의 벽에 금이 가고 페인트칠이 벗겨져 있었습니다."

"맞아요, 그랬어요!"

"물이 새는 소리도 들렸습니다. 여기저기 양동이를 놔두었지요. 저는 주님께 청했습니다. 기도하기 시작했습니다. '주여, 저희에게 자비를 베풀어 주시옵소서. 주님의 집을 수리할 수 있도록 도와주시옵소서. 천장에 뚫린 구멍을 고칠 수 있게 하소서.'"

"그리고 잠시 동안은 절망했습니다. 수리비를 어떻게 구해야 할지 막막했으니까요. 하지만 저는 절망을 거두었습니다."

"맞아요!"

"제가 절망을 거둔 것은, 뭔가를 깨달았기 때문입니다. 주님께서는 우리가 하는 일을 사랑의 눈으로 바라보십니다. 하지만 교회 건물 따위야 어떤 모습이든 상관치 않으십니다."

"아멘!"

"예수님께서 말씀하셨습니다. '그러므로 내일 일을 위하여 염려하지 말라, 내일 일은 내일 염려할 것이요.' 하나님께서는 교회 건물 따위야 어떻든 상관치 않으십니다. 하나님께서 염려하시는 것은 오로지 여러분뿐이고, 여러분 가슴속에 무엇이 들어 있는가 하는 것뿐입니다."

"만군의 여호와이신 주님!"

"우리가 이곳에 와서 찬양과 경배를 드리고자 한다면, 이곳이 우리가 모여 찬양과 경배를 드릴 수 있는 '유일한 공간'이라면······."

그는 잠시 말을 멈췄다. 그러더니 속삭임에 가까울 만큼 목소리를 낮췄다.

"이곳은 충분히 그분을 위한 거룩한 공간입니다."

"와아우, 목사님 설교 최곱니다! 아멘!"

사람들은 자리에서 일어나 손뼉을 쳤다. 헨리 목사 덕분에 그들은 교회 건물은 볼품없지만 주님께서 자신들의 영혼을 가까이 굽어보신다는 사실을 확신하고 있었다. 어쩌면 하나님께서는 그들을 들여다보고 돕기 위해 지붕에 뚫린 구멍을 사용하고 계신 것인지도 몰랐다.

나는 천장을 올려다보고 빨간 양동이들을 쳐다보았다. 물이 뚝뚝 떨어져 양동이로 들어가고 있었다. 커다란 푸른색 가운 차림의 헨리 목사가 찬송가를 흥얼거리면서 설교대에서 내려갔다.

그를 어떤 사람이라고 묘사해야 할지 종잡을 수가 없었다. 카리스마 넘치는 목사? 수수께끼에 싸인 목사? 아니면 의심스러운 목사?

하지만 그의 어머니가 분명 옳았던 것만은 사실이다. 그녀는 아들이 목사가 될 거라고 믿지 않았던가. 비록 오랜 시간이 걸리긴 했지만 말이다.

나는 모르몬교, 가톨릭, 수피교, 퀘이커교 등 유대교가 아닌 종교들에 대한 책을 읽기 시작한다. 다른 종교와 우리 종교 사이에 내가 생각했던 것보다 비슷한 점이 더 많지는 않을까 궁금해 하면서.

나는 힌두교 축제인 쿰브멜라(Kumbh Mela)에 관한 책을 읽는다. 쿰브멜라는 갠지스 강변에서부터 그 발원지인 히말라야 산맥의 고지대에 걸쳐서 진행되는 힌두교 최대의 순례 축제다. 전설에 의하면, 신들과 악마들이 신비한 영약이 들어 있는 항아리를 서로 가지려고 싸우는 과정에서 영약 네 방울이 지구의 네 지역에 떨어졌다고 한다. 쿰브멜라 기간 동안 사람들은 그 네 지역을 방문하는 순례 여행을 떠나며, 갠지스 강에 몸을 담그고 묵은 죄와 사악함을 씻어 내면서 건강과 구원을 기도한다.

이 축제 기간에는 수백만, 수천만의 사람들이 강가로 몰려들어 한마디로 장관을 연출한다. 책의 사진 속에는 입술에 피어싱을 하고 살갗에 분을 바른 성자들이 보인다. 수염이 텁수룩한 남자들이 춤을 추고 있다. 눈 덮인 산에서 위대한 신을 만나기 위해 몇 주에 걸쳐 머나먼 길을 온 나이 든 부인들도 있다.

쿰브멜라는 지구상에서 가장 규모가 큰 종교 축제이며 '세계 최대의 종교 행위'라고 불린다. 하지만 미국인들 대부분에게는 대단히 낯설고 이국적인 것으로 느껴진다.

내가 읽은 책은 쿰브멜라를 두고 '작은 행동을 통해 커다란 존재의 일부가 되는 것'이라고 표현한다.

뉴저지에 있는 늙은 랍비를 만나는 행동도 어쩌면 그런 것이 될 수 있지 않을까?

## 결혼

그러고 보니 렙의 아내 사라에 대한 이야기를 거의 하지 않은 것 같은데, 그녀에 대해 조금 이야기해 둬야겠다.

유대교에서는 남자 아기가 태어나기 40일 전, 천상의 목소리가 그 아기의 배우자가 될 여자의 이름을 크게 부른다고 믿는다. 그렇다면 1917년의 어느 날에 천상의 목소리가 외친 앨버트의 배우자 이름은 '사라'였을 것이다. 두 사람은 오랜 세월 사랑하며 인생의 굴곡을 함께했다.

앨버트와 사라가 처음 만난 것은 브라이튼 비치에 있는 한 학교의 채용 면접 자리에서였다(앨버트는 교장이었고 사라는 영어 교사 자리를 찾고 있었다). 면접이 진행되는 동안 두 사람은 몇 가지 문제를 두고 의견이 충돌했기 때문에 사라는 학교 문을 나오면서 '여기 채용되기는 틀렸어.'라고 생각했다. 하지만 앨버트는 그녀를 채용했고 그녀를 사모하는 마음을 키워 갔다. 그리고 몇 개월 후, 앨버트가 사라를 교장실로 불렀다.

그는 이렇게 물었다. "혹시 교제하는 남자분이 있나요?"

"아니요, 없습니다."

"잘됐군요. 앞으로도 그 상태를 유지하세요. 내가 당신한테 청혼할지 모르니까."

사라는 너무나 기뻤지만 겉으로는 내색하지 않았다.

"또 다른 하실 말씀 있으세요?"

"없습니다."

"그럼, 가 볼게요." 그리고 사라는 방을 나왔다.

수줍음을 타는 앨버트가 그 이후 사라에게 좀 더 적극적으로 다가가는 데는 몇 개월이 걸렸다. 하지만 결국 두 사람은 정식으로 사귀기 시작했다. 그는 사라와 근사한 식당에서 식사를 했고 코니아일랜드(Coney Island, 뉴욕에 있는 해변 휴양지-옮긴이)에서 데이트도 했다. 그가 처음으로 그녀에게 키스하려고 했을 때는, 그만 딸꾹질이 나오고 말았다.

2년 후 두 사람은 결혼을 했고, 60년이 넘는 세월을 함께하며 네 명의 자식을 낳았다. 그중 한 명은 먼저 하늘나라로 보냈고, 자식들의 결혼식 피로연에서 춤을 추었으며, 부모님들의 장례식을 치렀고, 일곱 명의 손자들을 얻었으며, 세 채의 집을 거쳤다. 그리고 항상 의견을 나누고 서로를 사랑하고 지지하며 소중히 여겼다. 때로 의견 충돌도 있었고 상대의 의견을 납득하지 못해 침묵할 때도 있었지만, 아이들은 밤이면 두 손을 꼭 맞잡고 침대 가장자리에 앉아 있는 엄마 아빠를 문틈으로 볼 수 있었다.

언젠가 렙이 설교를 하는 도중에 신도석에 앉아 있던 사라를 향해 이렇게 말했다. "저쪽에 계신 젊은 부인, 성함을 말씀해 주시겠습니까?" 사라는 대답 대신 청중을 바라보며 말했다. "저는 남편과 30년간 행복한 시간을 보냈습니다. 우리가 결혼했던 1944년 11월 3일을 결코 잊지 못할 거예요."

그러자 신도들 가운데 누군가가 손가락을 꼽으며 계산을 해 보더니 말했다. "잠깐만요. 그렇다면 30년이 훨씬 넘는데요?"

"맞아요." 사라가 대답했다. "하지만 월요일에 그이와 20분쯤 다정한 시간을 보내고, 화요일에 함께 한 시간쯤 행복하게 보내고……. 그런 시간을 전부 합치면 행복했던 시간이 30년쯤 되거든요."

신도들이 웃음을 터뜨렸고, 그녀의 남편 얼굴에도 미소가 떠올랐다. 렙이 젊은 성직자들에게 해 주는 조언 가운데는 '좋은 배우자를 만나라'는 항목이 있었다.

그리고 렙 자신이야말로 누구보다도 좋은 배우자를 만난 사람이었다.

곡물을 거두어 수확해 보면 농사가 무엇인지 아는 지혜로운 농부가 되는 것과 마찬가지로, 렙은 오랜 결혼 생활을 통해 행복한 부부 관계를 만드는 것이 무엇이고 불행한 관계를 만드는 것이 무엇인지 알게 되었다. 그는 가장 단출하고 소박한 결혼식에서부터 눈부시게 화려한 것에 이르기까지, 거의 1,000쌍에 가까운 커플들의 결혼식에서 주례를 섰다.

그들 중 많은 이들은 오래도록 결혼 생활을 유지했지만, 또 많은 이들은 파경에 이르렀다.

어떤 커플이 헤어지지 않고 끝까지 갈지 딱 보면 아시나요? 내가 물었다.

"가끔은. 서로 대화를 많이 나누는 부부는 헤어지지 않을 가능성이 높지. 또 같은 종교를 갖고 있거나 비슷한 가치관을 가지고 있는 경우도 마찬가지야."

사랑이 중요한 게 아니라요?

"물론 항상 서로 사랑해야지. 하지만 사랑은 변하는 거야."

그게 무슨 말씀이세요?

"무언가에 홀린 듯 불타오르는 사랑은, 그러니까 '그이는 너무 잘생겼어.', '그녀는 너무 아름다워.' 하는 식의 사랑은 시들어 버리기 쉽다네. 시험이 닥치거나 주변 상황이 악화되면, 그런 사랑은 저 창밖으로 훨훨 날아가 버리기 십상이야. 하지만 진정한 사랑은 시간이 흐를수록 더욱 견고해진다네. 시련이 닥치면 더욱 강해지지. 〈지붕 위의 바이올린(Fiddler on the Roof)〉에서처럼 말이야. 그 뮤지컬 기억나지? 주인공 테비에가 '당신

날 사랑해?' 하며 노래를 불렀던 것 말일세."

〈지붕 위의 바이올린〉이야말로 렙의 가치관과 겹치는 부분이 대단히 많은 작품이다. 종교, 전통, 이웃이라는 공동체 같은 것들 말이다. 그리고 말이 아니라 행동과 삶을 통해 사랑이 입증되는 주인공 남편과 아내(테비에와 골디)의 모습까지도.

"테비에가 그렇게 묻자 골디가 대답하지. '어떻게 당신을 사랑하느냐고 물을 수가 있죠? 지난 세월 동안 내가 당신에게 해준 것들, 우리가 함께한 것들을 생각해 봐요. 그걸 사랑이 아니면 뭐라고 부르겠어요?' 바로 그런 사랑—삶을 살아가며, 세월과 함께 쌓이면서 어느새 늘 곁에 있음을 깨닫는—이야말로 언제까지고 없어지지 않는 영원한 사랑이라네."

사라와 그런 사랑으로 충만한 삶을 살아온 렙은 퍽 운이 좋은 사람이었다. 두 사람은 함께 노력하고 협력하면서, 때로는 이기심을 버리고 조금씩 양보하면서 여러 시련과 역경을 견뎌 왔다. 렙은 젊은 부부들에게 이렇게 말하곤 했다. "명심하게. 'marital'과 'martial'은 'i' 하나 차이야(marital은 '결혼의, 결혼 생활의'라는 뜻이고 martial은 '전쟁의, 호전적인'이라는 뜻—옮긴이)".

또 렙은 이런 농담을 종종 들려주었다. 어떤 남자가 자기 아내가 화만 났다 하면 '히스토리컬(historical, '역사적'의 뜻-옮긴이)'해진다고 의사에게 불만을 토로했다.

의사가 말했다. "히스테리컬(hysterical, '히스테리 상태의'의 뜻-옮긴이)해진다는 말씀이시겠죠?"

"아닙니다. 히스토리컬해진다고요. 아내는 내가 과거에 저지른 잘못이나 실수를 전부 끄집어내서 들먹인다니까요!"

하지만 렙은 결혼이라는 것이 많은 위험과 불안이 포함된 관계라는 사실도 잘 알고 있었다. 자신이 주례를 서 준 부부가 얼마 못 가서 갈라서면, 그는 그들이 다른 누군가와 재혼할 때 다시 결혼식을 집전했다.

"요즘 사람들은 결혼에서 너무 많은 걸 기대하는 것 같아. 완벽하길 기대하지. 항상 기쁘고 행복한 순간만 있을 거라고 말이야. 그건 TV나 영화에서 볼 수 있는 그림이지 현실 세계의 이야기가 아니야."

"사라 말대로 오늘은 20분간 행복하고, 내일은 40분 동안 행복하고, 그런 시간들이 모이고 모여서 행복한 결혼 생활이 이뤄지는 걸세. 뭔가 잘 안 풀리고 상황이 마음에 들지 않는다고 해서 결혼 생활을 전부 망쳤다고 생각하면 안 되네. 가끔 말다툼도 하는 거고, 또 배우자 때문에 짜증스러울 수도 있는 거야. 그 모든 것은 누군가와 친밀해지는 과정의 일부라네.

하지만 그런 친밀하고 가까운 관계가 가져다주는 기쁨은—자식들이 커 가는 것을 바라보고, 아침에 잠에서 깨어 내 인생의 반쪽을 쳐다보며 미소 지을 때의 행복감은—그거야말로 더없는 축복이지. 사람들은 그걸 잊고 살아."

왜 잊고 살까요?

"'헌신'이라는 말이 그 진정한 의미를 잃어버렸기 때문이야. 옛날에는 그 말이 중요한 의미를 지녔었는데. 헌신적인 사람은 자신도 남에게 애정과 존경을 받게 되어 있어. 충실하고 한결같은 사람 말일세. 하지만 요즘 사람들은 '헌신'이라는 걸 기피하지. 구속받고 싶지 않으니까."

"신앙에서도 마찬가지일세. 사람들은 정해진 시간에 예배당에 나가야 하는 것을, 이런저런 규칙과 의식을 따라야 하는 것을 싫어하지. 물론 신에게 헌신하려고도 하지 않고. 필요할 때는 그분을 찾고, 상황이 좋을 때는 신을 찬미하지. 하지만 진정한 헌신이란 뭔지 아나? 늘 한결같은 태도와 노력, 그게 헌신이야. 신앙에서든, 결혼생활에서든."

만일 헌신하지 않으면요? 내가 물었다.

"그거야 자네 마음이야. 하지만 그러면 중요한 걸 놓치게 돼."

그게 뭔데요?

"음……." 렙은 미소를 지었다. "행복. 그건 혼자서는 발견할 수 없는 거야."

그로부터 몇 달 후였다. 사라가 코트를 입고 렙의 서재로 들어왔다. 렙과 마찬가지로 그녀도 역시 80대였고 머리가 다 하얗게 셌으며 안경을 쓰고 있었다. 또 상대를 무장 해제시키는 온화한 미소를 짓곤 했다.

"여보, 쇼핑하러 다녀올게요." 그녀가 말했다.

"그래. 보고 싶을 테니 빨리 와." 그는 양손을 겹쳐서 배 앞에 올려놓고 잠시 아내와 미소를 주고받았다.

60년도 넘는 세월 동안 서로에게 헌신한 부부. 렙은 이제 아내에게 많은 부분을 의지하고 있었다. 나는 두 손을 꼭 잡고 침대 가장자리에 앉아 있는 두 사람의 모습을 머릿속에 그려 보았다. 행복은 혼자서는 발견할 수 없는 것이다.

"당신한테 뭘 물어보려고 그랬었는데." 렙이 말했다.

"뭔데요?"

"그게 그러니까……. 잊어버렸어."

"제 대답은 '안 돼요.'예요."

"또는 '안 될지도 몰라요.'이지?"

"그래요. 안 될지도 몰라요."

사라는 남편에게 다가가 악수를 하며 농담을 건넸다.

"으음, 그동안 즐거웠어요."
렙이 싱긋 웃으며 대답했다. "별 말씀을."
두 사람은 가볍게 입맞춤을 했다.
나는 생각했다. 렙이 태어나기 40일 전에 어떤 일이 있었는지는 모르지만, 만일 하늘에서 두 사람의 이름이 들려왔다 해도 하나도 놀랍지 않았을 것이라고 말이다.

어렸을 때 나는 커서 나와 종교가 다른 사람과 결혼하지 않을 것이라고 확신한다. 그런데 성인이 된 이후, 어쩌다 보니 종교가 다른 여인과 결혼한다.

아내와 나는 카리브 해에 있는 한 섬에서 결혼식을 올린다. 해가 수평선 너머로 뉘엿뉘엿 넘어가고 있고 따뜻하고 기분 좋은 바람이 분다. 아내의 가족들이 성서 구절을 낭독한다. 내 형제들이 축복의 노래를 부른다. 나는 발로 유리컵을 깨뜨린다(유대교에서는 결혼식 때 신랑이 천으로 싼 유리컵을 밟아 깨트리는 풍습이 있다-옮긴이). 우리의 주례를 맡으신 여성 판사님이 축하와 축복의 말씀을 해 주신다.

우리는 종교가 서로 다르지만 약속을 한다. 나도 아내를 존중하고 아내도 나를 존중해 주기로. 그리고 서로 상대방 종교의 행사에 참석하기로. 특정한 기도가 진행될 때는 둘 다 말없이 가만히 있되, 항상 '아멘'만은 덧붙이기로 말이다.

하지만 이런 때도 있다. 아내는 어려움이나 고민에 빠지면 예수님에게 도움을 청한다. 아내가 조용히 기도할 때면 나는 왠지 외톨이가 된 기분이다. 사실, 종교가 다른 여성과 결혼을 하면 그것은 그저 두 사람만 하나가 되는 것이 아니다. 두 개의 역사가, 두 개의 전통이 섞이고, 기독교의 성찬식 이야기와 유대교의 성인식 사진이 섞이게 된다. 아내는 이따금 "나는 구약 성서를 믿고 존경해. 우리는 그렇게 많이 다르지 않아."라고 말하지만, 우리는 분명 다르다.

나는 렙에게 묻는다. 제가 다른 종교의 여성과 결혼한 점이 못마땅하세요?

"못마땅하기는 왜? 그런 일로 화를 내서 무엇해? 자네 아내는 참으로 좋은 여성이야. 두 사람이 진심으로 사랑하고 있고. 난 그걸 알아."

랍비로 지내시면서 그런 관점을 유지하기 힘들지는 않으세요?

"이보게, 만약 어느 날 자네가 찾아와서 '놀라운 소식이 있어요, 랍비님! 아내가 유대교로 개종하겠대요.'라고 말해도, 난 하나도 놀라지 않을 걸세. 그때까지……"

그가 노래한다. "그때까지 우리 모두 인생을 잘 꾸려 가야지―"

## 헨리의 삶

나는 이따금 렙과 헨리 목사의 삶을 비교해 보지 않을 수 없었다. 둘 다 노래하는 것을 좋아했고, 둘 다 멋진 설교를 했다. 렙과 마찬가지로 헨리 역시 성직자가 된 이후 한 교회의 신도들을 이끌었고, 평생 한 명의 아내와 결혼 생활을 했다. 앨버트와 사라 부부와 마찬가지로 헨리와 아네트 부부도 아들 하나에 딸 둘로 세 명의 자녀를 두었고, 자식을 먼저 하늘나라로 보내는 아픔을 겪었다.

그러나 그들의 인생 이야기에는 다른 부분도 있다.

헨리는 미래의 아내를 채용 면접 자리에서 만나지는 않았다. 그가 아네트를 처음 본 것은, 그녀가 주사위를 던지고 있을 때였다.

"제발, 6 나와라!" 아네트는 현관 계단 앞에서 오빠와 함께 주사위 놀이를 하고 있었다. "6 나와라! 제발!"

그때 아네트는 열다섯 살, 헨리는 열여섯 살이었다. 헨리는 그녀를 본 순간 첫눈에 홀딱 반해 버렸다. 마치 만화 속의 큐피드가 '슈웅!' 하고 날린 화살에 맞은 것처럼. 사실 주사위 놀이는 그다지 로맨틱한 장면도 아니고, 장차 '하나님의 아들'이 될 사람이 영원한 반쪽을 만난다고 하기에는 왠지 어울리지 않는 상황처럼 보이기는 하지만.

열아홉 살에 교도소에 들어가게 되었을 때, 헨리는 아네트에게 말했다. "7년은 긴 시간이니 기다리지 않아도 괜찮아." 그러자 아네트가 대답했다. "25년이라 해도 난 기다릴 거야." 이들 앞에서 누가 과연 '영원한 사랑이란 이러저러한 것'이라고 감히 말할 수 있을까?

헨리가 교도소에 있는 동안, 아네트는 시내에서 한밤중에 출발해서 여섯 시간 후 뉴욕 북부에 도착하는 버스에 주말마다 몸을 실었다. 교도소에 도착할 때쯤이면 멀리서 어슴푸레 동이 터 왔다. 면회가 시작되면 그녀는 헨리의 손을 꼭 붙잡아 주었고, 함께 카드놀이도 했으며, 면회 시간이 끝날 때까지 이야기를 나눴다. 그녀는 평소 바쁜 스케줄과 일상에도 불구하고 주말 면회를 거의 빠뜨리지 않았다. 그리고 언제나 긍정적인 이야기를 해 주면서 헨리에게 용기를 북돋워 주었다. 언젠가 헨리의 어머니는 교도소에 있는 아들에게 보낸 편지에 이렇게 적었다. "만약 아네트와 헤어진다면 너는 다른 여자를 찾을 수 있을지는 모른다. 하지만 아내가 될 여자는 결코 만나지 못할 게다."

헨리가 출소한 후 두 사람은 마운트 모리아 교회에서 조촐한 결혼식을 올렸다. 결혼식 사진 속의 새신랑 헨리는 호리호리한 체격에 잘생긴 청년이고, 아네트는 앞머리를 가지런히 자른 얼굴로 환하게 웃고 있다. 피로연은 '궁수자리'라는 이름의 클럽에서 열렸다. 두 사람은 신혼여행 대신 가먼트 디스트릭트(뉴욕의 원단 가게들과 의류 회사들이 모여 있는 지역-옮긴이)에 있는 한 호텔에서 주말을 보냈다. 그리고 월요일 아침에 아네트는 직장에 출근했다.

그로부터 1년도 채 안 되어 그들은 첫 번째 아기를 잃었고, 일자리를 잃었고, 아파트 보일러가 동파되는 것을 경험했다. 두 사람은 한겨울에 집 안 천장에 고드름이 매달리는 것을 목격해야 했다.

그때부터 정말로 힘든 시련의 시간이 시작되었다.

랩은 진정한 사랑으로 맺어진 부부는 힘든 시련을 극복해 낼 줄 알아야 한다고 늘 말했다. 헨리와 아네트가 바로 그런 부부였다. 하지만 처음의 그 '시련'이란 마약 중독과 범죄였고 경찰을 늘 피해 다녀야 하는 것으로, 〈지붕 위의 바이올린〉에 나오는 종류의 시련이 아니었다. 헨리와 아네트는 두 사람 모두 마약 중독자였다가 헨리가 감옥에서 나온 후 마음을 잡고 마약을 끊었다. 하지만 첫 번째 아이가 죽고 보일러가 동파되고 아네트가 직장까지 잃은 후, 가난에 시달리던 헨리는 마약을 거래하는 형이 언제나 돈다발을 만지는 것을 목격했다. 그리고 과거의 어두운 삶으로 다시 빠져들기 시작했다. 헨리는 화려한 파티에서 마약을 팔았고, 자신의 집도 마약을 거래하는 장소로 활용했다. 얼마 안 가 단골 고객들이 늘어났고, 때로는 손님을 길모퉁이에서 기다리게 한 뒤 한 번에 한 명씩 만나서 거래했다. 그와 아네트는 심각한 알코올 및 마약 중독자가 되었고 경찰과 경쟁 마약상들을 늘 두려워하며 살았다. 어느 날 밤에는 맨해튼의 마약상들 몇 명이 찾아와 헨리를 끌고 갔다. 그는 죽을지도 모른다고 생각했고, 혹시 남편이 영영 돌아오지 못할지도 모른다고 여겼던 아네트는 집에서 총을 들고 떨면서 기다렸다.

하지만 마침내 헨리가 더 이상 추락할 수 없는 바닥까지 떨어졌을 때-쓰레기통 뒤에서 밤을 지새운 그날 말이다-아네트의 상황도 크게 다르지 않았다.

그날 밤이 지나고 찾아온 부활절 아침, 헨리는 아네트에게 물었다.

"당신은 무엇 때문에 하나님에게서 멀어졌다고 생각해?"

아네트는 대답했다. "당신 때문에."

부활절이 끝나고 찾아온 월요일, 헨리와 아네트는 집 안에 있던 마약과 총들을 깨끗이 처분했다. 마약과 관련된 이런저런 도구와 물건들도 전부 내다 버렸다. 두 사람은 다시 교회에 다니기 시작했고 밤마다 함께 성서를 읽었다. 이따금 의지가 약해질 때도 있었지만 흔들리지 않으려고 애쓰며 서로에게 용기를 북돋워 주었다.

그렇게 새로운 삶을 살기 시작하고 서너 달쯤 흐른 어느 날 아침, 누군가 현관을 두드리는 소리가 들렸다. 상당히 이른 시간이었다. 문밖에서 어떤 남자가 '물건'을 좀 사고 싶다고 말했다. 헨리는 침대에 누운 채 문 쪽을 향해 그런 거 없으니 돌아가라고 외쳤다. 하지만 문밖의 남자는 계속 노크를 했다. 헨리는 짜증스럽게 소리쳤다. "그런 거 없다니까!" 그래도 노크는 멈추지 않았다. 헨리는 침대에서 나와 이불을 몸에 두른 채 걸어 나가 문을 열었다.

"말했잖아요. 그런 거……."

"움직이지 마!" 사내가 소리쳤다.

헨리의 눈앞에는 총을 든 경찰관 다섯 명이 서 있었다.

"뒤로 물러서!" 경찰 한 명이 말했다.

문을 밀치고 집 안으로 들어온 그들은 아네트에게도 꼼짝 말고 가만히 있으라고 한 뒤 온 집 안을 샅샅이 수색하기 시작했다. 조금이라도 수상쩍은 물건을 갖고 있다면 스스로 자백하는 게 좋을 거라고 말했다. 마약이고 관련 도구고 전부 처분한 뒤였지만 헨리의 가슴은 계속 방망이질을 해 댔다. 뭔가 빠뜨리고 버리지 않았으면 어떡하지? 그는 집 안을 둘러보았다. 그래, 아무것도 없을 거야. 아무것도 나오지 않을 거야…….

아, 이런……!

순간 헨리는 침을 제대로 삼킬 수가 없었다. 목에 야구공이라도 턱 하고 걸린 느낌이었다. 소파 옆의 작은 테이블 위에 빨간색 노트가 두 권이 겹쳐져 놓여 있었다. 둘 중 하나는 그가 밤마다 성서의 잠언 구절들을 적어 놓은 것이고, 나머지 하나는 예전부터 갖고 있던 것이었다. 그것은 바로 수백 건의 마약 거래와 관련된 고객 이름, 거래 사항, 금액 등이 적힌 장부였다.

그 오래된 장부를 진작 없앴어야 했다. 이제 그것 때문에 새로운 삶이 송두리째 무너질지도 모르는 상황이었다. 경찰관은 방 안 여기저기를 둘러보다가, 빨간색 노트 중에 한 권을 집어 펼쳐 보았다. 헨리는 다리가 후들거렸다. 심장이 미친 듯이 뛰었다. 경찰관은 노트의 내용을 죽 눈으로 훑었다. 그리고는 노트를 다시 테이블 위에 내려놓고 다른 곳으로 발길을 돌렸다. 성서 말씀이 적힌 노트였던 게 분명했다.

한 시간쯤 뒤, 경찰들은 그곳을 떠났다.

헨리와 아네트는 오래된 장부를 가져다가 즉시 태워 버렸다. 그리고 그날 내내 하나님께 감사하다는 말을 수없이 외쳤다.

만일 당신이 다니는 교회의 목사님이 당신에게 이런 이야기들을 들려준다면 어떻겠는가? 나는 한편으론 헨리의 정직하고 솔직한 태도가 존경스러웠고, 한편으론 온갖 범죄와 악행을 저질렀던 사람이 과연 설교대에 설 자격이 있는 것일까 하는 의문도 들었다. 하지만 그의 설교를 여러 차례 들어본 이후에는 그런 의문이 조금씩 수그러들었다. 그는 사람들에게 사도행전 말씀, 예수님의 산상수훈 가르침, 솔로몬의 이야기, 왕후 에스더의 이야기를 들려주었고, 제자들에게 "나를 위하여 목숨을 버리는 자는 다시 살리라."라고 하신 예수님의 말씀을 전했다. 찬송가를 부르는 헨리의 목소리에는 언제나 기쁨과 힘이 넘쳤다.

또한 그는 늘 교회 주변을 떠나지 않는 것 같았다. 헨리는 건물 2층에 있는 그의 방(좁고 기다란 방으로, 과거에 교회를 쓰던 사람들이 남기고 간 회의용 탁자가 있었다)에 있거나, 아니면 침침하고 작은 체육관에 있었다. 언젠가 나는 예고 없이 헨리의 교회를 찾아간 적이 있었는데, 그때 그는 예배당에 앉아서 두 손을 몸 앞에 모으고 눈을 감은 채 기도하고 있었다.

날씨가 춥지 않은 시기에는 교회 옆에 그릴을 갖다 놓고 닭고기, 새우 등 기부 받은 음식들을 구워 배고픈 사람들에게 나눠 주었다. 때로는 교회 맞은편에 있는, 나지막한 부서진 콘크리트 벽 위에 서서 설교도 했다.

언젠가 헨리는 이렇게 말했다. "예배당 안에서만큼이나 저 부서진 벽 위에서도 하나님의 말씀을 많이 전했지요."

왜 그러셨습니까?

"선뜻 교회 건물 안으로 들어오지 못하는 사람들도 있거든요. 아마 자신의 삶의 모습 때문에 죄책감이 들어서일 겁니다. 그래서 사람들이 들어오길 기다리느니 제가 나갔습니다. 샌드위치도 갖다 주고요."

말하자면 '방문 예배'인 셈이군요?

"그렇지요. 대부분의 사람들이 집이 없다는 게 다르긴 하지만."

그 사람들 중에 마약 중독자도 있나요?

"물론 있습니다. 그리고 일요일에 교회에 들어와 예배를 보면서 마약하는 사람도 있어요."

설마, 농담이시겠죠. 예배 도중에 말입니까?

"네, 그래요. 설교대에 서 있으면 다 보이지요. 제대로 정신을 차리지도 못하고 머리가 앞뒤로 마구 흔들리거든요. 그럼 전 생각하죠. '으흠, 꽤 센 걸로 했나 보군.'"

그런 걸 봐도 아무렇지 않으세요?

"전혀요. 제가 사람들한테 뭐라고 하는지 아십니까? 술에 취해도 괜찮다고, 마약을 거래하고 왔어도 괜찮다고 말합니다. 전 정말 개의치 않아요. 우린 몸이 아프면 병원이나 응급실에 가잖아요. 갔다 와도 계속 아프면 병원에 또 가고요. 그들도 마찬가집니다. 이 교회는 고통과 마음의 병으로 괴로워하는 사람들에게 응급실이 되어야 합니다. 그들은 다 나을 때까지, 다 치유될 때까지 언제까지고 찾아와야 하지요."

나는 온화한 표정을 짓고 있는 그의 커다란 얼굴을 찬찬히 쳐다보았다.

뭐 하나 여쭤 봐도 될까요?

"그러십시오."

십 대 시절에 그 유대교 회당에서 뭘 훔치셨습니까?

그는 숨을 크게 내쉬더니 웃었다. "믿으실지 모르시겠지만…… 편지 봉투들을 훔쳤습니다."

편지 봉투요?

"네, 편지 봉투요. 그때 전 청소년이었습니다. 나보다 나이가 많은 어른들이 벌써 한 바탕 쓸어 간 다음이더라고요. 돈 될 만한 것은 하나도 남아 있지 않았죠. 제가 찾은 거라고는 봉투가 잔뜩 든 박스뿐이었어요. 할 수 없이 그거라도 들고 나왔지요."

그것들을 가져다 뭘 했는지 기억나세요?

"아니요."

나는 그의 얼굴을, 그의 교회를 다시 쳐다보았다. 그리고 생각했다. 한 사람의 인생을 다른 누군가가 진정으로 안다는 것이 가능할까?

나는 렙의 오래된 설교 원고가 담긴 박스를 집에 가져와, 그것들을 하나씩 넘기며 살펴본다. 1950년대에 했던 '우리 유대교 회당의 존재 이유'라는 제목의 설교도 있고, 1960년대의 '세대 차이'라는 제목의 설교도 있다.

그러다가 '빗방울이 내 머리 위로 떨어지네(Raindrops Keep Falling On My Head, 유명한 노래의 제목이기도 함-옮긴이)'라는 제목의 설교가 눈에 띈다. 1970년대 말의 설교다. 나는 그 내용을 읽다가 깜짝 놀라서 다시 들여다본다.

거기에는 문제가 생긴 예배당 지붕을 수리하기 위해 힘을 모으자는 렙의 호소가 담겨 있다.

렙은 '비가 오고 나면 우리 회당의 지붕이 하염없이 눈물을 흘립니다.'라고 썼다. 그는 회당 안에 앉아 있다가 천장에서 '물에 젖은 타일'이 아슬아슬하게 그의 옆에 떨어진 이야기를 적어 놓았는가 하면, 이틀 동안 비가 와서 결혼식 행사가 열리는 동안 '원치 않게 닭고기 요리에 국물이 너무 흥건해졌던' 이야기도 한다. 또 아침 예배를 드리다 말고, 빗자루를 들고 천장 쪽의 망가진 타일을 쑤셔서 고여 있는 빗물을 빼내야 했던 이야기도 들려준다. 그는 설교에서 하나님을 모시는 소중한 공간이 망가지는 것을 막기 위해 신도들에게 조금씩만 더 헌금해 줄 것을 간청했다.

나는 헨리 목사와 그의 교회 지붕에 난 구멍을 떠올린다. 그의 세계와 우리 세계의 공통점을 처음으로 발견하는 순간이다. 도심 한가운데 자리 잡은 교회와 교외에 있는 유대교 회당의 공통점을.

결국 우리 예배당은 신도들의 도움으로 비용을 마련할 수 있었다. 하지만 헨리는 신도들에게 무언가를 간청할 수 있는 상황이 아니었다.

## 당신의 믿음, 나의 믿음

십 대였을 때 랩의 설교를 듣고 웃음을 터뜨렸던 일이 기억난다. 그는 다른 종교의 성직자로부터 온 감사 편지를 우리에게 읽어 주었다. 편지 말미에는 이렇게 적혀 있었다.

"당신의 신과 우리의 신이 당신에게 축복을 내리시길!"

나는 똑같은 메시지를 두 명의 하나님께 보낼 수 있다는 사실이 재미있게 느껴졌다. 나는 너무 어려서 그러한 구별에 좀 더 진지한 측면들이 존재한다는 사실까지는 미처 깨닫지 못했다.

미국 중서부의 디트로이트로 이사한 이후─어떤 이들은 중서부를 '북부의 바이블 벨트(Northern Bible Belt)'라고 부르기도 했다─나는 그러한 문제가 결코 가볍거나 쉬운 것이 아님을 깨닫게 되었다(미국 중서부는 미국 북부와 중부에 걸쳐 있는 지역으로 일리노이, 인디애나, 아이오와, 캔자스, 미시간, 미네소타, 미주리, 오하이오, 위스콘신 주 등을 아우른다. '바이블 벨트'는 보수적 성향의 기독교인들이 많은 미국 중남부 지역을 일컫는 말─옮긴이).

디트로이트에서는 슈퍼마켓에서 마주친 낯선 사람들로부터 "당신에게 신의 축복이 있기를!"이라는 말을 자주 들었다. 내가 그들에게 뭐라고 응답해야 할까? 운동선수를 인터뷰할 때면, 그들은 터치다운 득점을 하거나 홈런을 친 것에 대해 '구세주이자 주님이신 예수님'께 영광을 돌렸다. 내가 진행한 자원봉사 프로젝트에는 힌두교도, 불교도, 가톨릭교도들이 참여했다. 그리고 디트로이트를 중심으로 한 일대 지역은 중동 이외에 아랍인들이 가장 많이 거주하는 곳이기 때문에, 이슬람교와 관련된 문제들이 수시로 부각되곤 했다. 그중에는, 교회의 종을 울리는 폴란드계 사람들이 대다수인 동네에서 지역 모스크(이슬람교 사원-옮긴이)의 아잔(Adhan) 소리-이슬람교 신도들에게 기도 시간을 알리는 소리-가 울려 퍼지도록 허용할 것인가를 둘러싼 논쟁도 있었다.

다시 말해, "당신의 신과 우리의 신이 당신에게 축복을 내리시길!"이라는 말은-그리고 누구의 신이 누구를 축복할 것인가 하는 문제는-더 이상 가볍게 웃고 넘길 일이 아니라 논쟁과 대립을 야기하는 실마리가 될 수도 있는 것이었다. 나는 되도록 침묵을 지켰고, 굳이 유대인이라는 사실을 드러내지 않았다. 아마 나뿐만 아니라 소수 종교를 믿는 많은 사람들이 그랬을 것이다. 내가 나의 신앙으로부터 멀리 떠내려간 이유, 나의 종교를 밝히지 않았던 부분적인 이유는 내 종교를 굳이 방어하거나 변호하고 싶지 않았기 때문이다. 지금 생각해 보면 참 말도 안 되는 이유지만, 그땐 그랬다.

추수감사절이 얼마 남지 않은 어느 일요일, 나는 뉴욕에서 기차를 타고 렙의 집으로 향했다. 렙은 따뜻하게 나를 포옹하며 맞아 주었다. 여느 때처럼 보행기를 밀면서 앞으로 나아가는 렙의 뒤를 따라 서재로 향했다. 그런데 보행기 앞에 조그만 바구니가 달려 있었다. 바구니 안에는 책 몇 권과, 이유는 모르겠지만 빨간색 마라카스(호리병 모양으로 생긴 리듬 악기-옮긴이)가 담겨 있었다.

"보행기가 쇼핑 카트처럼 보이면 신도들이 좀 더 안심할 것 같아서 말이야." 장난기 섞인 말투로 렙이 말했다.

추도사를 써 달라는 그의 부탁은 숙제처럼 내 마음에 항상 자리 잡고 있었다. 렙을 찾아가면, 어떤 날은 그 숙제를 할 시간이 아직도 많이 남은 것처럼 느껴졌고, 어떤 날은 불과 며칠밖에 안 남은 것처럼 느껴지기도 했다.

그날은 렙의 컨디션이 좋아 보여서 나는 안심이 되었다. 그는 눈빛도 또렷했고 목소리에 힘이 넘쳤다. 의자에 앉은 다음, 나는 노숙자를 돕는 자선 활동과 노숙자 쉼터에서 하룻밤 묵었던 일에 대해 들려주었다. 기독교에서 하는 활동을 랍비한테 얘기해도 될지 잠깐 망설여졌다. 그리고 말을 하고 나니, 왠지 반역자가 된 것처럼 죄책감이 느껴졌다.

예전에 언젠가 렙이 들려주었던 이야기가 문득 생각났다. 렙은 옛날식 사고방식을 가진 할머니와 함께 야구 경기를 구경하러 간 적이 있다고 했다. 관중석의 모든 사람들이 제자리에서 뛰며 홈런을 외치면서 응원을 하는 동안, 렙의 할머니는 가만히 의자에만 앉아 있었다. 렙은 할머니에게 왜 손뼉을 치며 응원하지 않느냐고 물었다. 그랬더니 할머니는 이디시어로 이렇게 말했다. "앨버트, 그렇게 하면 유대교인들한테 좋은 거냐?"

하지만 나의 죄책감과 걱정은 쓸데없는 것이었다. 렙은 종교로 선을 그어 가치 판단을 하는 분이 아니었다. 그는 이렇게 말했다.

"유대교에서는 자선을 베풀고 지역 사회의 불쌍한 사람들을 도우라고 말한다네. 그것이 곧 옳은 행동이야. 누구를 도와주든 상관없이 말일세."

우리는 곧 가장 근본적이고도 중요한 주제로 들어가게 되었다. 서로 다른 종교가 어떻게 공존할 수 있는가? 이쪽 종교에서는 A가 옳다고 믿고 저쪽 종교에서는 B가 옳다고 믿는다면, 어떻게 그 둘이 모두 옳을 수가 있는가? 다른 종교를 믿는 사람을 자신의 종교로 개종시킬 권리-또는 의무-가

과연 존재하는가?

렙은 평생 성직자의 길을 걸어오면서 그러한 문제들과 함께했다. 그는 이렇게 회상했다. "1950년대에는 말이야, 유대인 아이들이 유대교 책의 표지를 갈색 종이로 싸서 갖고 다녔다네. 우리는 이 지역 사람들 대부분이 처음 경험하는 유대교도였거든."

그 때문에 난처한 상황이 발생한 적이 있나요? "물론 있지. 한번은 우리 신도 한 명이 몹시 당황해서 나를 찾아왔더군. 그녀의 아들이 반에서 유일한 유대인 아이였는데, 학교 크리스마스 연극에서 예수 그리스도 역할을 맡았다는 거야. 그래서 내가 아이 반의 교사를 찾아가서 '유대교를 믿는 아이에게는 아무래도 당황스러운 일일 테니 다시 생각해 봐야 하지 않겠느냐'고 말했어. 그랬더니 교사가 그러더군. '하지만 랍비님, 유대인이라서 그 애를 선택한 건데요? 예수님이 유대인이었으니까요!'"

나도 비슷한 경험을 한 적이 있다. 초등학교 때 나는 '만백성 기뻐하여라(God Rest Ye Merry, Gentlemen)', '징글벨(Jingle Bells)' 같은 이름의 화려한 크리스마스 공연에 끼지 않았다. 대신 나는 다른 유대인 아이들과 함께 무대에 올라 손을 잡고 "드라이델, 드라이델, 드라이델, 나는 그것을 진흙으로 만들었다네." 하며 하누카 노래를 불렀다[하누카(Hanukah)는 유대교의 성전 헌당 기념일로, 유대인들은 하누카가 되면 드라이델(dreidel)이라는 이름의 팽이를 가지고 노는 풍습이 있음-옮긴이]. 우리는 화려한 의상이나 소품도 없이, 그저 팽이가 도는 모습을 흉내 내어 둥그렇게 원을 그리며 돌았다. 그리고 노래가 끝난 후엔 팽이가 넘어지듯 다 같이 주저앉았다.

기독교도 학부형들이 소리 죽여 비웃는 소리를, 그날 나는 분명히 들었다.

종교적 논쟁에서 승리란 것이 존재할까? 어떤 이들이 믿는 신이 다른 이들이 믿는 신보다 우월할까? 누가 성서를 올바로 이해하는 것이고, 누가 성서를 잘못 이해하고 있는 것일까? 나는 라즈샨드라(Rajchandra) 같은 인물들의 사상이 마음에 들었다. 인도의 철학자이자 시인인 라즈샨드라는 '모든 종교는 사람들을 신에게 더 가까이 이끌어 주므로 어떤 종교도 다른 종교보다 우월하지 않다'고 믿었으며, 그런 사상으로 간디에게 커다란 영향을 미쳤다. 간디도 단식을 중지했을 때 힌두교 기도를 드리거나, 이슬람의 좋은 말씀을 읽거나, 또는 기독교의 찬송가를 듣기도 했다.

렙은 오랜 세월 동안 자신의 신앙에 따라 살아왔다. 하지만 타인을 강제로 유대교로 개종시키려고 하지는 않았다. 일반적으로 유대교에서는 다른 사람들을 유대교로 개종시키기 위해 애쓰지 않는다. 그렇게 뭔가 설득하려 들기보다는 유대교인들이 지금까지 겪어 온 어려움과 고초들을 들려준다.

하지만 모든 종교가 그런 것은 아니다. 역사를 들여다보면 개종하지 않는다는 이유로, 다른 신을 받아들이지 않는다는 이유로, 또는 다른 종교를 비난했다는 이유로 수많은 사람이 학살당하고 핍박받지 않았는가. 2세기에 살았던 유명한 유대교 학자인 랍비 아키바(Akiva)는 유대교 연구를 중지하는 것을 거부했기 때문에 로마인들에게 끔찍한 고문을 당한 후 순교했다. 빗 모양의 철제 도구에 긁혀 살가죽이 벗겨지는 고통 속에서 그는 이렇게 마지막 말을 내뱉었다. "이스라엘아, 들으라. 주는 우리 하나님이시며, 주는 한 분이시다." 그가 죽기 전에 마지막으로 입에서 나온 것은 바로 '한 분이시다'라는 말이었다.

'한 분'이라는 그 말, 그것은 렙의 신앙에서도 굉장히 중요한 말이었다. 하나뿐인 하나님. 그리고 하나님의 최초의 인간 창조물인 아담.

"생각해 보게. 왜 하나님은 처음에 인간을 한 명만 창조하셨을까?" 렙이 집게손가락을 들어 올려 흔들면서 말했다. "어차피 세상에서 여러 종교들이 다투며 살아가도록 만들 의향을 갖고 계셨다면, 왜 처음부터 그렇게 만들어 놓지 않으셨을까? 하나님은 수없이 많은 그루의 나무를 만드셨어. 그렇지? 그런데 왜 인간은 한 명만 만드셨을까? 우리 모두가 그 한 사람에게서, 또 한 분이신 하나님에게서 나왔다는 메시지를 전하시기 위해서였지."

그렇다면 세상이 왜 이토록 복잡하게 분열되어 있는 걸까요? 내가 물었다.

"자, 이렇게 생각해 보게. 자넨 온 세상이, 온 세상 사람들이 전부 똑같았으면 좋겠나? 아닐걸. 삶의 진수(眞髓)는 바로 다양함에 있는 거야. 심지어 우리 유대교 내에서도 이런저런 질문과 대답들, 해석들, 논쟁들이 존재하잖나. 그건 기독교나 가톨릭, 또 다른 종교들에서도 마찬가지야. 그게 바로 아름다움일세. 음악가를 생각해 봐. 만일 음악가가 항상 같은 음만 연주한다면 아무런 의미가 없지. 여러 가지 다양한 음조와 선율이 섞여야 비로소 음악이 만들어지는 거야."

그래서 어떤 음악이 만들어질까요?

"나 자신보다 훨씬 커다란 어떤 존재를 믿는다는 음악."

하지만 다른 종교를 믿는 사람이 내 종교를 인정하려 들지 않는다면 어떡하죠? 또는 그렇기 때문에 내가 죽기를 원한다면요?

"그건 진정한 신앙이 아니야. 증오일 뿐이지. 그런 일이 일어나면 하나님은 저 위에서 눈물을 흘리신다네."

렙이 기침을 몇 번 했다. 그러고는 나를 안심시키려는 듯 미소를 지었다. 이제 그의 집에는 의료 간병인이 하루 종일 머물렀다. 간병인들 가운데는 가나 출신의 키 큰 여성도 있었고, 건장한 러시아 남자도 있었다. 주중에 그를 돌봐주는 사람은 트리니다드 출신에 밝은 성격을 가진 틸라(Teela)라는 힌두교 여성이었다. 틸라는 렙이 옷을 갈아입거나 아침에 가벼운 산책을 할 때 도와주었고, 식사를 준비해 주었으며, 슈퍼마켓이나 예배당까지 그를 차로 데려다 주곤 했다. 때때로 그녀는 자동차 오디오로 힌두교 종교 음악을 크게 틀어 놓았는데, 렙은 그것을 함께 들으면서 그녀에게 뜻을 해석해 달라고 했다. 틸라가 힌두교의 윤회 사상에 대해 이야기할 때면, 렙은 중간중간 질문을 던졌고 자신이 힌두교에 대해 많이 몰라서 미안하다고도 말했다.

내가 물었다. 한 종교의 성직자로서 어떻게 그렇게 열린 마음을 가질 수 있으세요?

"나는 내가 무엇을 믿는지 아네. 그건 내 영혼이 믿는 바이기도 하지. 하지만 난 늘 사람들한테 이렇게 말해. 자신이 믿는 것에 대해서는 '진심으로' 믿어야 하지만, 자신이 모든 것을 알지는 못한다는 사실을 겸손하게 인정할 줄 알아야 한다고 말이야. 우리는 모든 것을 알지는 못하기 때문에, 다른 사람이 나와 다른 것을 믿을 수도 있다는 사실을 인정해야 해."

그는 크게 숨을 내쉬었다.

"미치, 이건 나 혼자만의 생각이 아니야. 모든 종교에서 이웃과 다른 사람들을 사랑하라고 가르치잖나."

내게는 렙의 그런 모습이 너무나도 존경스럽게 느껴졌다. 사석인데도, 또 그렇게 늙은 나이인데도 결코 다른 종교를 비방하지 않는 그 모습이, 타인의 신앙을 깎아내리지 않는 그 모습이. 그리고 나는 종교에 관한 한 내가 비겁한 겁쟁이로 살아왔다는 것을 깨달았다. 나는 내 종교에 대해 더 자부심을 가졌어야 했다. 열광적으로 신앙을 드러내는 타 종교의 신도들 앞에서 위축되지 말았어야 했다. 내 종교를 숨기지 말았어야 했다. 모세에 관한 모든 것들은 훌륭하지만 모세가 자신의 종교에서 나온 사람이 아니라는 이유만으로 배척한다면, 예수가 위대하지만 자신의 종교가 믿는 존재가 아니라는 이유만으로 배척한다면, 그리고 그런 이유로 모스크를, 사순절을, 찬송가를, 메카를, 부처를, 신앙 고백이나 윤회를 비난한다면, 진짜 문제는 배척하고 비난하는 그 사람에게 있는 것이리라.

하나 더 여쭤 봐도 돼요?

랩이 고개를 끄덕였다.

다른 종교를 가진 사람이 '당신께 신의 축복이 있기를 빕니다.'라고 말하면, 랍비님은 뭐라고 하세요?

"'감사합니다. 당신께도 신의 축복이 있기를.' 하고 말하네."

정말 그러세요?

"그래선 안 되는 이유라도 있나?"

나는 대답을 생각해 보려고 했지만, 마땅한 대답이 없다는 사실을 깨달았다. 전혀.

나는 불교의 이야기와 우화들을 여러 편 읽는다. 그중 하나는 다음과 같다.

한 농부가 아침에 잠에서 깨어 보니 말이 달아나 버리고 없었다. 이웃들은 농부에게 말했다. "안됐네요. 그런 몹쓸 일이 생기다니."

그러자 그가 대답했다. "몹쓸 일일 수도 있고 아닐 수도 있지요."

다음 날 그 말이 다른 말을 여러 마리 함께 데리고 돌아왔다. 오히려 좋은 결과가 생겼다며 이웃들이 농부에게 잘됐다고 축하해 주었다.

농부가 대답했다. "잘된 것일 수도 있고 아닐 수도 있지요."

얼마 후, 농부의 아들이 말을 타다가 다리가 부러지자 이웃들이 위로의 말을 건넸다.

농부가 대답했다. "나쁜 일일 수도 있고 아닐 수도 있지요."

다음날 군인들이 찾아와 농부의 아들을 전쟁터로 징병해 가려고 했다. 하지만 다리가 부러진 아들은 차출되지 않았다. 가족과 이웃 모두가 다행이라며 기뻐했다.

농부가 말했다. "다행일 수도 있고 아닐 수도 있지요."

나는 이와 비슷한 이야기들을 전에도 들어 본 적이 있다. 그 이야기들은 단순하면서도 아름다운 진리를 전달하고 있으며, 자연과 우주의 이치에 따르는 삶을 말하고 있다. 나도 과연 무언가에 대해 그렇게 초연해질 수 있을까 하는 생각을 해 본다. 잘 모르겠다. 어쩌면 그럴 수 있을지도.

### 내가 발견한 것들

렙의 집을 나온 나는 우리 회당에 잠깐 들렀다. 회당과 관련된 1940년대 자료들이 혹시 남아 있느냐고 전화로 미리 문의해 둔 터였다.

"아마 자료실에 있을지도 몰라요." 전화를 받은 여성이 말했다.

자료실 같은 게 있는 줄 몰랐네요. 내가 말했다.

"모든 자료가 다 있답니다. 선생님에 대한 자료도 있는걸요?"

정말입니까? 그럼 좀 볼 수 있을까요?

"원하시면 언제든지요."

나는 회당의 로비로 들어갔다. 성서 학교가 아직도 열리고 있어서 사방에 아이들이 눈에 띄었다. 초등학교 고학년쯤 되는 소녀들이 남들 눈을 의식하며 수줍게 돌아다녔다. 남자아이들은 야물커(yarmulke, 유대인 남자들이 쓰는 작고 테두리 없는 모자—옮긴이)가 떨어질까 봐 머리를 손으로 꽉 잡고 뛰어다녔다. 예나 지금이나 변한 게 없군……. 이런 순간이면 으레 나는 우쭐한 기분을 느끼곤 했다. 늘 똑같기만 한 풍경의 고향을 떠나 멋지게 성공한 사람이 되었으니까 말이다. 하지만 이번엔 달랐다. 어쩐 일인지 공허한 거리감이 느껴졌다.

나는 책상 앞에 앉아 있는 여성에게 인사를 건넸다. 안녕하세요, 제 이름은…….

"어서 오세요. 누구신지 알아요. 여기, 파일이요."

나는 눈을 깜박였다. 나는 우리 가족이 40여 년간 이곳과 함께했다는 사실을 거의 잊고 살았다.

고마워요. 내가 말했다.

"별말씀을요."

나는 내 역사가 담긴 파일을 들고 집으로, 아니 내가 집이라고 부르는 곳으로 향했다.

비행기 안에서 나는 의자에 편안하게 몸을 기댄 뒤 종이 뭉치에 묶인 고무 밴드를 풀었다. 고향을 떠난 이후의 내 삶을 잠시 돌이켜보았다. 나는 '세계 시민'이 되겠다는 어린 시절의 꿈을 이룬 셈이었다. 어느 정도는 말이다. 나는 시차가 다른 나라에 사는 친구들이 있었고 내 책을 여러 나라 언어로 출간했으며, 수많은 곳을 돌아다녔다.

하지만 이런저런 많은 것들을 보고 많은 사람을 만났던 반면, 진정으로 연결되어 있는 관계는 맺지 못했다. 나는 내가 사는 동네보다 공항에 대해 더 잘 알았고, 우리 블록에 사는 사람의 이름보다는 다른 지역 번호를 쓰는 곳에 있는 사람들 이름을 더 많이 알았다. 내가 아는 '이웃'이란 일터에서 만난 사람들뿐이었다. 친구도 일을 통해 알게 된 사람들이었고, 늘 나누는 대화도 일 얘기였다. 나의 인간관계 대부분은 일을 통해 이루어졌다.

하지만 최근 몇 달 사이, 직장이라는 기둥이 무너지고 있었다. 동료들이 해고되어 떠나갔고, 구조조정이 이루어졌으며, 사무실들이 문을 닫았다. 항상 같은 공간에 있던 사람들이 이제는 더 이상 그 자리에 없었다. 그들은 '신나는 다른 일'을 시작했다고 내게 이메일을 보내왔다. 나는 '신나는'이라는 말을 믿을 수 없었다.

그리고 일터라는 연결 고리가 사라지자 인간관계도 느슨해지기 시작했다. 마치 자력을 잃은 자석처럼. 우리는 연락하며 지내자고 약속했지만, 그 약속은 지켜지지 않았다.

하긴, 일이라는 공통분모가 없으면—불평불만이나 가십이 아니면—딱히 만나서 나눌 이야기도 없지 않은가?

나는 종이들을 넘겨 보다가 성서 학교의 성적표와 오래된 숙제들을 발견했다. 내가 초등학교 4학년 때 쓴, 성서에 나오는 에스더 왕후를 주인공으로 한 연극 대본도 있었다.

    모르드개 : 에스더!
    에 스 더 : 네, 삼촌.
    모르드개 : 성으로 가거라.
    에 스 더 : 하지만 입을 옷이 아무것도 없는걸요!

렙이 내게 보내 준 축하 편지들도 있었다(몇 통은 손으로 직접 쓴 것이었다). 내가 대학에 들어갔을 때, 약혼했을 때 받은 것들이다. 왠지 부끄러워졌다. 렙은 그 편지들과 연결된 끈을 놓지 않고 있었는데, 나는 이런 편지들을 받았다는 사실조차 까맣게 잊고 있었다니.

나는 삶에서 만나 관계를 맺은 사람들을 생각해 보았다. 해고로 혹은 몸이 아파서 직장을 그만둔 예전 동료들. 그들은 누구에게서 위로를 받았을까? 또 지친 몸과 마음을 이끌고 어디로 갔을까? 그들은 적어도 나를 찾아오거나, 자신의 예전 직장 상사를 찾아가지는 않았다.

때로는 그들이 다니는 교회가 그들에게 도움을 제공하기도 했다. 신도들은 기부금을 모으거나 음식을 만들어 주었다. 그들에게 생활비를 빌려 주기도 했다. 신도들은 상대의 처지를 충분히 이해하는 애정 어린 마음으로 그렇게 했다. 그들은 알고 있었다. 그렇게 하는 것이 렙이 말했던 '성스러운 공동체'-아마 오래전 언젠가 나도 소속되어 있었을-를 지탱하는 튼튼한 토대가 된다는 사실을.

어느새 비행기가 공항에 착륙했다. 나는 종이들을 다시 정리해서 고무 밴드로 묶었다. 왠지 마음 한구석에 아쉬움과 슬픔이 차올랐다. 마치 여행에서 돌아왔을 때, 출발지에 무언가를 놔두고 왔는데 그것을 도로 가져올 방법이 없음을 깨달은 사람처럼.

### 추수감사절

디트로이트의 가을은 눈 깜짝할 새에 지나갔다. 어느새 나무들은 벌거숭이가 되어 있었고 도시 전체가 색깔물이 빠진 염색 천 같았다. 쓸쓸해진 콘크리트 도시에, 구름이 많은 하늘 아래로 때 이른 눈발이 날렸다. 사람들은 이제 자동차 창문을 올렸고 두꺼운 코트를 꺼내 입었다. 디트로이트의 실업률은 갈수록 높아져만 갔다. 집을 잃는 사람도 많았다. 어떤 이들은 자신이 살던 집과 거기에 담긴 모든 추억을 은행과 폐품 수거업자들의 손에 넘긴 채 짐을 싸서 거리로 나섰다. 아직 11월이었다. 길고 추운 겨울을 앞에 두고 있는 시점이었다.

추수감사절을 앞둔 화요일, 나는 헨리 목사의 교회를 찾아갔다. 그곳에서 운영하는 노숙자 프로그램을 직접 보기 위해서였다. 아직 헨리 목사에게 전적으로 신뢰가 가지는 않았다. 그의 교회는 적어도 내가 보기엔 모든 면에서 다르고 독특했다. 하지만 렙의 말이 내내 마음속에서 메아리쳤다. 자신이 믿는 바에 대해서는 '진심으로' 믿어야 하지만, 다른 사람이 나와 다른 것을 믿을 수도 있다는 사실을 인정해야 한다는 그 말이.

또한 이웃과 지역 사회에 관해 그가 했던 말도 떠올랐다. 그렇다. 디트로이트는 내가 속한 지역 사회, 내 이웃들이 사는 곳이다.

그래서 일단 조금만이라도 관심을 가져 보기로 했다. 추수감사절을 앞두고 방문하기 며칠 전, 나는 헨리 목사가 천장 구멍을 덮을 파란색 방수 천을 구입할 수 있도록 도와주었다. 그렇게 해 두면 최소한 예배당에 물이 줄줄 새는 일은 없을 터였다. 지붕을 제대로 수리하는 일은 만만한 작업이 아니었다. 대략 8만 달러는 들 것이라고 언젠가 건축업자가 말했던 적이 있다.

"휴유……." 견적을 들었을 때 헨리 목사는 크게 한숨을 내쉬었다. 8만 달러면 그의 교회에 수년 동안 들어온 돈을 전부 합친 것보다도 많은 금액이었다. 나도 조금은 마음이 안타까웠다. 하지만 그런 일은 나보다 더 열정과 관심을 가진 누군가가 해야 하는 일이었다. 지금 내가 줄 수 있는 도움은 파란색 방수 천 정도뿐이었다.

자동차에서 내리자 차가운 바람이 얼굴을 때렸다. 노숙자 프로그램이 진행되는 날이라 교회 옆 골목길엔 많은 노숙자들이 삼삼오오 모여 있었고, 그중 몇몇은 담배를 피우고 있었다. 어린아이를 안고 있는 가냘픈 체구의 남자가 눈에 띄었다. 하지만 가까이 가서 보니 두툼한 스키 모자 밑으로 여자 얼굴이 드러났다. 나는 아이를 안은 그녀가 먼저 들어갈 수 있도록 교회 문을 열고 잠깐 서 있었다. 그리고 뒤따라 들어갔다.

안에 들어가니 웅성거리는 소리가 들렸다. 마치 저음으로 돌아가는 엔진 소리 같았다. 그러다 뭔가 크게 외치는 고함 소리가 들리기도 했다. 나는 좁은 통로를 지나 체육관 내부가 내려다보이는 곳으로 올라갔다. 체육관 바닥에는 접이식 테이블들이 사방에 놓여 있고, 테이블 주변에 대략 80명쯤 되는 노숙자들이—남녀 할 것 없이—앉아 있었다. 그들은 허름한 코트와 후드티를 입고 있었다. 어떤 이들은 싸구려 파카를, 어떤 남자는 디트로이트 라이언스 팀의 재킷을 걸치고 있었다.

그 가운데 파란색 캐주얼 티셔츠에 코트 차림의 헨리 목사가 보였다. 그는 그 육중한 몸무게를 이쪽 발에서 저쪽 발로 번갈아 옮겨 실으며 테이블 사이를 걸어 다녔다.

"나는 소중한 사람입니다!" 헨리 목사가 외쳤다.

"나는 소중한 사람입니다!" 사람들이 따라 했다.

"나는 정말로 소중한 사람입니다!" 헨리 목사가 또 외쳤다.

"나는 정말로 소중한 사람입니다!" 사람들이 따라 외쳤다.

"왜냐하면 하나님이 나를 사랑하시기 때문입니다!"

"왜냐하면 하나님이 나를 사랑하시기 때문입니다!"

몇몇 사람은 손뼉을 치기도 했다. 헨리 목사는 크게 숨을 내쉬면서 고개를 끄덕였다. 노숙자들이 한 명씩 일어나더니 원을 만든 다음 서로 손을 잡았다. 기도가 암송되었다.

그리고 잠시 후, 무슨 신호라도 떨어진 것처럼 그들은 둥근 원을 해체하고 일렬로 서서 따뜻한 음식이 준비되어 있는 곳을 향해 걸어갔다.

나는 코트 자락을 더 세게 끌어당겨 몸을 감쌌다. 그곳은 상당히 추웠다.

"안녕하세요, 미치 선생님."

고개를 돌려보니 통로 한쪽에 클립보드를 손에 든 카스 장로가 앉아 있었다. "안녕하세요, 미치 선생님." 하는 인사가 어찌나 밝고 쾌활하던지, 그 목소리만으로도 모자에 가볍게 손을 대고 인사하는 모습이 상상되었다. 그는 당뇨병 때문에 몇 년 전에 한쪽 다리를 절단해야 했다. 그런데도 항상 밝고 명랑했다.

안녕하세요, 카스 씨.

"목사님은 저 아래에 계십니다."

헨리 목사가 이쪽을 올려다보고는 손을 흔들었다. 카스는 내가 아래쪽을 향해 손을 흔드는 모습을 지켜보았다.

"미치 선생님, 제 이야기는 언제 들어 주실 건가요?"

장로님도 사연이 있으시군요?

"물론입니다. 미치 선생님께서 들어 주셔야 해요."

어째 2박 3일은 걸릴 이야기 같은데요?

그는 웃음을 터뜨렸다. "아뇨, 아닙니다. 하지만 꼭 들으셔야 해요. 중요한 얘기니까요."

알겠습니다. 나중에 언제 한번 듣도록 하지요.

내가 그렇게 말하니 카스는 안심이 되는 모양이었다. 그리고 다행히 그 이야기는 더 이상 하지 않았다. 나는 몸을 떨면서 코트를 더 세게 감쌌다.

여긴 정말로 춥네요.

"그 사람들이 난방을 꺼 버렸답니다."

누가요?

"가스 회사요."

왜요?

"왜겠어요? 가스 요금을 못 냈으니 그렇죠."

윙윙거리는 소리가 어찌나 크게 들리던지, 우리는 거의 외치다시피 하는 소리로 대화를 나누고 있었다.

대체 이 윙윙거리는 소리는 뭡니까?

"송풍기 소리예요."

그는 풍향계처럼 생긴 기계 몇 대가 서 있는 곳을 가리켰다. 그곳에서 따뜻한 바람이 나와 칠리 스튜와 옥수수 빵을 받으려고 줄을 서 있는 노숙자들 쪽으로 보내졌다.

정말로 가스 공급을 끊어 버렸습니까?

"네. 그렇다니까요."

하지만 이제 곧 겨울이잖아요.

"맞아요." 카스는 체육관에 서 있는 노숙자들에게 시선을 던졌다. "이제 더 많은 노숙자들이 이곳으로 몰려오겠죠."

30분쯤 후, 나는 2층에 있는 헨리 목사의 방에 그와 함께 간이 실내 난로 옆에 앉았다. 누군가가 들어와 옥수수 빵이 담긴 종이 접시를 가져다주었다.

어떻게 된 겁니까? 내가 물었다.

헨리 목사는 한숨을 쉬었다. "가스 요금이 3만 7,000달러나 밀려 있어요."

네에?

"항상 운영비가 부족하긴 했어요. 하지만 약간씩 모자라는 정도여서 어떻게든 청구서들을 처리하곤 했지요. 그런데 이번 가을엔 추위가 빨리 찾아오는 바람에 예배와 성서 공부를 하는 교회 안의 난방도 빨리 시작했습니다. 그런데 한 가지 사실을 미처 깨닫지 못했어요. 천장에 뚫린 구멍으로……."

그 구멍으로 실내의 온기가 다 새어 나간 거로군요?

"맞습니다. 하지만 우리는 그저 계속 난방 장치를 더 세게 돌렸고……."

그리고 계속 천장으로 빠져나갔고요?

그는 고개를 끄덕였다. "맞아요. 다 빠져나갔어요."

그럼 이제 어떻게 하실 겁니까?

"당장은 송풍기가 있으니 그나마 다행이랄까요. 처음에는 전기도 끊어졌어요. 하지만 전기 회사에 전화를 걸어 제발 좀 봐 달라고 부탁하고 또 부탁했지요."

믿기지가 않네요. 21세기에, 그것도 미국에서 한겨울에 난방도 못하는 교회라니. 하나님께서 도와주실 거란 믿음은 있지 않으세요?

"매일 주님께 묻습니다. '주여, 저희에게 어떤 시련을 내리시려 하옵니까?' 신명기 28장 말씀이 생각나더군요. '하나님에게 불순종하면 네가 성읍에서도 저주를 받으며 들에서도 저주를 받을 것이요.' 하는 말씀 말입니다."

주님께서는 뭐라고 대답하시던가요?

"저는 계속 기도합니다. '주님, 우리는 주님의 손길을 보고 싶습니다.'라고 말이지요. 당신 덕분에 우리 지붕에 방수 천을 덮을 수 있었다는 사실은 우리에게 대단히 큰 의미를 지닙니다. 우리에게는 한 가닥 희망의 빛이라도 절실했으니까요. 지난주에 비가 올 때는 예배당에 물이 잔뜩 샜지만, 이번 주에는 비가 왔어도 그렇지 않았지요. 저들에게 있어 이것은 희망의 신호와도 같습니다."

나는 왠지 멋쩍어졌다. 나는 그런 신호가 되고 싶지 않았다. 적어도 기독교 교회에서는. 그건 단지 방수 천이었을 뿐이다. 파란색 합성수지로 만든 방수 천.

궁금한 게 있는데요.

"네."

옛날에 마약을 거래하실 때 돈을 얼마나 버셨어요?

그는 뒷덜미를 긁적였다. "그러니까⋯⋯ 한 1년 반 사이에 대략 50만 달러쯤?"

그런데 지금은 가스 공급이 끊긴 신세고요?

"그렇군요."

그에게 돈다발이 남아돌던 그 시절이 그립냐고는 굳이 묻지 않았다. 그 시절에 돈을 얼마나 벌었느냐고 물은 것만으로도 충분히 가혹한 질문을 던진 셈이었으니까.

얼마 후 음식 접시와 테이블이 모두 치워졌다. 그리고 카스가 클립보드에 적힌 이름을 한 명씩 부르기 시작했다. "에버렛!" "드마커스!" 이름이 불린 노숙자들은 한 명씩 차례대로 나와 한쪽에 쌓여 있는 얇은 매트리스를 가져갔다. 모직 담요도 한 장씩 받았다.

그리고 그들은 체육관 중앙의 넓은 공간에, 옆 사람과 몇 십 센티미터쯤 간격을 두고 나란히 일렬로 누웠다. 어떤 노숙자는 이불 대신 덮기 위해 커다란 비닐 쓰레기봉투를 갖고 다녔고, 어떤 사람들은 헌 옷만 몇 겹씩 껴입고 있었다. 이불을 덮어도 한기가 스며들 만큼 추웠다. 이름을 부르는 카스의 목소리가 체육관 안에 울려 퍼졌다. 노숙자들은 거의 말이 없었다. 자신들의 처지가 새삼 실감나게 다가오는 순간일 것이다. 따뜻한 집도, 침대도, '잘 자요.'라고 말해 주는 아내도 자식도 없는 처지가…….

윙윙거리는 송풍기 소리만이 체육관을 채웠다.

~~~~ 한 시간 후 자신의 임무를 마친 카스가 목발을 짚고 절뚝거리면서 현관을 향해 걸어갔다. 체육관 안의 조명은 어둑어둑하게 낮춰져 있었다. 이제 모두가 잠들 준비를 하는 중이었다.

"잊지 마세요, 다음번엔 제 이야기를 들려드릴게요." 카스가 내게 말했다.

좋습니다. 내가 대답했다. 나는 호주머니 깊숙이 양손을 쑤셔 넣었다. 팔과 몸 전체가 오들오들 떨려 왔다. 저들은 이렇게 추운 데서 어떻게 잠을 잔단 말인가. 물론 건물 옥상이나 버려진 자동차 안에서 자는 것보다는 낫겠지만 말이다.

나는 교회를 나오려다가 헨리 목사의 방에 노트를 두고 온 것을 깨달았다. 그래서 위층으로 올라갔지만 문이 잠겨 있었다. 나는 다시 1층으로 내려왔다.

나오기 직전, 마지막으로 체육관을 잠깐 들여다보았다. 일정한 음조로 윙윙거리는 송풍기 소리가 들렸다. 침침한 조명 아래 담요를 덮고 누워 있는 몸뚱이들이 보였다. 어떤 사람은 꼼짝하지 않고 누워 있고 어떤 사람은 조금씩 몸을 뒤척였다.

그 순간 내가 느낀 감정을 뭐라 표현할 수 있을까. 이런 생각도 들었다. 저들도 한때는 어엿한 사회인이었고, 한때는 천진난만한 어린아이였으며, 한때는 엄마 품안에 있던 자식이었으리라. 하지만 이제는 차디찬 체육관 바닥에 누워 잠을 청하고 있지 않은가. 설령 저들이 신에게 순종하지 않았다 할지라도, 이 광경을 보고 신께서 가슴 아파하지 않으실 리는 없다는 생각이 들었다.

체육관 저쪽 어딘가에서 누군가가 움직이는 게 얼핏 보였다. 커다란 형체가 어둠 속에 쓸쓸히 앉아 있었다. 헨리 목사는 야간에 이곳을 지켜 줄 다른 사내가 도착할 때까지, 보초병처럼 노숙자들을 지키며 몇 시간 더 남아 있을 예정이었다. 그런 다음 소지품을 챙겨 옆문으로 살며시 빠져나가 집으로 돌아가리라.

갑자기 우리 집의 따뜻한 잠자리가 그리워졌다. 나는 문을 열고 밖으로 나가 눈을 깜짝이며 하늘을 쳐다보았다. 어느샌가 어둠 속에서 새하얀 눈이 내리고 있었다.

나는 기쁨과 함께 일 마일을 걸었네
그녀는 내내 이야기를 재잘댔네
하지만 나는 조금도 더 지혜로워지지 않았네
그 모든 말을 다 듣고 나서도.

나는 슬픔과 일 마일을 걸었네
그녀는 한 마디도 하지 않았네
하지만, 아, 나는 그녀에게서 많은 것을 배웠네
슬픔이 나와 동행했을 때.

— 로버트 브라우닝 해밀턴(Robert Browning Hamilton)

### 가을의 끝자락

"상황이 조금 안 좋아졌어요."

렙의 막내딸 길라가 내 휴대전화로 전화를 걸어왔다. 특별히 안 좋은 일이 있지 않고서는 내 휴대전화로 거는 일은 좀처럼 없었는데, 렙의 상태가 많이 안 좋아졌다고 했다. 뇌졸중이나, 아니면 심장 발작인지도 모른다고 한다. 그녀의 말에 따르면 렙은 몸의 균형을 잡지 못하고 자꾸 오른쪽으로 쓰러지고, 사람들 이름도 잘 기억하지 못하며 말도 정확히 하지 못했다.

길라는 렙이 병원에 실려 가 며칠 입원해 있는 중이라고 설명했다. 그들은 '가능한 선택안'들을 고민하고 있었다.

설마 얼마 안 남은 것은……? 나는 말끝을 흐렸다.

"저희도 모르겠어요."

나는 전화를 끊고 티켓을 예약하기 위해 황급히 항공사 전화번호를 눌렀다.

렙의 집에 도착한 것은 일요일 아침이었다. 현관에서 나를 맞아 준 사라가 렙이 있는 곳으로 나를 안내했다. 렙은 이제 병원에서 나와 등받이가 뒤로 젖혀지는 안락의자에 앉아 있었다.

"저, 아시겠지만……" 사라가 낮은 목소리로 말했다. "그이는 별로 상태가……"

나는 알았다는 의미로 고개를 끄덕였다.

"여보?" 사라가 알렸다. "손님이 오셨어요."

그녀는 크게, 천천히 말하고 있었다. 나는 상태가 심상치 않다는 것을 직감했다. 나는 렙에게 다가가 그의 고개가 나를 향하도록 살짝 돌렸다. 렙은 턱을 약간 움직여 위를 쳐다보며 희미하게 미소를 지었다. 그리고 손을 담요에서 꺼내 들어 올렸지만 가슴 약간 위쪽에서 멈추고 말았다.

"하아……." 그가 숨을 토해 냈다.

면으로 된 셔츠를 입은 그는 담요로 몸을 감싼 채 목에는 호루라기를 걸고 있었다.

나는 렙 쪽으로 몸을 가까이 기울여 그의 얼굴에 내 뺨을 부드럽게 비볐다.

"으음, 음……." 그가 신음소리를 냈다.

좀 어떠세요? 그런 말이 내 입에서 튀어나오다니. 정말 바보 같은 질문이었다.

"아무래도……." 그가 말을 하려 애썼다. 하지만 이내 멈췄다.

아무래도, 뭐요?

렙은 고개를 젓더니 얼굴을 찌푸렸다.

아무래도 오늘이 인생 최고의 날은 아닌 것 같다고요? 내가 말했다. 또 바보 같은 유머를 시도하고 말았다.

렙은 미소를 지으려고 애썼다.

"아니." 그가 다시 입을 열었다. "그러니까…… 이건……."

이건……?

"저어기……. 음……."

나는 힘겹게 침을 꿀꺽 삼켰다. 울음이 터질 것 같아 참기 힘들었다.

렙은 의자에 앉아 있었다. 하지만 내가 알던 렙은 사라지고 없었다.

사랑하는 사람을 너무 빨리 떠나보내야 할 때, 당신이라면 어떻게 하겠는가? 너무나 갑작스럽게 떠나게 되어서 미처 준비할 시간조차 없다면?

아이러니하게도, 그 대답을 누구보다 잘 알 만한 사람이 지금 내 앞에 힘없이 앉아 있었다. 렙은 인간이 경험할 수 있는 가장 커다란 슬픔을 이미 겪었기 때문이다.

1953년, 렙이 랍비로서 신도들을 이끌기 시작한 지 2~3년쯤 되었을 때였다. 그와 사라는 단란한 가족을 꾸리고 있었다. 장남인 샬롬은 이제 다섯 살이었고, 네 살짜리 쌍둥이 자매인 오라와 리나도 예쁘게 커갔다. 오라는 '빛'이라는 뜻이었고, 리나는 '기쁨'이라는 뜻이었다. 그런데 어느 날 밤, '기쁨'을 영영 잃고 말았다.

적갈색 머리칼을 가진 명랑한 아이였던 리나에게 갑자기 호흡 곤란이 일어났다. 리나는 침대에 누워 힘겹게 숨을 몰아쉬며 씨근거렸다. 사라는 그 소리를 듣고 쌍둥이의 방에 들어갔다가, 급하게 남편이 누워 있는 침실로 달려왔다. "여보, 리나를 병원에 데려가야겠어요."

부부가 어둠속을 달려 병원으로 향하는 동안 작은 소녀는 계속 숨 쉬는 것을 고통스러워했다. 기도가 부어올라 가슴을 눌렀고, 입술은 점점 새파랗게 변해 갔다. 전에는 이런 적이 한 번도 없는 아이였다. 랩은 가속 페달을 힘껏 밟았다.

부부는 뉴저지 주 캠던에 있는 루르드 성모병원 응급실로 리나를 데려갔다. 의사들이 급히 리나를 데리고 들어갔다. 그리고 두 사람은 기다렸다. 그저 기다릴 수밖에 없었다. 달리 무엇을 할 수 있단 말인가?

정적만이 감도는 병원 복도에서, 앨버트와 사라는 제발 아이를 살려 달라고 하나님께 기도했다.

몇 시간 후, 리나는 숨을 거두었다.

심각한 천식 발작. 그것은 리나가 평생 처음이자 마지막으로 겪은 병이었다. 요즘 같았으면 인공호흡기와 이런저런 발전된 치료법 덕분에 아마 살아날 수도 있었을 것이다.

하지만 그때는 그렇지 않았다. 렙은 생전 처음 보는 의사의 입에서 나오는, 상상할 수 있는 최악의 말을 듣고 말았다. "아이를 살릴 수가 없었습니다."라는 말. 어떻게 이런 일이 일어날 수 있을까? 렙은 믿기지 않았다. 리나는 그날도 여느 때와 다름없는 평범한 하루를 보냈고 명랑하게 뛰어다니지 않았던가. 아이를 살릴 수가 없다니? 세상의 이치가, 삶의 이치가 이런 것이란 말인가?

다음 며칠은 어떻게 지나가는지도 모르게 지나갔다. 리나를 작은 관에 담은 채 장례식이 열렸다. 무덤 앞에서 렙은 카디시 기도를 드렸다. 이제껏 다른 많은 사람들을 위해 드렸던 기도를, '죽음'이라는 말이 직접적으로 언급되진 않지만 매년 사랑하는 이의 기일에 암송되곤 하는 그 기도를.

하나님께서 창조하신 이 세상에
그분의 귀하신 이름이 찬양될지어다.

삽으로 뜬 흙이 리나의 관 위에 뿌려졌다. 리나는 그렇게 땅속에 묻혔다.

그때 렙은 서른여섯 살이었다.

 언젠가 그 일에 대해 렙과 대화를 나눴을 때, 그는 이렇게 말했다.

"하나님을 지독하게 원망했다네. 그분께 묻고 또 물었지. '왜 하필 리나입니까? 이 어린아이가 무엇을 잘못했단 말입니까? 겨우 네 살인데……. 남을 해롭게 한 적도 없는 아이인데…….'"

하나님이 답해 주시던가요?

"아직도 답을 못 들었다네."

그래서 화가 나셨어요?

"한동안은 그랬지."

하나님을 원망하고 욕하신 것 때문에 죄책감이 드세요? 다른 사람도 아닌, 랍비님이.

"아니. 그렇지 않네. 그분을 원망하는 와중에도, 나보다 훨씬 커다란 어떤 힘이 존재한다는 사실을 깨닫고 있었으니까."

그는 잠시 말을 멈췄다.

"그리고 바로 그 사실 때문에 마음이 치유되기 시작했어."

사랑하는 딸을 잃은 렙이 예배당에 다시 돌아온

날 저녁, 예배당은 사람들로 가득했다. 어떤 신도들은 위로를 건네고 싶어서, 어떤 신도들은 단지 렙이 어떤 모습일지 궁금해서 예배당을 찾았다. 하지만 그들은 모두 똑같은 생각을 하고 있었다. '이런 커다란 일을 겪은 랍비가 과연 어떤 말을 하실까?'

렙도 그 사실을 알고 있었다. 그래서 빨리 설교대에 복귀한 것이었다. 30일간의 애도 기간이 끝나고 찾아온 첫 번째 금요일이었다.

그가 설교를 하러 일어나자 신도석이 물을 끼얹은 듯 조용해졌다. 렙은 그가 아는 유일한 방법, 가슴속에서 우러나오는 진심을 말하는 방법으로 이야기했다. 그는 하나님께 화를 내고 그분을 지독하게 원망했다고 인정했다. 고통스러움에 울부짖었다고, 왜 딸을 데려갔는지 이유를 알려 달라며 외쳤다고 말했다. 더불어 아무리 '하나님의 아들'이라고 해도 어린 딸을 다시는 품에 안을 수 없게 된 괴로움과 고통은 이루 말할 수 없었다고 고백했다.

하지만 그는 이렇게 덧붙였다. 장례를 치르고 애도 기간에 지켜야 하는 의식들―기도를 하고, 망자의 옷을 찢고, 면도와 이발을 하지 않은 채 지내고, 집 안의 거울을 천으로 덮어씌워 놓는 등―을 따르면서 자제심을 되찾고 스스로를 통제할 수 있었다고 말이다. 렙은 "늘 다른 사람들에게 해 주던 말들을 이제 나 스스로에게 해야만 했다."라고 말했다. 그런 시간을 거치면서 그의 믿음은 가장 커다란 시험을 받은 셈이었다. 자기 자신의 무너진 마음을 치유할 수 있느냐 없느냐 하는 시험을.

렙은 카디시를 한 구절 한 구절 낭송하면서 이런 생각이 들었다고 신도들에게 말했다. '나는 나보다 커다란 존재에 속해 있다. 내가 딸을 위해 이 기도를 하듯이, 언젠가는 내 아이들이 나를 위해 이 기도를 낭송하리라.'

또한 그는 믿음이 자신의 고통을 덜어 주었다고 했다. 믿음은 리나의 죽음을 막아 주진 못했지만, 힘든 시련을 견딜 수 있는 힘을 주었으며, 사람은 누구나 보다 커다란 존재에 속해 있는 연약한 일부라는 사실을 일깨워 주었다. 비록 짧은 몇 년이었지만 그 아이가 자신의 가족들에게 왔다는 것은 축복이라고 그는 말했다. 렙은 언젠가 리나를 다시 만날 것이라고 믿었고, 그렇게 믿음으로써 위로를 얻을 수 있었다.

설교가 끝났을 때, 눈물을 흘리지 않는 신도는 한 사람도 없었다.

렙이 말했다. "그 일을 겪고 한참의 시간이 흐른 후, 나는 가족 중 누군가를 잃은 사람의 집을 방문할 때면—특히 어린 자식을 잃은 경우에—내가 위안을 느꼈던 때는 언제였는지 떠올리면서 그들을 위로하려 노력했다네. 그들과 그냥 말 없이 앉아 있기만 할 때도 있었는가 하면, 그냥 앉아서 손을 잡아 주기도 했어. 나는 그들이 하고 싶은 얘기를 하도록, 마음껏 울도록 내버려두었다네. 그러고 나면 한결 기분이 나아진 그들의 모습을 볼 수 있었어. 그리고 그런 집을 방문하고 나면 밖으로 나와서 이렇게 말하곤 했지."

그는 집게손가락을 혀끝에 갖다 댄 다음 하늘을 가리켰다.

"리나, 너를 떠올리면서 또 한 명을 위로했단다." 그리고 미소를 지었다.

나는 렙의 손을 꼭 잡고 있었다. 그가 늘 다른 사람들을 위해 그렇게 했던 것처럼. 나는 밝게 웃으려고 애썼다. 그는 안경 뒤의 눈을 깜박이며 나를 쳐다보았다.

이만 가 봐야겠어요. 조만간 다시 찾아뵐게요. 내가 말했다.

그는 간신히 고개를 끄덕였다.

"자아네……. 그래……. 응……. "

내가 그를 위해 해 줄 수 있는 일은 거의 없었다. 렙은 이제 완전한 문장을 말하지 못했다. 그리고 대화를 나누려고 서툴게 시도할수록, 내가 더욱 그를 좌절시키고 있는 것만 같았다. 어쩌면 그는 때가 다가오고 있다는 것을 직감하는 것 같기도 했다. 내 얼굴에 내가 느끼고 있는 크나큰 상실감과 슬픔이 고스란히 드러나면 어떡하나 걱정이 되었다. 어떻게 이런 일이 일어났단 말인가? 누구보다 지혜롭고 멋진 설교를 하시던 분이, 몇 주 전까지만 해도 신앙의 힘과 전통에 대해 나와 이야기를 나누던 분이 그 모든 재능을 잃어버린 채 이렇게 힘없이 누워 있다니……. 렙은 이제 사람들에게 가르침을 전할 수도, 그 아름다운 마음속에서 솟아나오는 아름다운 말도 할 수가 없게 되었다.

더 이상 노래를 할 수도 없었다.

그저 내 손을 꼭 잡은 채 입만 벌렸다 다물었다 할 뿐.

집으로 돌아가는 비행기 안에서 나는 수첩에 몇 문장을 적었다. 추도사를 써 달라는 부탁을 들어줘야 할 때가 가까워진 것 같아서, 나는 두려웠다.

### 렙의 설교 중에서

왜 이토록 예쁜 아이가, 앞으로 세상에 줄 것이 너무나도 많은 아이가 하늘나라로 가야 했느냐고 누군가 제게 묻는다면, 저는 마땅한 대답을 해 줄 수가 없습니다. 저도 그 이유는 알지 못하니까요.

유대교 전통에 따른 성서 해석을 읽어 보면, 최초의 인간인 아담은 원래 그 어떤 인간보다 오랫동안, 즉 1,000살까지 살게 되어 있었다고 합니다. 하지만 아담은 1,000살까지 살지 않았지요. 유대교의 스승들은 그 이유에 대해서 다음과 같은 이야기를 들려줍니다.

아담이 미래를 보게 해 달라고 하나님께 간청했습니다. 그러자 하나님께서 "나를 따라오너라." 하십니다. 하나님은 아담에게 천상에 있는 방들을 구경시켜 주십니다. 그곳에는 앞으로 세상에 태어날 영혼들이 자신의 차례를 기다리고 있었지요. 각각의 영혼은 불꽃 모양으로 타오르고 있었습니다. 아담이 보니 어떤 불꽃은 아름답게 타올랐고 어떤 불꽃은 희미하게 깜박이기만 했습니다.

그중에 유독 대단히 아름다운 불꽃 하나가 눈에 띄었습니다. 밝고 선명한 황금빛 오렌지색으로 강렬하게 타올라 보는 이의 마음마저 따뜻하게 만드는 불꽃이었지요. 아담이 말했습니다. "오, 주여, 저것은 분명 대단히 위대한 인간임이 분명하군요. 저 영혼은 언제 세상에 태어납니까?"

하나님이 대답하셨습니다. "아담아, 유감스럽지만 저 불꽃이 아름답기는 하나 그 영혼은 세상에 태어나지 않을 운명이노라. 죄를 범하고 타락할 운명이 예정되어 있나니. 그 영혼이 스스로의 존재를 더럽히는 일이 발생하지 않게 하기 위함이니라."

그러자 아담이 간청했습니다. "하지만 주여, 인간들에게는 그들을 가르치고 이끌어 줄 누군가가 필요합니다. 청컨대, 제 형제들에게서 그 일을 할 수 있는 성스럽고 위대한 존재를 빼앗지 마옵소서."

하나님이 부드러운 목소리로 대답하셨습니다. "이미 결정이 내려져 되돌릴 수 없느니라. 그 영혼에게 할당할 수 있는 수명 햇수가 남아 있지 않노라."

그러자 아담이 대담하게 이렇게 말했습니다. "주여, 제가 저 영혼에게 제 수명의 일부를 기꺼이 주겠다고 하면 어찌 하시겠습니까?"

"정 네 바람이 그렇다면, 그렇게 하도록 허락하겠다."

우리가 아는 바에 따르면 아담은 1,000살이 아니라 930살까지 살았습니다. 그리고 그로부터 길고 긴 세월이 흐른 후, 베들

레헴에서 한 아기가 태어났습니다. 그는 이스라엘 백성의 지도자가 되었고 아름다운 목소리로 노래하는 사람이었습니다. 그는 이스라엘 백성들을 이끌고 많은 가르침을 전한 뒤에 생을 마감했습니다. 그리고 성서를 보면 다윗 왕은 70년을 살고 나서 땅속에 묻혔습니다.

여러분, 사람은 왜 죽는가, 또 어떤 이는 왜 그토록 어린 나이에 죽는가 하는 물음이 때때로 우리에게 떠오릅니다. 그럴 때 저는 성서의 지혜로운 말씀에 의지합니다. 다윗은 당시에 비춰볼 때 그다지 오래 산 편은 아니었습니다. 하지만 그는 살아 있는 동안 사람들을 가르치고, 교훈을 주었으며, 시편과 같은 위대한 정신적 유산을 우리에게 남겼습니다. 우리가 장례식 때 낭독하곤 하는 시편 23장의 말씀을 읽어 보겠습니다.

"여호와는 나의 목자시니 내가 부족함이 없으리로다
그가 나를 푸른 초장에 누이시며
쉴 만한 물 가로 인도하시는도다
내 영혼을 소생시키시고……."

제 딸 리나가 아예 태어나지 않은 것보다는 리나와 4년을 함께 보낼 수 있었던 것이 더 낫지 않습니까?

봄

여름

가을

# 겨울

사람들이 한 중풍 병자를 네 사람에게 메워 가
지고 예수께로 올새, 무리를 인하여 예수께 데려
갈 수 없으므로 그 계신 곳의 지붕을 뜯어 구멍
을 내고 중풍 병자의 누운 상을 달아 내리니

- 마가복음 2장 3~4절

## 동지(冬至)

눈발이 세차게 휘날리는 어느 일요일 아침, 나는 헨리 목사의 교회를 찾아가 정문을 열고 현관홀로 들어섰다. 건물 안은 지독하게 추웠다. 그리고 아무도 보이지 않았다. 여전히 내 머리 위에는 지붕에 뚫린 구멍이 보였다. 파란색 방수 천이 바람에 펄럭거리는 소리가 들렸다. 그때 어디선가 오르간 소리가 들려왔다. 주위를 둘러봤지만 아무도 없었다.

"저기요, 이쪽으로." 낮은 목소리가 들렸다.

고개를 돌려보니 예전에 봤던 그 이마 넓은 남자가 예배당 한쪽에 있는 문 쪽으로 오라고 손짓을 했다. 나는 문을 들어선 순간 깜짝 놀라고 말았다.

그곳에는 일종의 임시 예배당이 만들어져 있었다. 임시 예배당의 가로 폭은 기다란 신도 좌석을 두 개쯤 이어 붙인 정도의 길이였고, 커다란 두꺼운 비닐을 나무 합판에 스테이플러로 고정시킨 것이 '벽'의 역할을 하고 있었다. 그걸 보니 아이들이 다락방에 만드는 요새가 떠올랐다. 머리 위에도 두꺼운 비닐이

처져 낮은 천장 역할을 하고 있었다.

추위와 싸우다 못해 어쩔 수 없이 교회 안에 비닐 천막을 친 것이 분명했다. 사람들은 좁은 의자에 몸을 움츠리고 앉아 있었다. 공간이 좁아서 덜 춥기는 했지만 다들 두꺼운 외투를 꼭꼭 여미고 있었다. 이제 헨리 목사는 일요일마다 이곳에서 예배를 집전한다고 했다.

널찍한 제단 대신 그는 조그만 임시 설교대에 섰다. 그의 뒤에는 높게 솟은 파이프오르간 대신 벽에 못으로 고정시킨 흑백 현수막이 걸려 있었다.

내가 비닐 천막 예배당에 들어가 뒷줄에 막 앉았을 때, 헨리 목사의 목소리가 들렸다.

"하나님, 감사드립니다. 희망의 주님, 당신께 감사와 찬양을 바칩니다. 예수님의 이름으로 비나이다. 아멘."

나는 교회 안을 둘러보았다. 구멍 뚫린 지붕과 가스 공급이 끊긴 건물, 비닐 천막 안에서의 기도. 이 교회가 완전히 사라지지 않고 과연 얼마나 버틸 수 있을까…….

그날 헨리 목사의 설교 주제는 과거의 일로 사람을 판단하는 행동에 관한 것이었다. 그는 먼저 습관을 떨쳐내 버리기가 얼마나 힘든지에 대해 말하기 시작했다. 특히 마약 중독에 대해서.

"저는 너무나도 잘 압니다. 수없이 맹세도 하지요. '절대, 다시는 손대지 않을 거야. 다음에 돈이 생기면 이것도 하고, 저것도 하고……' 그리고 가족들에게도 약속합니다. '내가 잠시 잘못 판단한 거야. 하지만 곧 원래대로 돌아올 거야.'"

"아멘!"

"하지만 막상 돈이 손에 들어오면 그 모든 맹세와 약속들은 저 창밖으로 훨훨 날아가 버립니다."

"오오!"

"이제 그런 자기 자신에게 넌더리가 나는 일에도 넌더리가 납니다."

"넌더리가 나요!"

"하지만 하나님 앞에서 인정해야 하는 순간이 옵니다. 주여, 지겹도록 나를 괴롭히는 이 약물은 저보다 더 강합니다. 중독자 치료 프로그램보다도, 교회의 목사님보다도 더 힘이 셉니다. 주여, 제게는 당신이 필요합니다. 주여, 당신이 필요합니다."

그는 천천히 손뼉을 치기 시작했다.

"스모키 로빈슨(Smokey Robinson, 미국의 유명한 흑인 가수이자 프로듀서-옮긴이)의 노랫말을 떠올려 보십시오."

그는 스모키 로빈슨의 '당신은 완전히 나를 사로잡았어요

〈You Really Got a Hold on Me〉' 중 한 소절을 불렀다.

그리고 다시 설교로 돌아왔다.

"슈퍼마켓에 가서 식료품들을 삽니다. 그런데 '그 물건'을 가진 누군가가 눈앞에 나타나면 또다시 마음이 흔들리지요. 70달러나 주고 산 식료품들을 전부 줘 버립니다. 20달러어치 약을 준다 해도……"

"15달러어치도요!"

"그렇습니다. 15달러어치라도……. 맞아요, 온몸의 세포가 마약을 갈망하기 시작하면 그렇게 되지요. 하지만 저는 누구보다도 잘 압니다. 그것에 빠져 있을 때의 삶이 어떤 것인지, 또 그것에서 빠져나오고 난 후의 삶이 어떤 것인지 말입니다."

"아멘!"

"우리는 그것과 맞서 싸워야 합니다. 나 혼자만 끊고 깨끗해지는 것으로는 충분하지 않습니다. 옆에 있는 누군가가 이겨 내려 노력하고 있다면 그를 믿어 주고 도와줘야 합니다."

"아멘, 목사님!"

"사도행전에서 우리는 사도 바울의 이야기를 읽을 수 있습니다. 그가 기독교로 개종한 이후에도 사람들은 그를 믿지 못합니다. 과거에 기독교를 박해했던 사람이 이제 반대로 예수를 찬미하고 있으니 말입니다. 사람들은 '정말 저 사람이 바울이란 말인가? 그럴 리가 없어!' 하고 의심합니다. 많은 사람들이 상대방의 과거에만 주목합니다. 그래서 인정하지 못합니다. 저와 같은 성직자들이 사람들을 섬기고 사역을 행하며 부딪치는 커다란 어려움 가운데 하나는, 사람들이 우리가 주님을 만나기 전에 살았던 삶만을 바라본다는 점입니다."

"맞습니다!"

"바울도 그랬습니다. 사람들은 바울이 예수님의 사람이라는 것을 믿지 못했습니다. 그들은 바울의 과거만을 보았기 때문입니다. 그리고 우리도 스스로의 과거에 묶여 살아가면 하나님의 뜻은 보지 못합니다. 그분이 무엇을 이루어 주실 수 있는지 보지 못하고, 우리 삶에 일어나는 변화를 보지 못합니다."

"아멘!"

"사람들은 제게 말합니다. '목사님은 참 좋은 분이세요.' 그럼 저는 이렇게 대답합니다. '그런 사람이 되려고 노력합니다.' 하지만 제 과거의 삶을 아는 어떤 사람들은—뉴욕에 갈 때마다 그런 사람들을 만나지요—내가 목사가 되었다고 하면 이렇게 말합니다. '보수를 받으니까 목사가 됐겠지. 난 알아, 돈을 받으니까 그런 일을 한다는 거. 난 알아.'"

그는 잠시 멈췄다. 그리고 낮은 목소리로 말을 이었다.

"나는 그들에게 말합니다. '아닙니다, 보수 같은 건 받지 않습니다. 당신은 '과거의' 나를 알지요. 과거의 내 모습을 말입니다. 하지만 내가 어떤 사람이 되려고 노력하는지는 알지 못합니다.'"

뒷자리에 앉아 있던 나는 당황스러움과 창피함이 뒤섞인 묘한 기분에 휩싸였다. 사실 나도 헨리에 대해 그런 생각을 품고 반신반의했기 때문이다. 나는 혹시 그가 뉴욕에 가서 옛날 친구들을 만나면 웃으면서 "나 이제 잘나간다니까!"라고 말하고 다니는 게 아닐까 하고 생각하기도 했다. 하지만 지금 그는 비닐 천막 안에서 예배를 집전하고 있지 않은가.

"지금 여러분은 과거의 여러분이 아닙니다!" 그가 신도석에 앉아 있는 사람들에게 말했다.

설교를 들으면서 마치 그 설교가 내 귀에만 대고 외쳐지는 것 같은 기분이 들어본 적이 있는가? 그런 기분이 드는 것은 대개 설교자 때문이 아니라 바로 자기 자신 때문이다.

## 12월
### 선과 악

나는 렙이 병마에도 불구하고 오랜 시간 잘 버텨 왔으므로 어떤 병이라도 이겨 낼 수 있을 것이라고 믿었다. 하지만 그가 그것들을 모두 감당하기는 버거웠던 모양이다.

그를 의자에 꼼짝없이 앉아서 말도 제대로 하지 못할 정도의 상태로 만든 원인은 뇌졸중도, 심장 발작도 아니었다. 그보다는 여러 가지 질환과 동시에 싸우는 과정에서 일어난 비극적인 결과였다. 의사들로부터 이런저런 처방들을 함께 받다 보니, 렙의 다일랜틴 복용량이—아이러니하게도 이 약은 발작을 제어하기 위한 것이었다—의도치 않게 너무 많아져서 오히려 그를 공격하게 된 것이었다.

간단히 말해, 약이 그를 인간 허수아비로 만든 것이다.

다행히 문제의 원인이 발견되어—끔찍한 몇 개월을 보낸 후였다—투약량을 즉시 조정했고, 시간이 지나자 렙은 인사불성에 가까운 상태에서 벗어날 수 있었다.

처음에 이 소식을 내게 알려온 사람은 길라였다. 그리고 뒤이어 사라도 전화를 걸어왔다.

그들은 하나같이 이렇게 말했다. "믿기지가 않아요. 정말 몰라보게 달라졌어요……"

몇 개월 만에 들어 보는 밝은 목소리였다. 마치 아침에 깨어나 뒤뜰에 때 이른 봄꽃이 활짝 핀 것을 발견한 것처럼. 나는 비행기를 타고 뉴저지로 날아갔다. 렙의 집에 들어서서 그의 모습을 보았을 때의 그 기분이란! 내 필력으로는 도저히 그것을 정확히 표현할 수가 없다. 몇 년 동안 혼수상태에 빠져 있던 환자가 어느 날 갑자기 깨어나서 초콜릿 케이크가 먹고 싶다고 했다는 이야기를 읽은 적이 있다. 도저히 믿기지 않는다는 표정을 한 가족들을 앞에 두고. 내 기분이 꼭 그랬다.

렙은 주머니가 잔뜩 달린 조끼를 입고 의자에 앉아, 나를 향해 몸을 돌리면서 마른 팔을 앞으로 뻗었다. 따뜻한 햇살과 같은 미소를 짓는 눈가에 주름이 더 깊게 패였다.

"어서 오게, 친구!" 그가 아이처럼 외쳤다.

솔직히 말해, 나는 죽었던 사람이 다시 돌아온 것을 보는 기분이었다.

어떠셨어요? 의자에 앉고 분위기가 차분해진 다음에 내가 물었다.

"안개 속에 있는 것 같았어. 깜깜한 동굴 속에 있는 기분. 나는 여기 있었지만, 있는 게 아니었지."

혹시 이런 생각이 드셨나요? 그러니까…….

"마지막이란 생각?"

네.

"가끔은 그랬어."

그럴 때 어떤 생각을 하셨어요?

"대개는 가족들에 대해 생각했지. 그들이 걱정하지 않고 편안하게 마음을 먹었으면 좋겠다고 생각했어. 하지만 내가 도와줄 방법은 없었지."

랍비님 때문에 정말 얼마나 놀랐는지 몰라요. 저뿐 아니라 모두 다.

"미안하게 됐네."

아니에요. 랍비님 잘못이 아니잖아요.

"미치, 나는 왜 이런 일이 일어났을까 하고 생각해 봤어." 그는 손으로 턱을 문질렀다. "왜 내가 살아났는지 말일세. 사실 몇 밀리……"

밀리그램이요?

"맞아. 몇 밀리그램만 더 복용했어도, 어쩌면 영영 회복되지 못했을 수도 있어."

화가 나진 않으세요?

그는 어깨를 으쓱했다. "물론 기분이 좋진 않아. 기분이 어떠냐고 굳이 묻는다면 말이야. 하지만 난 의사들도 나름대로 최선을 다했을 거라고 믿네."

그런 상황을 어떻게 그토록 침착하게 받아들일 수 있을까. 다른 사람들 같으면 아마 십중팔구 변호사를 찾아갔을 것이다. 하지만 하늘이 그를 살리신 이유가 있다면, 소송을 제기하라고 그렇게 하신 것은 아니실 것이라고 렙은 믿는 것 같았다.

"내가 아직 세상에 더 줄 게 남아 있는 모양이지." 그가 말했다.

받으실 것들이 남아 있으실 수도 있지요.

"베풀면, 받게 되어 있다네."

나는 또 렙한테 한 방 먹었다.

그는 그렇게 진부하게 느껴지는 진리를 믿는 분이었다. 그는 남을 도울 수 있을 때 정말로 행복해했다. 하지만 나는 '하나님의 아들'에게는 별다른 선택권이 없을 것이라고 생각했다. 성직에 종사하는 사람은 링컨 대통령이 '우리 인간의 선한 능력'이라고 말한 그런 품성을 당연히 추구해야 하는 것 아닌가.

하지만 세상엔 그와 반대편에 있는 사람도 많다. 나폴레옹은 종교가 "가난한 사람들이 부자들을 죽이지 못하게 만든다"고 말했다. 즉, 하나님을 두려워하지 않아도 되면-또는 지옥에 떨어지는 벌을 받을 일이 없다면-사람들은 수단을 가리지 않고 원하는 것을 취할 것이라는 뜻이다.

뉴스와 신문을 보면 그런 사람들이 넘쳐난다. 최근에도 인도에서 열차 폭탄 테러가 일어났고, 엔론(Enron) 사건으로 탐욕스러운 고위 경영인들이 유죄 판결을 받았으며, 아미쉬 마을의 학교에서는 트럭 운전사가 총을 난사하여 소녀 다섯 명이 죽었고, 한 캘리포니아 하원의원은 수백만 달러의 뇌물을 받은 혐의로 감옥에 갔다.

나는 렙에게 물었다. 인간의 본성이 악하다는 말이 정말일까요?

"아니야. 인간은 본래 선하네."

인간들은 정말 선한 능력을 갖고 있다고요?

"그래. 내면 깊은 곳에."

그렇다면 사람들은 왜 그토록 많은 악행을 저지를까요?

그는 한숨을 내쉬었다. "하나님이 우리에게 주신 자유 의지 때문이야. 사람들은 때로는 그 '선택할 수 있는 자유'를 너무 남용하지. 하나님은 인간이 아름다운 세상을 만드는 데 필요한 모든 능력을 주셨어. 단, 지혜로운 선택을 내려야만 그런 세상을 만들 수 있지. 그런데 우리 인간은 나쁘고 악한 선택도 할 수 있어. 그래서 끔찍하게 세상을 망쳐 버릴 수 있는 거야."

선한 사람이 악인으로 변할 수도 있을까요?

렙은 천천히 고개를 끄덕였다. "그리고 그 반대도 가능하지."

우리는 수 세기 동안 '인간의 본성이 무엇인가?'라는 문제와 씨름해 왔다. 만일 어린아이가 외부와의 접촉 없이, 즉 사회와 언론과 인간관계 같은 모든 것과 단절된 채 자란다면, 과연 선량하고 자비로운 성인이 될까? 아니면 자기 자신의 생존과 이익만을 돌보는 야생적이고 흉포한 사람이 될까?

우리로선 그 답을 알기 힘들다. 적어도 늑대 무리 사이에서 자라나지는 않으니까. 하지만 우리는 서로 부딪치는 상충된 욕구들 사이에서 늘 갈등한다. 기독교에서는 사탄이 인간을 유혹하고 꾄다고 믿고, 힌두교에서는 악을 삶의 균형을 깨뜨리는 요인으로 본다. 유대교에서는 인간의 선량한 성향과 악한 성향이 늘 대립되어 싸운다고 말한다. 또 악한 성향은 처음에는 거미줄처럼 가늘고 연약하지만, 그것을 계속 자라도록 내버려두면 수레를 이끄는 밧줄처럼 두껍고 튼튼해진다고 설명한다.

언젠가 렙은 설교에서 우리에게 이렇게 말했다. 자유 의지를 가진 인간이 어떻게 사용하고 행동하느냐에 따라 같은 대상이 선한 것도, 악한 것도 될 수 있다고 말이다. 말로써 축복을 내릴 수도 있지만 말로써 저주를 퍼부을 수도 있다. 돈은 우리를 구해 주기도 하지만 우리를 파멸시키기도 한다. 과학은 우리를 치유할 수도, 죽일 수도 있다. 심지어 자연도 우리에게 좋은 존재가 될 수도, 나쁜 존재가 될 수도 있다. 불은 우리를 따뜻하게 해 주지만 전부 태워 버릴 수도 있다. 물은 생명을 유지하게 하지만, 전부 휩쓸어 버릴 수도 있다.

"하지만 창세기 그 어디에도 '악'이라는 단어는 나오지 않네. 하나님은 악한 존재를 창조하지 않으셨어." 렙이 말했다.

그럼 하나님이 그걸 우리에게 맡기신 걸까요?

"그렇지. 때때로 하나님은 저 위에서 주먹을 불끈 쥐시면서 이렇게 말씀하실 거야. '아아, 제발 그 일을 하지 말거라. 그러면 안 돼. 그러면 커다란 곤경에 빠질 것이야.' 아마 사람들은 이렇게 말할지도 모르지. '그렇다면 왜 하나님이 나서지 않으시는 거죠? 왜 악하고 나쁜 것들을 모두 없애 버리고 선한 것만 남겨 두시지 않는 거죠?'"

"그 이유는, 태초에 하나님께서 이렇게 말씀하셨기 때문이라네. '이 세상을 너희 인간의 손에 맡길 것이다. 내가 모든 것을 관장한다면 그것은 너희들의 세상이 아니니라.' 인간은 내면에 선한 신성을 가진 채 창조되었지만 자유 의지라는 것도 함께 갖게 되었지. 아마 하나님은 매일 우리를 지켜보고 계실 거야. 우리가 올바른 선택을 하길 기도하시면서."

하나님도 기도를 하실까요?

렙은 빙그레 웃었다.

"나는 기도와 하나님이 떼려야 뗄 수 없는 관계라고 생각하네."

나는 잠시 렙의 얼굴을 응시했다. 이야기와 분석과 농담을 버무려서 말하는 그 놀라운 능력에 감탄하면서. 몇 주 전만 해도, 렙 때문에 모두가 초조하게 손을 꼭 쥐고 기도했으며 눈물을 흘렸다. 하지만 이제 그는 원래의 모습을 되찾았다. 렙의 딸은 기적이라고 했다. 어쩌면 그녀의 말이 맞는지도 모른다. 나 역시 렙의 상태가 호전되어 안심이었다. 추도사 숙제를 할 시간을 더 번 셈이었으니까.

밖에서 빵빵거리는 소리가 들렸다. 택시가 벌써 도착해 있었던 모양이다.

렙이 자리를 마무리하며 말했다. "자, 내 최근 삶에 대한 이야기는 여기까지야."

나는 의자에서 일어났다. 그리고 팔을 벌려 렙을 안았다. 평소보다 더 세게.

이제 또 놀라게 만드시는 일 없기예요?

"음……." 렙은 웃으면서 엄지손가락으로 하늘을 가리켰다. "그건 내 보스한테 물어봐야 할걸?"

## 카스의 삶

'내 최근 삶에 대한 이야기', 마음에 드는 표현이었다. '내 삶에 대한 이야기'보다 더 적절한 표현이다. 우리는 태어나서 죽을 때까지 수많은 다른 삶의 순간들을 거치기 때문이다. 어린 시절의 삶. 성인이 된 후의 삶. 방황하고, 정착하고, 사랑에 빠지고, 스스로 한 약속들이 흔들리기도 하는 순간들. 부모로서의 삶. 우리 존재의 유한성을 깨닫는 순간. 그리고 운이 좋은 경우에는, 그 깨달음 뒤에 무언가를 실천하는 삶.

렙은 그 실천하는 삶을 사신 분이다.

그리고 그런 삶을 산 사람이 또 있다.

헨리 목사를 말하는 것이 아니다. 물론 헨리도 그런 삶을 살고 있기는 하지만.

내가 말하고자 하는 사람은 헨리의 믿음직한 외발 장로인 카스 장로다. 툭하면 자기 이야기도 들어달라고 하던 그의 이야기를 드디어 듣게 되었다. 어느 추운 밤, 난방도 안 되는 교회의 비닐 천막 안에서 그는 말했다. "미치 선생님, 제 이야기를 들어 보세요."

카스는 전혀 상상하기 힘든 과거를 갖고 있었다. 대가족 집안에서 자랐고 한때 뛰어난 운동선수였던 그는, 군대에 입대하고 돌아온 후에 마약상이 되었다고 했다.

"하지만 거기까지의 얘기에는 별것 없습니다. 제가 들려드리고 싶은 이야기는 이거예요."

아래에 소개하는 내용이 바로 그의 '최근 삶'에 대한 이야기다.

"18년 전에 —그때는 두 다리가 멀쩡했습니다— 저는 '스위트 하트 바'라는 곳에서 칼을 맞았습니다. 고객한테 마약을 팔러 갔는데 두 사내가 들어오더군요. 그중 한 녀석은 뒤에서 저를 단단히 붙잡고, 또 다른 녀석은 제가 가진 마약을 빼앗은 다음 절 칼로 찔렀어요. 병원에 바로 실려 갔지만 사경을 헤맸답니다. 피가 아주 그냥 콸콸 쏟아졌어요. 의사는 그날 밤만 넘겨도 운이 좋은 거라고 말했는데, 다행히 살아났죠. 그리고 병원에서 나온 다음, 다시 마약 일로 돌아갔어요."

"그리고 얼마 안 돼서 마약 때문에 붙잡혀서 교도소 신세를 지게 됐습니다. 3년 살았죠. 거기 있는 동안 이슬람교를 믿었어요. 이슬람에서 신체와 정신의 깨끗한 청결을 강조하는 점이 마음에 들었거든요. 감방 동료인 우슐이라는 사내가 기도 매트 위에서 '알라후 아크바르('알라는 위대하시다'라는 뜻—옮긴이)' 하며 하루에 다섯 번 기도하는 방법도 가르쳐 줬지요."

"그런데 그 우슐이라는 사내는 기도가 전부 끝난 후에 '예수님의 이름으로 아멘.'이라고 덧붙이더군요. 그 이유가 궁금하기에 왜 그렇게 하느냐고 어느 날 물어봤지요. 그가 대답하더군요. '나는 이곳에서 이슬람을 믿지만 바깥 세상에 있는 우리 가족들은 기독교도야. 죽은 다음에 알라가 있는지 예수 그리스도가 있는지는 나도 몰라. 누가 됐든 믿으려고 노력하고 있을 뿐이라고. 내 말 알겠어? 나는 고향에 다시는 돌아가지 못할 몸이라네, 카스. 이곳에서 삶의 마지막 순간을 맞을 거라고.'"

"저는 감옥에서 나왔지만, 전과자가 뭐 별 수 있겠습니까. 신이고 뭐고, 다시 마약 세계로 돌아갔습니다. 크랙 코카인, 환각제, 마리화나 같은 것들 말입니다. 돈도 전부 탕진했어요. 갈 곳이 없어서 어린 시절 제가 살았던 제프리스 주택 단지로 가봤습니다. 이제 사람들이 살지 않는 그곳은 여기저기 부서진 채 버려져 있더군요. 단지 안의 한 건물로 들어가 한쪽 구석에서 잠을 잤습니다. 그게 노숙자 생활이 시작된 첫날밤이었어요."

나는 중간 중간 고개를 끄덕이며 그의 이야기를 들었다. 결국 무슨 이야기를 하고 싶은 것인지 아직까지는 당최 알 수가 없었다. 안경 쓴 얼굴에 귀까지 덮이도록 모자를 눌러 쓰고 희끄무레한 턱수염까지 자란 모습에서는 얼핏 예술가 분위기도 풍겼다. 나이 지긋한 재즈 연주가 느낌이랄까. 하지만 낡고 허름한 갈색 재킷과 한쪽이 잘린 다리는 그의 현실을 다시 상기시켰다. 입을 열고 말할 때마다 마치 누렇고 성긴 울타리처럼 생긴, 잇몸에 붙어 있는 몇 안 되는 치아가 보였다.

카스는 이야기를 끝까지 들려주고자 하는 의지가 강해 보였다. 나는 언 손을 녹이기 위해 양 손바닥을 문지르며 말했다. "계속하세요." 입에서 하얀 김이 수증기처럼 나왔다. 교회 안은 그 정도로 추웠다.

"저는 그 버려진 주택 단지에서 지내다가 몇 번이나 죽을 뻔했습니다. 한번은 밤늦게 돌아와서 건물 안으로 들어갔는데, 누군가가 제 머리를 총으로 세게 내리치는 바람에 머리통이 찢어졌습니다. 이유도 모른 채 날벼락을 당한 거죠. 놈들은 피를 흘리며 죽어 가는 저를 그대로 놔두고 떠났어요. 제 바지도 벗기고 주머니에 있던 것까지 몽땅 털어 갔죠."

카스는 앞으로 몸을 숙이고는 모자를 벗었다. 머리에 10센티미터 가까이 되는 흉터가 있었다.

"보이십니까?" 그는 다시 모자를 썼다.

"그런 삶을 살다 보면 말입니다, 밤마다 마약을 하든지 술에 절어 취해 있든지, 뭐 그럴 수밖에 없습니다. 아무데도 갈 곳이 없는 비참한 현실을 견디려면요. 저는 별의별 짓을 다 해서 돈을 구했습니다. 술집의 쓰레기를 치워 주고, 길거리에서 구걸도 했죠. 아, 물론 도둑질도 했습니다. 하키 팀이나 야구 팀 선수들이 한창 경기하고 있을 때, 라커룸 같은 데 몰래 들어가서 슬쩍하는 거죠. 옷차림이 그럭저럭 괜찮은 날엔 손을 흔들어 지나가는 차를 세워 탄 다음 '당장 차 세워!' 하며 협박도 하고요. 그렇게 돈을 뜯어낸 다음에는 보금자리인 제프리스 주택 단지로 돌아가서 약에 취했습니다."

문득 그런 생각이 들었다. 내가 찾아갔던 그 수많은 하키 경기장이나 야구장에서 카스를 만났더라면 그에게 몇 달러쯤 쥐어 줬을지도 모른다.

"노숙자 생활을 한 지 5년쯤 됐을 때였습니다. 여기저기 있는 버려진 건물들을 찾아다니며 잠을 잤지요. 하루는 비가 오는 추운 겨울밤이었는데, 버스정류장에서 자다가 거의 얼어 죽을 뻔했습니다. 그날은 정말 갈 곳이 없었거든요. 배도 고파 죽을 지경이었어요. 뱃가죽이 등에 달라붙을 것만 같았죠."

"저한텐 바지가 두 벌 있었는데 그것들을 전부 입고 있었고, 세 벌이었던 셔츠도 모두 겹쳐서 껴입었어요. 한 벌 있던 회색 코트는 베개 겸 담요로 썼지요. 딱 한 켤레뿐이던 컨버스 운동화에는 구멍이 너무 많이 나 있었죠. 심한 악취를 없애려고 발에다 베이킹 소다를 잔뜩 바르곤 했습니다."

베이킹 소다는 어떻게 구하셨어요?

"에이, 크랙 코카인 하는 사람이라면 다 갖고 있어요! 크랙 만들 때 필요하거든요. 필수품 같은 거죠."

나는 바보 같은 질문을 한 것 같아 조금 멋쩍어졌다. "그러다가 뉴욕에서 왔다는 헨리 코빙턴이라는 목사 이야기를 듣게 됐어요. 그는 오래된 검정색 세단을 몰고 이 동네를 자주 돌아다녔지요. 교회 목사라기에, 우리는 그를 '레비 렙'이라고 불렀답니다[목사 앞에 붙이는 경칭인 '렙(Rev.)'에 발음이 비슷한 '레비(Rebbey)'라는 말을 붙여 친근한 별명으로 부른 것-옮긴이]."

레비 뭐라고요?

"렙이요."

카스는 눈을 가늘게 뜨며 몸을 앞으로 기울였다. 마치 지금까지 한 모든 이야기는 도입부에 불과하다는 듯한 표정으로.

"렙은 매일 자동차에 음식을 싣고 나타났어요. 야채와 우유, 주스, 고기 같은 것들 말입니다. 그리고 배고픈 사람이면 누구나 먹을 수 있도록 그것을 나눠 주었습니다. 그가 한번 차를 세우면 사오십 명은 줄을 섰어요."

"그는 사람들에게 아무것도 요구하지 않았습니다. 그리고 항상 마지막에 '잊지 마십시오. 예수님은 여러분을 사랑하십니다.'라고 말했지요. 하지만 노숙자들은 그런 얘기엔 별로 관심이 없습니다. 예수님이 어쩌고 한들, 어차피 허름하고 텅 빈 폐건물로 다시 돌아가서 살아야 하니까요."

"얼마 시간이 지나니까 헨리 목사님은 푸드뱅크(food bank, 유통이나 판매, 소비 단계에서 남는 식품들을 제공받아 복지 시설이나 개인 등에게 무상으로 제공하는 사회 복지 운동 또는 그 활동을 하는 단체-옮긴이) 단체들에서 음식을 가져와서, 그의 집 옆에 있는 공터에서 사람들에게 나눠 주기 시작했습니다. 몇 블록씩 떨어진 곳의 노숙자들도 음식을 얻으러 찾아갔지요. 커다란 그릇을 가져오기도 하고, 운이 좋아 숟가락을 가진 사람은 그것도 들고 오고요. 비닐봉지밖에 없는 사람들은 음식을 받아다가 그냥 손으로 집어 먹었어요."

"목사님은 자기 집 앞에서 간단한 예배를 진행하기도 했어요. 음식에 대한 감사 기도를 올리고, 하나님께 감사하는 내용으로요."

집 앞에서요? 바깥에서 말입니까?

"네. 우리는 곧 목사님을 좋아하게 되었답니다. 멀리서 그가 오는 모습이 보이면, 우린 이렇게 말하곤 했어요. '레비 렙이 오서. 어서 마약을 숨겨. 술도!' 목사님은 우리에게 약간의 돈을 주면서 트럭에서 칠면조, 빵, 오렌지 주스 같은 음식들을 내리는 걸 도와달라고 했지요. 저는 친구 녀석이랑 둘이서 우리만의 시스템을 개발했답니다. 교회에 들어갈 빵은 한 개, 우리가 가질 빵은 두 개 하는 식으로 음식을 빼돌리는 것 말이죠. 그렇게 몰래 챙긴 우리 몫은 나무 덤불 속에 숨겨 놨다가 나중에 찾으러 갔어요. 목사님은 이렇게 말씀하셨습니다. '카스, 먹을 건 충분한가? 필요한 만큼 가져가게.' 아무렇지 않게 따뜻하게 말씀하셨지만, 알고 보니 목사님은 제가 하는 짓을 다 알고 계셨습니다. 정말 부끄러워서 죽는 줄 알았지요."

"어느 날 밤, 제 보금자리인 버려진 건물 안에서 약에 취해 있는데 밖에서 목사님이 제 이름을 부르는 소리가 들렸습니다. 전 창피했지만 밖으로 나갔지요. 거기까지 찾아오시다니, 정말 깜짝 놀랐습니다. 목사님은 다음 날 집 앞 잔디를 좀 손봐야 하는데 도와줄 수 있겠느냐고 물으셨어요. 저는 그러겠다고 했습니다. 그러자 목사님은 제게 10달러를 주시면서 그럼 내일 보자고 하셨습니다. 목사님이 가고 나서, 당장이라도 달려가서 마약을 더 사 오고 싶었습니다. 하지만 그분이 주신 돈을 그렇게 써서는 안 되겠더라고요. 그래서 슈퍼마켓에 가서 고기랑 크래커 같은 것을 잔뜩 사서 돈을 다 써 버렸어요. 마약을 살 수 없도록 말이죠.'"

"그날 밤에 또 다른 일이 있었습니다. 그 건물 안에서 지내는 또 다른 사내가 있었는데, 제가 잠들어 있는 사이 녀석이 세면대랑 싱크대 밑에 있는 파이프를 전부 훔쳐 가 버렸어요. 고철상에 팔아서 몇 푼이라도 벌려는 속셈이었지요. 그러자 사방에서 물이 새고 넘치기 시작했어요. 아침에 일어나 보니 사방이 온통 물바다지 뭡니까! 제 몸뚱이는 말할 것도 없고요.'"

"몇 벌 안 되지만 가지고 있던 옷은 그래서 전부 못쓰게 되었습니다. 저는 목사님 집에 찾아가서 이렇게 말했지요. '죄송합니다, 목사님. 오늘 목사님 일을 도와드릴 수가 없어요. 옷이고 뭐고, 가진 게 전부 엉망이 되었거든요.' 그리고 파이프를 뜯어서 도망친 녀석을 마구 욕했지요. 그랬더니 목사님은 이렇게 말씀하셨어요. '화내지 말게. 자네보다 훨씬 나쁜 상황에 처한 사람도 많아.'"

"그리고 제게 교회로 가 보라고 하시더군요. '교회 2층에 올라가 보면 옷들이 좀 있을 거야. 필요한 걸 골라서 입도록 하게.' 저는 목사님 말씀대로 했어요. 정말 얼마 만에 깨끗한 속옷을 입어 보았는지! 깨끗한 양말도, 셔츠도요. 목사님 집을 다시 찾아갔더니, 이렇게 물으시더군요. '이제 어디에서 지낼 건가?' '모르겠습니다. 제가 살던 곳은 물 때문에 완전히 엉망이 되어서…….' 목사님은 방으로 들어가서 사모님과 이야기를 나누시더니, 다시 나와서 제게 말씀하셨어요. '우리랑 여기서 함께 지내면 어떨까?'"

"저는 너무나 깜짝 놀랐습니다. 나는 이분을 위해서 해 드린 게 거의 없을 뿐 아니라 심지어 음식까지도 슬쩍했는데……. 그런데 이런 나를?"

"목사님이 말씀하셨어요. '좀 생각해 봐야 할 것 같은가?' 전 이렇게 대답했습니다. '생각해 보고 말고 할 게 뭐가 있겠습니까? 갈 곳 없는 노숙자 신세인데요.'"

헨리 목사님은 저한테 이런 얘길 해 주신 적이 없어요. 내가 말했다.

"그래서 제가 들려드리는 겁니다. 그날 밤부터 저는 목사님 댁에서 지내기 시작했습니다. 한 1년쯤 그곳에서 살았어요. 1년이나. 목사님 댁의 1층에 있는 큰 방의 긴 소파에서 잠을 잤습니다. 목사님 가족분들은 2층을 썼거든요. 어린아이들도 있었어요. 저는 생각했어요. 나를 잘 알지도 못하는데, 내가 어떤 사람인지도 모르는데 나를 믿어 주시다니."

그는 고개를 가로저으면서 먼 곳으로 시선을 던졌다.

"그분의 친절함과 인자함이 내 삶을 구원했습니다."

우리는 잠시 말없이 앉아 있었다. 헨리 목사 교회의 외발 장로에 대해서 많은 것을 알게 된 직후였다.

하지만 이런 이야기들을 왜 내게 하는지, 나는 여전히 그 이유를 알 수 없었다.

 카스가 말했다.

"미치 선생님이 헨리 목사님을 어떤 시선으로 바라보시는지 압니다. 여기 자주 오셨잖아요. 아마 목사님은 선생님이 평소에 생각하던 그런 목사가 아닐 겁니다. 하지만 저는 말입니다, 하나님께서 이 목사님을 통해 제게 두 번째 기회를 주셨다고 확신합니다. 제가 죽으면 예수님은 하나님과 저 사이에 서 주실 거고, 제 이야기를 들어 주실 거고, 또 따뜻한 목소리로 말씀하실 겁니다. '그래, 나는 너를 다 안다.' 그리고 분명히 헨리 목사님의 경우도 마찬가지일 겁니다."

하지만 헨리 목사님은 과거에 나쁜 죄를 저질렀잖습니까.

"그랬죠. 저도 역시 그랬고요. 하지만 하나님은 나와 다른 사람을 비교해서 판단하시지 않아요. 그분은 사람을 '그 사람 자체'로 판단하시죠."

"착하게만 살았고, 그다지 나쁘다고 할 수는 없는 작은 잘못을 저지르며 산 사람이 있다고 가정해 보지요. 하나님은 그 사람이 착하게 살 수밖에 없는 환경에 태어나게 하셨기 때문에 그 사람이 나쁜 짓을 저지르면 실망하십니다. 반면 헨리 목사님이나 저처럼 나쁜 짓만 하며 산 사람, 온통 나쁜 환경에 둘러싸여 산 사람이 있다고 쳐요. 그런 사람이 좋은 일을 행하면, 하나님은 대단히 기뻐하십니다."

그가 미소를 짓자 듬성듬성한 앞니가 드러났다. 그제야 나는 깨달았다. 그가 왜 그토록 자신의 삶 이야기를 내게 들려주고 싶어 했는지.

그것은 단순히 카스 자신만의 이야기가 아니었다.

정말로 헨리 목사님을 '렙'이라고 불렀습니까?

"네. 그런데 그건 왜요?"

아, 아무것도 아닙니다. 나는 대충 얼버무렸다.

세상에 용서로 이룰 수 없는 것이 무엇이 있으랴?

— 비두라(Vidura, 인도의 대서사시 '마하바라타'에 등장하는 인물-옮긴이)

## 용서 구하기

크리스마스가 불과 몇 주 앞으로 다가왔다. 나는 호주머니에 양손을 넣고 렙의 집 현관을 향해 걸어갔다. 몇 주 전 렙은 가슴속에 인공 심장 박동기를 부착했다. 다행히 렙은 그 모든 과정을 순조롭게 버텨냈지만, 지금 생각해 보면 그것이 아마 최후의 방책이었던 것 같다. 렙의 건강은 서서히 약해지고 있었다. 마치 풍선에서 천천히, 조금씩 바람이 새어 나가는 것처럼. 이제 아흔 살 생일도 지나갔다. 렙은 "아흔 살까지는 내가 대장이었지만 이제부터는 너희들 마음대로 해도 좋다."라며 손자들에게 농담도 했다.

아흔 살까지가 한계였던 것일까. 그는 식사량도 현격히 줄었다(그의 한 끼 식사는 토스트 한 쪽과 과일이 전부였다). 그리고 이따금 집 앞 잔디를 걷는 것이 가장 큰 운동이었다. 여전히 힌두교 간병인 틸라가 그를 차에 태워 예배당에 데려다 주었다. 사람들이 그가 차에서 내려 휠체어에 옮겨 앉는 것을 도와주었고, 렙은 회당 여기저기를 뛰어다니는 아이들과 인사도 나누었다. 마트에서는 쇼핑 카트를 보행기 대신 밀고 다니며 몸의 균형을 잡곤 했다. 렙은 시장 보러 나온 다른 사람들과 담소를 나누었다. 그리고 – 대공황 시절에 생긴 습관대로 – 언제나 '50퍼센트

할인 판매' 코너에 있는 빵과 케이크만 샀다. 틸라가 이해가 안 간다는 듯한 표정으로 쳐다보면 그는 이렇게 말했다. "할인이 꼭 필요해서 그러는 게 아니야. 반값에 준다는데 왜 안 받아!"

렙은 늘 밝고 명랑한 분이었고 하나님이 만드신 근사한 작품이었다. 그런 그가 무너지는 모습을 보는 것은 결코 유쾌한 일이 아니었다.

렙의 서재에서 나는 그가 박스들을 정리하고 옮기는 일을 도왔다. 렙은 남겨 두고 떠나면 속상할 것 같다면서 내게 책 몇 권을 가지라고 주었다. 나는 그가 상자와 파일들 사이를 옮겨 다니는 모습을 지켜보았다. 한참을 바라보다가, 뭔가를 떠올리는 듯하다가, 손에 든 것을 내려놓고 다른 파일이 있는 곳으로 옮겨 가는 모습을. 천국으로 가기 전에 짐을 꾸리는 모습은 누구나 똑같으리라. 모든 것을 만져 볼 수는 있지만 아무것도 갖고 가지는 못하는 법……. 

혹시 용서해 줘야 하는 사람들이 있으세요? 내가 렙에게 물었다.

"이미 다 용서했다네."

전부 다요?

"그래."

사람들도 랍비님을 용서했나요?

"그러길 바라지. 용서를 구하기는 했어."

그는 먼 곳으로 시선을 던졌다.

"유대교에서는 말일세, 장례식에 가면 관 옆에 서서 죽은 자에게 청하지. '내가 한 모든 행동을 용서해 달라'고 말이야."

렙은 살짝 얼굴을 찌푸렸다.

"나는 그렇게 오랫동안 기다리고 싶지가 않아."

나는 렙이 가장 많은 사람들 앞에서 사과했던 날을 생생하게 기억한다. 욤키푸르 예배에서 그가 주임 랍비로서 마지막 설교를 하는 날이었다. 렙은 그 시간을 자신이 평생 랍비로서 이룬 성과나 업적을 되돌아보는 시간으로 삼을 수도 있었다.

하지만 그는 그렇게 하지 않았다. 대신 신도들에게 용서를 구했다. 그는 부부들이 갈라서는 일을 더 많이 막지 못한 것에 대해, 집 안에만 틀어박혀 사는 사람들을 더 자주 방문하지 못한 것에 대해, 자식을 잃은 부모들의 슬픔을 더 많이 위로해 주지 못한 것에 대해, 경제적으로 어려운 과부나 가족들을 금전적으로 더 많이 도와주지 못한 것에 대해 그는 신도들 앞에서 사과했다. 또 청소년들과 더 많은 시간을 보내며 가르침을 주지 못한 것이 미안하다고 했으며, 이제는 도시락을 싸들고 사람들이 일하는 곳을 찾아가 함께 이야기를 나눌 수 없다는 사실에 대해서도 사과했다. 심지어는 몸이 아파 귀중한 시간을 빼앗아 가기 때문에 매일 공부하지 못하는 것에 대해서도 미안해했다.

그는 이렇게 설교를 마무리했다. "이 모든 잘못에도 불구하고, 용서와 사랑의 주여, 저를 용서해 주시옵소서……"

그것은 '하나님의 아들'인 렙이 주임 랍비로서 하는 공식적인 마지막 설교였다.

"제게 속죄할 수 있는 길을 보여 주소서." 이것이 그의 마지막 말이었다.

 렙은 나한테 기다리지 말라고 강조했다.

"미치, 분노나 원한을 마음속에 품고 사는 것은 아무런 도움이 되지 않아."

그는 주먹을 쥐었다. "그런 감정은 내면을 휘저어 자네를 괴롭힌다네. 분노가 향하는 대상보다는 오히려 자네가 더욱 커다란 상처와 피해를 입게 돼."

그럼 그런 감정은 그냥 손에서 놓아 버리라고요?

"그래. 아니면 아예 처음부터 생겨나지 않게 하든가. 내가 살아오면서 한 가지 깨달은 게 있는데 뭔지 아나? 나랑 의견이 다른 상대방이 나를 찾아오면 난 항상 이렇게 말문을 열었어. '생각해 봤는데, 어떤 면에서는 당신 말이 옳을지도 모르겠습니다.' 물론 속으로는 상대방이 옳지 않다고 생각한 경우도 있었지. 하지만 그렇게 대화를 풀어 가면 훨씬 쉬워져. 처음부터 사람들은 편안하게 긴장을 풀거든. 그러면 협상도 순조롭게 진행되고, 일촉즉발의 불안한 상황에서도, 음…… 뭐라고 표현해야 하나……."

위기가 해소된다?

"그래, 그 말이 적당하겠군. 위기가 해소된다네. 그런 태도를 가져야 해. 특히 가족들과의 사이에선."

"모든 사람들에게 용서를 구해야 해. 심지어 늘 얼굴을 대하는 사람들에게도. 하지만 오히려 가장 가까운 사람들—배우자, 자식들, 부모님—과의 관계에서는 그냥 상황을 방치하고 내버려 두는 경우가 너무 많아. 미치, 기다리지 말게. 그건 시간 낭비일 뿐이야."

렙은 이야기를 하나 들려주었다.

한 남자가 아내를 잃었다. 무덤가에서 그는 렙의 옆에 서서 한없이 눈물을 흘렸다.

"저는 아내를 사랑했습니다." 남자가 낮은 목소리로 말했다.
렙은 고개를 끄덕였다.
"그러니까…… 정말로 사랑했습니다."
남자는 땅바닥에 주저앉고 말았다.
"그런데…… 아내한테 그 말을 못했습니다."
렙이 슬픈 표정으로 나를 쳐다보며 말했다.
"미처 하지 못한 말만큼 사람 마음을 오랫동안 괴롭히는 건 없어."

그날 오후, 나는 내가 혹시 말이나 행동으로 렙에게 상처를 준 일이 있다면 모두 용서해 달라고 청했다. 렙은 미소를 지으면서, 그럴 만한 일은 생각나지 않지만 '혹시 있으면 알아서 처리하겠다'고 대답했다.

우리 사이에 정리가 끝나서 다행이에요. 내가 웃으며 말했다.
"자네가 진 빚은 다 청산됐어."
타이밍이 중요한 거 같네요.
"그렇지. 그래서 유대교의 스승들이 말씀하시길 '죽기 하루 전에 모든 죄를 뉘우치라'고 하는 걸세."
그런데 자신이 죽기 전날을 어떻게 알죠?
그는 눈썹을 살짝 치켜세웠다.

"그러게 말이야."

또 새 영을 너희 속에 두고 새 마음을 너희에게 주되
너희 육신에서 굳은 마음을 제하고 부드러운 마음을 줄 것이며……

– 에스겔서 36장 26절

## 진실의 순간

디트로이트에도 크리스마스가 찾아왔다. 하지만 반짝거리는 장식을 해 놓은 주택보다는 '집 팝니다'라는 팻말이 세워진 주택들이 더 많은 것 같았다. 사람들도 별로 쇼핑을 많이 하지 않았다. 아이들도 어른들로부터 '올해는 산타 할아버지한테 너무 많은 선물을 기대하지 말라'는 이야기를 들었다. 경제 불황이 서서히 심각해지는 것을 우리 모두가 느낄 수 있었다. 그리고 그러한 느낌은 사람들의 표정에도 그대로 나타났다.

트럼불 애비뉴에 있는 헨리 목사의 교회는 어둠을 담요처럼 뒤덮고 서 있었다. 건물 바깥쪽의 조명은 생각할 수도 없는 형편이었기 때문이다. 건물 옆문을 열어 보지 않으면 안에 사람들이 있다는 사실조차 알기 힘들었다. 나는 그곳을 수차례 방문했지만 건물 내부 전체가 환하게 밝혀진 것을 본 적이 한 번도 없었다. 건물 안은 항상 어스름했다. 마치 전깃불도 벽이나 천장과 마찬가지로 낡아 버린 것처럼.

그날 밤 카스와 기나긴 대화를 나눈 후, 나는 헨리라는 사람을 알 수 있는 또 다른 방법을 깨달았다. 그곳에 예배 드리러 오는 사람들과 이야기를 나눠 보는 것이었다.

몇 명 안 되는 백인 신도들 가운데 댄이라는 남자가 있었다. 그는 자신이 오래전에 알코올 중독에 집 없이 떠도는 신세였다고 말했다. 그는 밤이면 디트로이트의 벨 섬에 있는 핸드볼 경기장에 숨어 들어가 잠을 청했다. 또 독한 증류주 5분의 1병과 맥주 12병에 달하는 술을 하루에 마셨고, 술에 취해 나가떨어졌다가 가까스로 정신을 차린 다음 또다시 마시곤 했다.

어느 추운 겨울 밤, 댄은 이 교회에 왔다가 문이 닫혀 있어서 다시 걸음을 돌렸다. 마침 자동차 안에 앉아 있던 헨리가 그를 보고는 불러 세워 '혹시 잠잘 곳이 필요하냐'고 물어보았다. "목사님은 나에 대해 전혀 아는 게 없었죠. 만에 하나 내가 잔인한 연쇄 살인범일 수도 있잖아요." 그 이후 댄은 이 교회에서 한 달간 지내며 술을 끊었다.

체구가 자그맣고 쾌활한 셜리라는 이름의 여자도 있었다. 그녀는 헨리 목사가 금요일 밤이나 토요일 오후마다 자신의 작은 집에서 20~30명의 아이들을 재워 주었던 일을 회상했다. 헨리 목사는 이 아이들 그룹에 '평화 지킴이'라는 별명을 붙여 주었다. 그는 아이들에게 음식 만드는 법도 가르쳐 주고, 아이들과 어울려 게임도 했다. 하지만 가장 중요한 점은 그들이 스스로 안전하다고 느끼게 해 준 것이었다. 그런 헨리를 보고 큰 감명을 받은 셜리는 이 교회의 장로가 되었다.

프레디는 내게 교회 건물 3층에 위치한, 목재 침대가 있는 자신의 개인실을 보여 주었다. 길거리 생활을 하던 그에게 헨리 목사가 이 방을 내주었다고 했다. 루엔이라는 여성의 말에 따르면 헨리는 사람들에게 장례식이나 결혼식을 집전해 주면서 절대 비용을 받지 않는다고 했다. "나중에 주님께서 다 지불해 주실 겁니다."라고 하면서.

그리고 슬픈 빛을 띤 예쁜 눈을 가진 말린이라는 여성은 마약과 폭력으로 얼룩졌던 자신의 끔찍한 삶을 들려주었다. 그녀는 폭력적인 남편 때문에 비참한 생활을 해야 했다. 어느 날 말린의 남편이 그녀와 두 살배기 아들을 침대에서 억지로 끌어낸 다음 그녀를 구타하기 시작했다. 그리고 두 모자를 계단 아래로 밀어 버렸다. 그때 못이 박힌 널빤지에 부딪히는 바람에 어린 아들은 이마가 찢어졌다. 그녀의 남편은 아내와 아들이 병원에 가는 것조차 허락하지 않았다. 피를 흘리고 있는 두 사람을 말 그대로 포로처럼 가둬 둔 것이다.

이틀 후 그녀의 남편이 집을 비운 사이, 말린은 아들을 데리고 도망쳤다. 가진 것이라고는 입고 있는 옷이 전부였다. 그녀는 먼저 경찰서로 갔고, 경찰관은 헨리에게 전화를 걸었다. 그리고 헨리는 전화로 말린과 대화를 나눴다. 헨리의 목소리에서 진심으로 걱정해 주는 마음이 느껴졌기 때문에, 그녀는 헨리를 한 번도 만나 본 적이 없음에도 불구하고 경찰에게 그 교회로 데려다 달라고 부탁했다. 헨리 목사는 말린 모자에게 따뜻한 식사와 잠잘 곳을 제공해 주었다. 그리고 이후로 말린은 이 교회에 죽 남았다.

나는 일반적으로 교회가 신도들을 모으는 방법을 생각해 보았다. 어떤 교회는 학교를 운영하고, 어떤 교회는 이런저런 친목 활동을 연다. 또 미혼 청년들을 위한 '만남의 밤' 행사를 개최하기도 하고, 강연, 축제, 신도 등록을 유도하는 행사도 마련한다. 그리고 그런 행사들을 위해 연회비를 걷기도 한다.

하지만 헨리 목사의 교회에는 연회비도, 신도 등록을 유도하는 행사도, '만남의 밤' 행사도 없었다. 그곳 신도들은 아주 오래된 구식 방법으로 늘어났다. 간절하게 하나님을 갈구하는 마음을 통해서.

그럼에도 불구하고 그들 중 교회 건물의 난방 문제나 운영비 해결을 도와줄 수 있는 사람은 아무도 없었다. 헨리 목사의 일요일 예배는 여전히 비닐 천막 안에서 진행되었다. 노숙자들이 잠을 청할 때면 여전히 시끄러운 송풍기 소리가 체육관에 울렸고 그들은 코트와 파카를 입은 채 이불 속으로 들어가야 했다. 일찍 시작된 겨울 추위가 계속 기세를 떨쳤으며,

교회 앞 계단에는 조용히 눈이 쌓여 갔다.

나는 신문 칼럼을 쓸 때 가급적 종교적인 주제는 다루지 않으려고 애쓰는 편이었지만, 그곳 노숙자들의 열악한 상황을 「디트로이트 프리 프레스(Detroit Free Press)」 독자들에게는 어느 정도 알려야겠다는 생각이 들었다. 그래서 노숙자 몇 명을 인터뷰했다. 그중에는 한때 잘나가는 야구 선수였지만, 노숙자가 된 이후에 폐차량 안에서 밤을 보냈다가 동상으로 발가락 열 개를 모두 잃은 남자도 있었다.

나는 그 이야기들을 칼럼에 실었다. 그런데 입안에 돋은 혓바늘처럼, 내 안에서 자꾸만 무언가가 나를 건드렸다.

그래서 크리스마스를 코앞에 둔 어느 날 밤, 나는 헨리 목사의 집을 찾아갔다. 그의 집은 교회에서 한 블록쯤 떨어져 있었다. 16년 전 그가 디트로이트에 왔을 때 주택 담보 대출로 3만 달러에 구입한 집이었다. 하지만 이제는 그만한 가치가 나가지 않을 것 같았다. 벽돌로 된 주택 외벽은 다 낡았고, 현관문도 헐겁게 삐걱거렸으며, 사람들에게 음식을 나눠 주곤 하던 집 옆 공터에도 눈과 얼음이 아무렇게나 쌓여 있었다. 음식을 저장해 두던 창고도 아직 남아 있긴 했지만 새들의 공격을 막기 위해 촘촘한 그물을 덮어 놓은 게 보였다.

헨리는 1층 방에 있는 소파에 앉아 있었다. 카스가 1년간 침대로 썼다는 그 소파였다. 헨리는 코감기에 걸려서 연거푸 재채기를 했다. 그의 집은 깔끔한 편이었지만 궁핍함이 곳곳에서 드러났다. 여기저기 페인트칠도 벗겨졌고 주방 천장도 부서져 있었다. 평소에 비해 조금 우울해 보였다. 아마도 크리스마스 시즌이기 때문이었으리라. 벽에는 아이들 사진이 걸려 있었지만, 올해는 풍성한 크리스마스 선물을 받지 못할 것이 분명했다.

마약을 만지던 시절, 헨리는 원하는 것은 무엇이든 손에 넣었다. 그가 TV를 원하면, 고객들은 마약을 받는 대신 TV를 주고 갔다. 화려한 보석이든 유명 디자이너의 옷이든, 그는 집 밖으로 한 발자국도 나가지 않고 뭐든 얻을 수 있었다.

나는 그에게 '이 교회에 왔을 때, 언젠가는 예전만큼 부유하게 살 수 있을지도 모른다고 기대하진 않았냐'고 물었다.

"아니요, 전혀요. 가난한 사람들과 함께 지내야 할 거라고 생각했습니다."

하지만 그 사람들을 본받아서 똑같이 가난해질 필요는 없잖습니까? 내가 농담하듯 말했다.

그는 낡은 집 안을 한 번 둘러보고 숨을 깊게 내쉬더니 이렇게 말했다.

"저는 이런 곳에서 살아야 마땅한 사람입니다."

그게 무슨 뜻인가요?

그는 시선을 아래로 떨어뜨렸다.

그리고 내가 결코 잊지 못할 말을 했다.

"미치 씨, 저는 끔찍한 인간입니다. 과거에 저지른 그 모든 일들, 그것들은 결코 지울 수 없습니다. 저는 십계명을 전부 어겼어요."

설마요. 전부 다요?

"젊은 시절에요. 어떤 의미에서 보면…… 맞아요. 전부 어긴 셈이에요."

도둑질도, 거짓 증언도, 남의 물건을 탐하는 것도요?

"네……."

간음도요?

"네……."

살인도 말입니까?

"방아쇠를 당긴 적은 없지만, 가담한 거나 마찬가집니다. 한 생명이 죽기 전, 그걸 막기 위해서라면 어떤 행동이든 할 수도 있었지만 전 그렇게 하지 않았습니다. 그러니 살인에 가담한 셈이죠."

그는 먼 곳을 쳐다보았다.

"정말 흉악한 세계였습니다. 먹느냐 먹히느냐 하는 세계, 강자가 약자를 무참히 짓밟는 세계였지요. 그 바닥에서는 늘 사람들이 살해되었어요. 매일 그런 일이 일어났지요. 과거의 제 모습이 정말로 혐오스럽습니다. 전 저지르지도 않은 범죄 때문에 감방살이를 했지만, 출소하고 나서도 또 감옥에 끌려갈 만한 짓을 하고 다녔어요. 전 겁쟁이에다 구제 불능이었습니다. 지금의 저는 다른 모습일지 모르지만, 그때는 분명 그런 인간이었어요."

그는 한숨을 토해 냈다. "그런 인간이었다고요."

그는 고개를 떨어뜨렸다. 잠시 숨소리만이 들렸다.

"저는 지옥에 떨어져도 쌉니다. 제가 저지른 일들을 생각해 보면…… 하나님이 절 내버려 둔다는 건 말이 안 됩니다. '뿌린 대로 거둔다'는 말도 있잖습니까. 그래서 전 항상 신도들한테 말합니다. 나를 훌륭한 사람이라며 존경하지 말라고요. 레몬 나무를 심어 놓고 체리를 따기를 원해서는 안 된다고 설교합니다. 하지만 전 이미 너무 많은 레몬 나무를 심었습니다……."

어느새 그의 눈에 눈물이 그렁그렁했다.

"……그리고 아직 그 대가를 전부 치르지 않았을지도 모릅니다."

잘 이해가 가지 않네요. 목사님이 벌을 받을 거라고 생각하신다면…….

"왜 하나님을 위해서 사냐고요?" 그의 얼굴에 희미한 미소가 스쳤다. "그럼 달리 어쩌겠습니까? 많은 사람들이 예수에게서 등을 돌리고 떠나갈 때, 그분은 제자들에게 물으셨지요. '너희도 떠나려느냐?' 그러자 베드로가 이렇게 대답했지요. '주여, 제가 어딜 가겠사옵니까?' 저는 베드로의 말이 무슨 뜻인지 압니다. 하나님을 어찌 떠날 수 있겠습니까? 그분은 세상 어디에나 계시는데."

하지만 목사님은 이곳에서 많은 좋은 일을 하시니…….

"아닙니다. 자신이 행한 일로 천국에 들어가고자 하면 안 됩니다. 자기가 한 일로 스스로를 정당화시킬 때마다, 오히려 천국으로 가는 길은 멀어집니다. 제가 날마다 이곳에서 하는 일들을 통해서 저는 하나님께 이렇게 말하고 있을 뿐입니다. '주여, 제가 죽은 다음 어떤 세계에 가든 상관없습니다. 다만 살아 있는 동안 주께 무언가 돌려드릴 수 있도록 해 주시옵소서. 선행으로 점수를 따서 과거의 죄를 상쇄할 수 없다는 것도 잘 압니다. 하지만 이 세상을 떠나기 전에 진정 의미 있는 삶을 살도록 허락해 주소서…….'"

그는 지친 듯이 숨을 크게 내쉬었다.

"……그다음엔 주여, 당신 뜻대로 하소서."

겨울밤이 깊어 가고 있었다. 방 안은 온통 헨리 목사의 과거 삶으로 가득했다. 잠시 우리 둘 다 말이 없었다. 나는 일어나서 코트를 입었다. 나는 그에게 행운을 빌어 주며 눈이 내리는 바깥으로 나왔다.

나는 내가 모르는 게 없는 똑똑한 놈이라고 생각하곤 했다. 나는 '일을 성공시키는 사람'이었고 '똑똑한 사람'이었다. 그래서 출세의 사다리를 더 높이 올라갈수록 아래를 내려다보며 바보 같고 우스워 보이는 것들을, 심지어 종교마저도 비웃었다.

하지만 그날 밤 집으로 돌아가는 길에 깨달았다. 내가 남보다 훌륭한 인간이나 똑똑한 인간이 아니라, 그저 남보다 운이 조금 더 좋았던 걸지도 모른다는 사실을. 스스로 잘나고 똑똑하다고 생각하던 나 자신이 부끄러웠다. 아무리 많은 지식을 가져도 우리는 막막한 공허감과 허탈감을 느낀다. 아무리 많은 학식을 쌓고, 아무리 큰 성공을 거둔 사람이라 해도 괴로워한다. 그들도 우울해하고, 무언가를 갈망하고, 상처를 입는다. 그들은 아래를 내려다보는 대신 위를 올려다봐야 한다. 나 역시 바라봐야 했던 그곳을. 세상 모든 소음에서 등을 돌리고 자기 자신의 조용한 숨소리에만 귀를 기울여 보면, 우리는 누구나 똑

같은 것을, 즉 위로와 사랑, 마음의 평화를 갈망하기 때문이다.

헨리 목사는 인생 전반부에 대부분의 사람들보다 형편없는 삶을 살았지만, 후반부엔 남들보다 훨씬 훌륭한 삶을 살고 있었다. 하지만 헨리 코빙턴의 과거에 대해 우리가 이야기를 나눈 것은 그날 밤이 마지막이었다. 성서에서는 '남을 심판하지 말라'고 말한다. 하지만 하나님만은 그럴 권리를 갖고 계신다. 그리고 헨리는 항상 그 사실을 기억하며 살았다. 그것으로 충분하지 않을까.

1월
천국

새해가 밝고 벽에 새로운 달력이 걸리며 2008년이 시작되었다. 미국의 새로운 대통령이 결정되고, 금융 위기가 전국을 뒤흔들며, 자신감이 곤두박질치고, 일자리나 집을 잃는 수많은 사람들이 생겨나게 될 해였다. 우리 모두의 앞에 폭풍우를 머금은 구름이 벌써부터 모여들고 있었다.

그런 와중에도 렙은 조용히 묵상하면서 이쪽 방에서 저쪽 방으로 천천히 걸어 다녔다. 대공황과 두 번의 세계 대전을 거친 렙은 웬만해선 신문 헤드라인들에 동요되지 않았다. 그는 내면의 세상에만 집중함으로써 바깥세상은 자신에게서 멀찌감치 떨어뜨려 놓았다. 그는 기도를 했고 하나님과 대화를 나눴으며, 창밖에 내리는 눈을 말없이 지켜보았다. 또 기도하기, 시리얼과 오트밀로 식사하기, 손자들과 놀아주기, 틸라와 드라이브 나가기, 오랜 신도들에게 전화해서 안부 묻기 등 일상의 소박한 의식들도 소중하게 지켰다.

일요일 아침이었다(나는 다시 일요일 아침마다 렙을 찾아가기 시작했다). 그날은 우리 부모님이 렙의 집에 잠깐 들러서, 내가 디트로이트로 돌아가기 전에 나와 함께 점심을 먹으러 가기로 했다.

2주 전 토요일 저녁에는 렙이 랍비의 삶을 산 지 60년이 된 것을 기념하기 위해 모든 신도들이 회당에 모였다고 했다. 렙의 표현에 따르면 마치 귀향 파티와도 같은 분위기였다고 한다.

"있잖나……." 렙은 놀라운 광경을 목격했던 사람처럼 고개를 저으며 말했다. "아주 오랜 세월 동안 서로 만나지 못했던 사람들도 그날 만났다네. 잃어버렸던 옛 친구를 만난 것처럼 서로 반갑게 부둥켜안는 모습들을 보면서 나는 눈물을 흘렸어. 우리가 함께 만들어 놓은 것을 보면서……. 믿기지 않는 놀라운 것이지."

믿기지 않을 만큼 놀랍다고? 우리 회당이? 안식일마다 예배가 열리고, 이런저런 종교적 절기들을 보내고, 아이들이 자동차에서 내려 뛰어 들어가곤 하는 그 작은 회당이 말인가? '믿기지 않을 만큼 놀랍다'는 것은 너무 거창한 표현 아닐까?

하지만 렙이 기도하듯 두 손을 모으고 낮은 목소리로 "미치, 우리는 진정한 '공동체'를 이루어 놓은 거야."라고 말할 때, 나는 그의 주름진 얼굴과 구부정한 어깨를 찬찬히 쳐다보았다. 그리고 그가 우리를 가르치고, 우리의 이야기를 들어 주고, 더 나은 길로 이끌기 위해 애쓰면서 보낸 60년의 세월을 생각해 보았다. 요즘 세상과 요즘 사람들의 모습을 생각해 보면, 어쩌면 '믿기지 않을 만큼 놀랍다'는 표현이 맞는 것일지도 모르리라.

"서로 부둥켜안는 그 모습……." 렙이 먼 곳을 쳐다보면서 말했다. "내가 보기엔, 그게 바로 천국의 또 다른 모습이야."

이제 피할 수 없는 순서가 다가왔다. 렙과 사후의 삶에 대해 이야기를 나누는 것 말이다. 극락, 해탈, 발할라(Valhalla, 북유럽 신화에 나오는 궁전으로, 죽은 전사들이 간다는 이상향-옮긴이) 등등 표현은 다양하지만, 사후 세계는 거의 모든 종교에서 중요하게 다루는 문제다. 그리고 렙 역시 이 세상에서 보내야 할 시간이 줄어들수록 죽음 다음에 올 세상, 즉 '올람 하바(Olam habah, 내세)'에 대해 더 많이 생각했다. 목소리에서도, 또 말하는 태도에서도 나는 렙이 뭔가를 찾고 있다는 사실을 느낄 수 있었다. 저 언덕 너머에 뭐가 있는지 궁금해서 자꾸만 목을 길게 빼고 쳐다보는 사람처럼.

알고 보니, 렙이 나중에 묻힐 곳은 뉴욕에 있는 그의 고향에서 가까운 곳이었다. 렙의 어머니와 아버지, 그리고 딸 리나도 그곳에 묻혀 있었다.

때가 되면 적어도 이 세상에서는 3대가 한곳에 모이게 되는 셈이었다. 그리고 렙이 믿고 있는 바가 맞는다면, 저세상에서도 그러하리라.

리나를 다시 만날 거라고 생각하세요? 내가 물었다.

"그럼, 물론이지."

하지만 리나는 어린아이였잖아요.

"저 위에서는 말이야……." 렙이 낮은 목소리로 말했다. "세월 따윈 아무 의미가 없다네."

언젠가 렙은 설교 때, 하나님이 어떤 남자에게 천국과 지옥을 보여 주는 이야기를 우리에게 들려주었다. 지옥에 가 보니 사람들이 더없이 훌륭한 고기와 진미들이 잔뜩 차려진 진수성찬 앞에 앉아 있었다. 하지만 그들은 팔꿈치가 펴진 채

팔이 묶여 있었기 때문에 음식을 하나도 먹을 수가 없었다.

남자가 말했다. "정말 끔찍하군요. 이제 천국을 보여 주십시오."

다른 방으로 가보니 그곳 역시 지옥과 똑같았다. 진미들이 잔뜩 차려진 진수성찬 앞에 사람들이 앉아 있었다. 그리고 그들 역시 팔꿈치가 펴진 채 팔이 묶여 있었다. 하지만 다른 점이 한 가지 있었다. 그들은 서로에게 음식을 먹여 주고 있었다.

어떻게 생각하세요? 내가 렙에게 물었다. 천국은 정말 그렇게 생겼을까요?

"내가 어찌 알겠나? 하지만 또 다른 세상이 있다고는 믿네. 그거면 됐지."

렙은 손가락으로 턱을 만졌다. "하지만 말이야……. 어떤 면에서는, 죽는다는 사실에 약간 설레기도 해. 그런 궁금증에 대한 답을 알 수 있을 테니까."

그런 말씀 마세요.

"뭐가?"

죽는다는 말씀.

"왜? 기분이 안 좋아지나?"

네. 그 단어를 듣고 싶어 할 사람은 아무도 없을 겁니다. 나는 어린아이처럼 굴고 말았다.

"이보게, 미치……" 렙은 스웨터 앞으로 팔짱을 꼈다. 스웨터 속에는 파란색 바지와 전혀 어울리지 않는 체크무늬 셔츠를 입고 있었다. "내가 떠나면 여러 사람들이 힘들어할 거야. 나도 알아. 가족들과 사랑하는 친구들이 날 그리워할 거라는 것도 잘 알아. 자네도 그래 주길 바라네만."

당연히 그리울 것이다. 내가 표현할 수 있는 것보다 훨씬 더 많이.

렙은 하늘을 올려다보며 노래를 읊조리듯 말했다.

"하늘에 계신 주여, 저는 참 행복한 사람입니다. 저는 이 세상에 살면서 많은 것을 이루고, 많은 사람을 도울 수 있었습니다. 또 여기 있는 미치에게도……"

그는 쭈글쭈글한 손가락으로 나를 가리켰다.

"하지만 이 사람은 아직 모르는 게 너무나 많습니다. 그러니 청컨대, 그가 오래오래 살도록 해 주소서. 나중에 우리가 저세상에서 다시 만났을 때, 서로 나눌 이야기가 많아지도록 말입니다."

렙이 장난꾸러기 같은 미소를 지었다.

"알았나?"

감사합니다. 내가 웃으며 말했다. 그는 안경 너머로 눈을 깜박였다.

정말 언젠가 우리가 다시 만날 거라고 생각하세요?

"자넨 그렇게 생각 안 하나?"

에이, 랍비님 정도 되는 분이 가시는 곳에 제가 갈 수나 있겠어요?

"왜 그렇게 생각하나?"

랍비님은 '하나님의 아들'이시잖아요.

그는 고마움을 담은 눈빛으로 나를 쳐다보았다.

"자네도 하나님의 아들이야. 우리 모두가."

현관 초인종이 울렸다. 우리 부모님이 도착하신 것이었다. 부모님이 옆방에서 사라와 이야기를 나누는 소리가 들려왔다. 나는 일어날 채비를 했다. 나는 가방을 싸면서 렙에게 몇 주 후면 슈퍼볼(Super Bowl, 미국 풋볼의 챔피언 결정전-옮긴이) 경기가 열린다고 말했다. "아하, 그래, 슈퍼볼." 하는 렙의 탄성이 조금 우스꽝스럽게 느껴졌다. 아마 그는 슈퍼볼을 구경한 적이 한 번도 없었을 것 같았기 때문이다. 잠시 후, 부모님이 우리가 있는 방으로 들어오셔서 내가 가방의 지퍼를 닫는 동안 렙과 인사를 나눴다. 렙은 의자에서 일어나기가 힘들었기 때문에 앉은 채로 이야기를 나눴다.

인생에서 어떤 패턴이 반복된다고 느껴질 때, 참으로 묘한 기분이 든다. 우리 넷이 한 방에 있는 그 순간, 나는 40여 년 전이 떠올랐다. 일요일 오전에 성서 학교가 끝나면 부모님이 나를 데리러 오시고, 아빠가 운전을 하고, 다 함께 외식을 하러 가던 그때가. 그 시절에 비해 지금 달라진 점이 있다면, 지금은 렙에게서 도망치고 싶은 게 아니라 그의 곁을 떠나기가 싫다는 것이었다.

"점심을 먹으러 가나?" 렙이 물었다.

내가 그렇다고 대답했다.

"그래, 가족이란 그런 거야."

나는 렙을 안아 주었다. 렙의 팔이 내 목을 꼭 감싸 안았다. 그 어느 때보다도 더 세게.

렙이 노래를 흥얼거렸다.

"즐거운- 시간- 보내게- 생각보다 시간이 많지 않으니-"

렙의 말은 옳았다.

## 교회

"한번 와 보세요. 대단한 일이 생겼어요."

수화기 저편에서 들리는 헨리 목사의 목소리가 꽤나 흥분되어 있었다. 헨리의 교회에 찾아가보니 평소보다 많은 차들이 건물 앞에 세워져 있었다. 간간이 붉은색 교회 정문으로 사람들이 들락거렸다. 전에 본 적이 없는 낯선 사람들로, 흑인도 있고 백인도 있었다. 다들 이곳에 자주 드나드는 노숙자들보다는 옷차림이 훨씬 깔끔했다.

교회 안에 들어가자 나를 알아본 헨리 목사가 환하게 미소를 지으면서 그 커다란 팔을 활짝 벌렸다.

"이곳에 사랑이 꽃피는 광경을 보여 드리려고요!"

나는 가볍게 그와 포옹했다. 그의 커다란 맨팔이 내 등을 지그시 눌렀다. 잠깐, 그런데 그는 티셔츠 하나만 달랑 입고 있었다.

건물의 난방 장치가 가동되고 있었다.

"여긴 마치 마이애미 해변 같다니까요!" 그가 잔뜩 상기된 얼굴로 외쳤다.

내가 신문에 쓴 칼럼을 보고 무언가를 느낀 가스회사는 서비스 공급을 재개했고, 헨리는 밀린 미납액을 천천히 조금씩 갚아 나가기로 약속했다고 했다. 교회를 찾아온 낯선 얼굴들도 이 교회의 딱한 사연을 듣고 마음이 움직여 찾아온 이들이었다. 그들은 노숙자들을 위해 음식도 준비해 주고 불편한 사항을 돌봐주었다. 체육관 안의 테이블들 앞에 있는 노숙자들은 대부분 코트를 벗고 앉아 있었다. 시끄러운 송풍기 소리는 사라지고 대신 사람들의 유쾌한 대화 소리가 체육관 안을 채우고 있었다.

"정말 대단한 일 아닙니까?" 헨리가 말했다. "신은 자비로우십니다."

나는 체육관 바닥으로 내려갔다. 내 칼럼에 소개했던, 발가락이 없는 노숙자도 와 있었다. 나는 그의 아내와 딸이 8년 전에 떠난 후 그가 더욱 밑바닥 삶으로 추락했다는 이야기를 칼럼에 썼던 적이 있다. 분위기를 보니, 누군가 칼럼 옆에 실린 사진에서 그의 얼굴을 알아보고 아내와 딸이 사는 곳을 알려준 모양이었다.

"당장 만나러 갈 겁니다." 그가 말했다.

누구를요? 아내 말입니까?

"그리고 딸도요."

지금 당장이요?

"네. 8년을 기다렸는걸요."

그는 코를 훌쩍거렸다. 뭔가 할 말이 있는 눈치였다.

"고맙습니다." 마침내 입에서 이 말이 튀어나왔다. 그리고 그는 자리를 떠났다.

지금까지 들어 본 '고맙습니다'라는 말 중에 가장 진심이 묻어나는 말이었다.

체육관을 나오려는데 저쪽에서 목발을 짚고 걸어오는 카스가 보였다.

"미치 선생님!"

이제 아주 따뜻해졌군요. 내가 말했다.

"네, 그리고 이곳 사람들도 행복해졌고요."

나는 줄지어 모여 있는 사람들을 다시 쳐다보았다. 처음에는 음식을 받거나 아니면 한 그릇 더 먹으려고 서 있는 사람들인 줄 알았는데, 자세히 보니 그 옆에 커다란 탁자가 있고 자원봉사자들이 옷을 나눠 주고 있었다.

살집이 몹시 뚱뚱한 사내가 겨울 재킷을 입어 보더니 헨리 목사를 향해 소리쳤다.

"여어, 목사님, 특대형 사이즈 옷은 없어요?"

헨리는 웃음을 터뜨렸다.

어떻게 된 겁니까? 내가 물었다.

"전부 기부받은 옷들입니다."

쌓여 있는 옷들이 몇 더미는 되었다.

상당히 많은 양이네요. 내가 말했다.

그러자 헨리 목사가 카스에게 눈짓을 하며 물었다. "미치 씨는 아직 못 보셨나?"

나는 거구의 목사와 외발 장로를 뒤따라 복도를 걸어갔다. '나는 왜 항상 믿음이 독실한 누군가의 발꿈치 뒤를 따라가는 걸까?' 하는 생각이 문득 들었다.

우리는 예배당 앞에 도착했다. 카스가 열쇠를 찾아 구멍에 꽂고 돌리자 헨리 목사가 문을 활짝 열어젖혔다.

"자, 한번 보세요."

그곳에는 커다란 가방과 자루들이 수없이 쌓여 있었다. 속옷, 재킷, 신발, 코트, 심지어 장난감들까지, 엄청난 양의 물건들이 신도석 앞줄부터 뒷줄까지 채워져 있었다.

정말 입이 다물어지질 않았다. 헨리 목사의 말이 맞았다. 그 순간엔, 절대자에게 어떤 이름을 붙이든 그런 건 중요하지 않았다. 신은 자비로우시다.

## 2000년, 렙의 설교 중에서

사랑하는 여러분. 저는 죽을 겁니다.

슬퍼하지 마십시오. 저는 이미 1917년 7월 6일부터 죽어 가기 시작했으니까요. 그날은 제가 세상에 태어난 날입니다. 시편의 작가는 이렇게 말했습니다. "우리 모두는 태어나면서 죽음을 향해 다가간다."

이런 우스갯소리를 들은 적이 있습니다. 한 목사가 시골 교회를 방문했습니다. 그리고 다음과 같은 사실을 신도들에게 상기시키며 설교를 시작했습니다.

"이 교회를 다니는 여러분 모두 언젠가는 죽을 것입니다!"

목사는 좌중을 둘러보았습니다. 그런데 앞줄에 앉은 한 남자가 싱글벙글 웃고 있는 게 아니겠습니까.

목사가 남자에게 물었습니다. "뭐가 그리 좋으십니까?"

"저는 이 교회 신자가 아닙니다. 주말 동안 여동생 집에 잠깐 들르러 왔거든요."

## 이별

슈퍼마켓 앞 주차장으로 자동차가 들어왔다. 2월 첫째 주, 렙은 창밖 길거리에 쌓인 눈을 말없이 쳐다보았다. 틸라가 주차를 하고 시동을 끈 다음, 렙에게 함께 들어가겠냐고 물었다.

"오늘은 조금 피곤하네. 난 그냥 여기서 기다리지."

지금 생각해 보면, 그것이 불길한 하나의 징조였다. 렙은 쇼핑하는 걸 대단히 좋아했다. 그런 그가 차 안에서 기다리겠다는 건 분명 뭔가 문제가 있다는 뜻이었다.

렙은 틸라에게 이렇게 부탁했다. "음악을 틀어 놓아 주겠어?"

"그럴게요."

틸라가 우유와 빵과 푸른 쥬스를 사는 동안, 렙은 눈 쌓인 주차장의 차 안에 혼자 앉아 힌두교 음악을 들었다.

그것이 집 바깥세상에서 렙이 혼자 보낸 마지막 시간이었다.

쇼핑을 마치고 집에 돌아왔을 때, 렙은 눈에 띄게 움직임이 둔해졌고 통증을 호소했다. 가족들은 즉시 그를 병원으로 데려갔다. 간호사가 렙에게 이름, 주소 등 몇 가지 간단한 질문을 했고, 그는 모든 질문에 제대로 대답했다. 렙은 정확한 날짜는 기억하지 못했지만, 그날이 대통령 예비 선거가 치러지는 날이라는 사실은 알고 있었다. 그리고 자신이 투표를 안 해서 한 표 차이로 지지 후보가 패배하면 "자살해 버릴지도 모른다."라는 농담까지 했다.

　　　렙은 병원에서 몇 가지 검사를 받았다. 가족과 친지들이 찾아왔다. 다음 날 밤에는 막내딸인 길라가 병실을 지켰다. 길라는 이스라엘로 가는 비행기 티켓을 끊어 놓았지만, 차마 떠날 수가 없을 것 같다고 했다.
"가지 말아야겠어요, 아버지."
"가거라, 가. 네가 없다고 무슨 일이 일어나거나 하진 않을 거야."
길라는 간호사를 불렀다. 그리고 정해진 시간은 아직 안 됐지만 일찍 주무시도록 아버지에게 약을 드시게 했으면 좋겠다고 말했다.
"길라……." 렙이 꺼지는 목소리로 말했다.
길라는 아버지의 손을 꼭 잡았다.
"우리의 소중한 추억들을 잊지 말아라."
"네." 길라는 눈물을 흘리고 있었다. "전 절대 안 갈 거예요."
"가라니까. 거기서도 날 잊지만 않으면 돼."
아버지와 딸은 잠시 그렇게 앉아 있었다. 이윽고 길라가 마지못해 일어나 렙에게 안녕히 주무시라고 입맞춤을 했다.

간호사가 렙에게 알약을 먹여 주었다. 그녀가 방을 나가려고 하자, 렙이 그 뒤에 대고 힘없는 목소리로 말했다.

"아, 한 가지 더 부탁이 있는데……. 이따가 깜깜한 밤이라도 가끔씩 이 방에 들러 주겠소?"

간호사가 웃으며 대답했다.

"그럴게요. 노래하는 랍비님을 잊어버릴 리가 없죠."

다음 날 아침이 밝은 후, 젖은 스펀지로 침대에서 몸을 닦는 간단한 목욕을 하기 위해 간호사가 렙을 깨웠다. 조용한 이른 아침이었다. 간호사가 부드럽게 몸을 씻겨 주는 내내 렙은 낮은 목소리로 노래를 흥얼거렸다.

그러다가 어느 순간, 렙의 고개가 앞으로 푹 떨어졌다. 그리고 그의 노랫소리도 영영 멈춰 버렸다.

어느 여름날, 나는 렙과 함께 그의 서재에 앉아 있다. 나는 그에게 왜 랍비가 되었느냐고 물어본다. 렙은 손가락을 하나씩 꼽으며 대답한다.

"첫째, 언제나 사람들을 좋아했으니까.

둘째, 온화함을 사랑하니까.

셋째, 인내심이 있으니까.

넷째, 가르치는 일이 즐거우니까.

다섯째, 나의 신앙과 믿음을 확신하니까.

여섯째, 과거나 전통과 연결된 삶을 살 수 있으니까.

그리고 마지막으로 일곱째, 우리 유대교가 말하는 메시지를 실천하며 살 수 있으니까. 올바른 삶을 살고, 선한 일을 행하고, 축복받는 삶을 사는 것 말일세."

왜 하나님은 언급하지 않으세요?

렙이 미소를 지으며 말했다.

"하나님은 영(0)순위시니까."

### 추도사

예배당 안의 좌석이 가득 차 있었다. 사람들은 낮은 목소리로 인사를 건네거나 눈물을 글썽이며 서로를 꼭 껴안았다. 그리고 가급적이면 설교단을 쳐다보지 않으려고 애썼다. 장례식 때 사람들은 대개 앞쪽에 있는 연단으로 얼굴을 향하지만, 망자의 빈자리를 쳐다보기는 좀처럼 쉽지 않으리라.

그분은 늘 저 의자에 앉곤 하셨는데……. 저 설교대 앞에 서 있곤 하셨는데…….

렙은 심각한 심장 발작에도 불구하고 며칠을 더 사셨고, 평온한 혼수상태에 빠지셨다. 아내와 자녀들과 손자들이 모두 모여 빠짐없이 작별 인사를 할 수 있을 만큼 오랫동안. 나도 그 곁을 지켰다. 렙의 하얀 머리칼을 어루만지고, 그의 얼굴에 내 뺨을 비비고, 사랑한다고 말씀드렸다. 두 번째 죽음을 맞지는 않으실 거라고, 내가 숨 쉬는 한 결코 당신을 잊는 일은 없을 거라고 말씀드렸다. 8년 동안 나는 한 번도 렙 앞에서 운 적이 없었다.

그리고 마침내 렙 앞에서 처음 울게 되었을 때, 그는 나를 볼 수가 없었다.

나는 디트로이트의 집으로 돌아가서 전화를 기다렸다. 추도사를 쓰는 일은 시작하지 않았다. 왠지 그래서는 안 될 것 같았다. 아직 렙이 우리 곁에 살아 계시는 동안에는. 나는 렙과의 대화를 담은 테이프와 노트, 렙의 사진들을 갖고 있었다. 렙의 설교 원고와 이런저런 자료와 신문 스크랩들도, 가족 사진이 끼워져 있는 아랍어 교과서도.

마침내 렙의 가족들에게서 전화가 왔다. 나는 추도사를 쓰기 시작했다. 그 모든 자료들은 한 번도 들춰 보지 않았다.

이제 내 양복 주머니 안에 그 추도사가 곱게 접힌 채 담겨 있었다. 렙이 내게 했던 마지막 부탁이. 처음에는 2~3주면 되겠지 하고 생각했지만 어느새 8년이란 시간이 흘러 있었다. 그동안 나의 사십 대도 전부 흘러갔다. 거울 속의 내 모습도 더 늙어 있었다.

나는 렙이 처음 그 부탁을 했던 날을 떠올려 보려고 애썼다.

"내 추도사를 써 주겠나?"

그날이 꿈처럼 먼 옛날로 느껴졌다.

조용하고 엄숙한 분위기 속에서 장례식이 시작되었다. 앨버트 루이스가 집전할 수도, 참여할 수도 없는 장례식은 60년 만에 처음이었다. 기도를 드린 후, 현재의 주임 랍비인 스티븐 린드만—렙은 그가 후임 랍비가 된 것을 무척 기뻐했었다—이 고

인에 대한 애정과 아쉬움을 담아, "그분을 다시 볼 수 없다니, 슬플 따름입니다."라고 모두가 잊을 수 없는 목소리로 말했다.

그리고 예배당 안이 다시 고요해졌다. 이제 내 차례였다.

나는 카펫이 깔린 계단을 올라가 나를 기도 안에서, 믿음 안에서—너무도 아름다운 그의 믿음 안에서—키워 주신 분이 누워 있는 관 옆을 지나갔다. 침착하게 숨을 고르기가 힘들어져서, 걸음을 잠시 멈춰야 할지도 모른다는 생각이 들었다.

나는 랩이 늘 서던 그 자리에 섰다. 손에 쥔 추도사를 내려다보았다.

그리고 읽어 내려가기 시작했다.

사랑하는 랍비여,

당신 덕분에 우리 모두는 욤키푸르도 아닌데 한자리에 모이게 되었군요.

제 마음 깊은 곳에서는 언젠가 이 날이 올 줄 알았습니다. 하지만 막상 이 자리에 서니 왠지 쑥스럽고 어색합니다. 저는 저기 신도석에 앉아 있어야 하고, 이 자리에는 당신께서 서 계셔야 하는 것 같아서요. 당신은 언제나 여기 계셨었지요. 항상 여기서 우리를 쳐다보고, 우리를 이끌어 주시고, 우리를 깨닫게 하시고, 노래를 불러 주시고, 질문을 던지시고, 유대교 율법에 관해 이야기해 주시면서요.

세상이 창조될 때 이 땅에는 우리들이, 저 위 천상에는 하나님이, 그리고 그 사이에 당신이 계셨습니다. 하나님을 마주하기가 너무 무서울 때면, 우리는 먼저 당신께 달려갔습니다. 우리는 사장님 방 밖에 앉아 있는 비서와 친구가 된 것처럼 든든했지요.

하지만 이제 어디서 당신을 만날 수 있을까요?

8년 전, 당신은 강연을 마치고 나오는 제게 다가오셨습니다. 그리고 부탁이 있다고 말씀하셨습니다. 당신의 장례식에서 추도사를 써 달라는 것이었지요. 저는 깜짝 놀랐습니다. 지금까지도 저는 당신이 왜 저를 택하셨는지 잘 모르겠습니다. 하지만 그 부탁을 받고 나서 두 가지를 깨달았습니다. 제가 절대 거절하지 못하리란 사실, 그리고 당신을 성직자가 아닌 한 명의 인간으로서 더 많이 알 필요가 있다는 사실을 말입니다.

그래서 저는 당신을 만나러 오기 시작했습니다. 우린 회당에 있는 당신의 방에서, 당신의 집 서재에서 이야기를 나눴지요. 때론 한 시간, 때론 두 시간 동안 이야기꽃을 피웠습니다. 일주일이 한 달이 되고, 한 달이 일 년이 되고, 그렇게 8년이란 세월이 흘렀습니다. 8년쯤 지나니 이런 생각이 들더군요. 이 모든 게 제가 일대일 성인 교육 강의를 듣도록 발을 들여놓게 만들려는 당신만의 교묘한 작전이 아니었나 하고요.

당신은 웃고 울었습니다. 우리는 토론하고, 크고 작은 문제들을 놓고 의견을 나눴습니다. 저는 당신이 랍비용 가운 이외에, 때때로 검정색 양말에 샌들 모양의 슬리퍼를 신는다는 사실을 ─ 그다지 세련된 스타일은 아니었어요 ─ 그리고 반바지와 체크무늬 셔츠와 오리털 패딩 조끼도 입는다는 사실을 알게 되었지요. 또 편지들과 신문이나 잡지 기사, 크레용 그림, 회당의 옛날 뉴스레터에 이르기까지 온갖 것들을 모아 두는 분이라는 사실도 알게 되었고요. 어떤 사람들은 자동차 모형이나 옷을 수집하지요. 하지만 당신은 좋은 아이디어라고 생각되는 것은 뭐든 놓치지 않고 스크랩해 두는 분이었습니다.

언젠가 제가 당신께 그랬지요. 저는 당신과 같지 않다고, 저는 하나님의 아들이 아니라고. 그랬더니 당신은 이렇게 말씀하셨습니다. "자네도 하나님의 아들이야."

당신은, 때가 되면 제가 무슨 말을 써야 할지 알 수 있을 거라고 하셨지요.

그리고 바로 그날이 왔고, 당신은 떠나고 안 계십니다.

이 설교단이 텅 빈 사막처럼 황량하게만 느껴집니다.

하지만 괜찮습니다. 저는 당신이 살아오신 길을 돌이켜 보고자 합니다. 모든 훌륭한 추도사에는 그러한 내용이 담기니까요. 당신은 제1차 세계 대전 중에 뉴욕에서 태어나셨습니다. 당신의 가족은 끔찍한 가난을 견뎌야 했고, 아버님은 한때 일을 하기 위해 알래스카까지 떠난 적도 있습니다. 하지만 언제나 유대교 율법에 따라 코셔(kosher, 유대인의 율법에 따른 정결한 음식-옮긴이)만을 먹었습니다.

당신의 할아버지와 장인어른도 랍비셨습니다. 당신의 집안에는 랍비가 여러 분 계셨지요. 하지만 당신은 역사 교사가 되고 싶어 하셨습니다. 누군가를 가르치는 일을 좋아했으니까요. 시간이 흐른 후 당신은 신학교에 지원했지만 떨어졌습니다. 하지만 훌륭한 유대교 학자가 당신에게 "다시 도전해 보게."라고 말해 주었습니다. 나중에 당신도 우리에게 수없이 그렇게 말씀하셨지요. 다시 도전해 보라고.

당신은 다시 도전했고, 다행히도 이번엔 멋지게 해내셨습니다.

랍비 서품을 받은 후에 많은 이들이 서부로, 캘리포니아로 갔습니다. 부유한 유대교 신도들이 많은 곳이었으니까요. 하지만 당신은 이곳 뉴저지로, 낡고 허름한 개조한 주택을 회당으로 사용하는 이곳 신도들에게 오셨습니다. 영화 〈멋진 인생(It's A Wonderful Life)〉에서 제임스 스튜어트가 연기했던 주인공처럼, 당신도 가족들 가까이에 머물러야 할 의무를 느꼈기 때문입니다. 그리고 그 주인공과 마찬가지로, 당신도 결코 사랑하는 이들이 있는 이곳을 떠나지 않았습니다. 당신은 우리 회당을 멋지게 일으켜 세우셨습니다. 어떤 이들은 당신께서 이 회당을 어깨에 지고 계신 것과 마찬가지라고 말했습니다.

당신의 사랑이라는 울타리 안에서 회당은 나날이 커지고 발전해 갔습니다. 다른 교회들 사이에 위치해 있어서 어려운 순간이 많았음에도 말입니다. 하지만 당신은 언제나 화해와 평화를 퍼뜨리는 분이셨습니다. 근처 성당의 신부님이 우리 신도에게 무례한 말을 했을 때, 당신은 가톨릭 교구에 당당히 요구하여 그로 하여금 사과하게 만드셨습니다. 그리고 그가 사과를 하자 당신은 기꺼이 받아들였습니다. 성당의 아이들이 휴식 시간에 바깥에서 뛰어놀고 있을 때, 당신은 그 신부님과 팔짱을 끼고 뜰을 거닐었습니다. 서로 다른 종교도 나란히, 평화롭게 공존할 수 있다는 사실을 몸소 보여 주셨지요.

당신은 그렇게 항상 우리를 위해 앞에 나서 주셨고, 우리 신도들의 관계가 돈독해지도록 노력하셨으며, 성서 학교를 세우셨고, 성스러운 공동체를 만드셨습니다. 우리가 앞으로 나아갈 때도, 옆길로 벗어나려 할 때도 우리를 이끌어 주셨고, 신도들의 집을 직접 찾아다니며 만나셨습니다. 정말로 수많은 이들의 집을 몸소 방문하셨지요.

당신은 진정한 성직자이셨습니다. 결코 사람들 위에 군림하려 하지 않으셨지요. 당신의 설교를 들으려는 사람들은 수없이 모여들었습니다. 당신의 설교를 듣지 않는 것 자체가 마치 죄라도 되는 양, 욤키푸르 때면 사람들로 회당이 꽉 찼지요. 설교가 끝난 후에 신도들이 출구 쪽으로 몰려들어 소란스러워지는 것 때문에 당신이 때로 얼굴을 찌푸리셨다는 것을 잘 압니다. 하지만 다른 많은 교회들에서는 '설교가 시작되기 전에' 그런 일이 일어난다는 것을 생각해 보세요!

60여 년간 랍비로서 봉사하신 후, 당신은 마침내 설교대에서 내려오셨습니다. 은퇴 후 플로리다 같은 곳으로 떠나는 다른 랍비들과 달리, 당신은 우리 회당 신도석 뒷줄에 앉는 쪽을 택하셨습니다. 참으로 겸손한 모습이셨습니다. 하지만 영혼이 육체의 뒷자리로 갈 수 없는 것과 마찬가지로, 사실 당신은 뒷자리에 앉아 계신 것이 아니었습니다.

랍비님, 이곳은 당신의 집입니다. 저기 위쪽 서까래에도, 아래 바닥에도, 벽에도, 조명등 안에도 당신이 계십니다. 교회 복도마다 울려 퍼지는 모든 소리들 안에 당신이 계십니다. 우리는 당신의 음성을 들을 수 있습니다. 지금도 제 귀에 들립니다.

어찌 제가 - 또는 우리 중 그 누구라도 - 당신을 보내 드릴 수 있을까요? 당신은 우리의 삶 곳곳에 들어오셨습니다. 우리에게 가르침을 주셨고, 결혼식을 집전하셨고, 우리 마음을 위로해 주셨습니다. 우리가 인생의 중요한 전환점을 맞을 때마다, 우리가 결혼을 하거나 세상을 떠날 때마다 곁에 계셨습니다. 시련이 닥치면 용기를 북돋워 주셨습니다. 우리가 하나님을 불신하고 원망할 때면, 잿불처럼 꺼져 가는 우리 믿음이 다시 타오르도록 이끌어 주셨습니다. 그리고 옛 스승이 하신 말씀, '무언가를 겪어 본 마음, 아파하는 마음만이 진정 온전한 마음이다'라는 사실을 우리에게 다시금 상기시켜 주셨습니다.

랍비님, 오늘 이 자리에 모인 아파하는 마음들을 보십시오. 이곳에 모인 사람들의 슬픈 얼굴을 보십시오. 제 평생 동안, 제게 랍비는 당신 한 분뿐이었습니다. 당신의 평생 동안, 당신이 이

끈 신도는 이곳 신도들뿐이었습니다. 우리 자신의 일부와도 같았던 당신에게, 어찌 우리가 작별 인사를 고할 수 있단 말입니까?

이제 우리는 어디에 가서 당신을 만나야 합니까?


랍비님, 기억나세요? 브롱크스의 이웃들이 모두 가족처럼 가깝게 지내며 살던 어린 시절의 사건을 언젠가 제게 얘기해 주셨잖아요. 과일 트럭에서 사과를 떨어뜨리려고 살짝 건드렸는데, 아파트 위층에 사는 아주머니가 창밖으로 내려다보며 "앨, 그거 만지면 안 된다!" 하고 고함쳤다고 하셨지요. 당신이 옳지 않은 길로 가려고 할 때마다 하나님은 그렇게 손가락을 세워 흔들어 보이며 당신에게 주의를 주셨지요.

우리에게 손가락을 흔들며 주의를 준 건 바로 당신이셨습니다. 우리의 잘못된 행동을 당신께서 얼마나 많이 붙잡아 주셨는지! 우리 중 많은 이들은 이곳을 떠나 새로운 곳에 정착했고, 새로운 직장을 구했으며, 새로운 지역에서 살기 시작했습니다. 하지만 우리 마음속에는 언제나 단 한 명의 랍비, 당신이 계셨습니다. 항상 밖을 내다보면 당신의 얼굴이 보였고, 바람결에 실려 오는 당신의 목소리가 들렸습니다.

하지만 이제 어디에 가서 당신을 만나야 합니까?

최근에 제가 방문했을 때 당신은 죽음에 관해서, 죽은 후 만나게 될 세상에 대해서 많이 말씀하셨습니다. 당신은 저 위를 바라보면서 이렇게 노래하곤 하셨지요. "하늘에 계신 주여, 저를 데려가시려거든, 너무 많은 고통을 겪게 한 후에 데려가진 마시옵소서."

늘 노래하던 랍비님을 새삼 떠올리지 않을 수가 없습니다. 월트 휘트먼(Walt Whitman)은 육체의 흥분을 노래했고 빌리 홀리데이(Billie Holiday)는 블루스를 노래했습니다[휘트먼의 시 가운데 '나는 육체의 흥분을 노래하네(I Sing the Body Electric)'라는 제목의 시가 있음-옮긴이]. 하지만 당신은…… 모든 것을 노래하셨습니다. 심지어 전화번호부 내용도 노래로 만들어 부르셨지요. 제가 전화를 걸어서 안부를 물으면, 대답 대신 이렇게 노래하곤 하셨지요. "늙은 랍비는 예전의 랍비가 아니라네, 예전의 랍비가 아니야-"

그런 당신을 놀리곤 했지만, 전 정말로 당신의 노래가 좋았습니다. 아마 우리 모두가 그랬을 겁니다. 지난주, 병마가 당신을 우리에게서 데려가는 마지막 순간에도 당신은 당신 몸을 닦아주는 간호사에게 노래를 불러 주셨지요. 그게 우리에겐 전혀 이상하게 느껴지지 않았습니다. 저는 이렇게 믿고 싶습니다. 주님께서 자신의 자녀가 그토록 즐겁게 노래하는 모습이 보기 좋으

겨울 331

셔서 - 병실에서도 노래 부를 만큼 즐거워하는 그 모습이 말입니다 -, 그래서 당신이 노래를 흥얼거릴 때, 그때 자신 곁으로 데려가기로 결정하신 게 아닐까요.

이제 당신은 하나님 옆에 함께 계십니다. 저는 그렇게 믿습니다. 당신께선 커다란 소원이 하나 있다고 말씀하셨지요. 죽은 후에 어떻게든 이곳에 있는 우리에게 말을 걸 수 있어서, 당신이 안전하고 평화로운 곳에 잘 도착했다고 알려 줄 수 있었으면 좋겠다고요. 삶의 빛이 서서히 꺼져 가는 순간에도, 당신은 또 하나의 설교를 마음속에 그리고 계셨습니다.

하지만 당신도 아셨을 겁니다. 당신의 육성으로 우리에게 말할 수 없는 것이 답답하긴 하지만 거기에는 장엄하고 중요한 이유가 있다는 것을 말입니다. 만일 그렇게 할 수 있다면(죽은 자와 아무렇지 않게 이야기할 수 있고 내세를 알 수 있다면), 우리에겐 종교와 신앙이 필요 없을지도 모릅니다. 신앙은 당신 삶의 전부였습니다. 당신은 당신이 늘 들려주시곤 하던 이야기 속의 세일즈맨과 같은 분이었습니다. 세일즈맨은 매일 사람들의 집을 찾아가 문을 두드리고 웃으면서 물건을 권하지만, 끈질기게 찾아오는 그에게 화가 난 한 사람은 결국 그의 얼굴에 침을 뱉지요. 그러면 세일즈맨은 손수건을 꺼내 말없이 침을 닦아 낸 다음 다시 미소를 지으면서 "비가 내리나 보군." 하고 말합니다. 당신은 그런

분이셨어요.

랍비님, 오늘 이곳에도 수많은 손수건이 있습니다. 하지만 비 때문이 아닙니다. 당신을 차마 떠나보내기 힘든 우리들이 흘리는 눈물 때문입니다. 우리는 당신에게 용서를 구하고 싶습니다. 우리들의 행동을 통해 당신에게 "가 버리세요."라고 말했던 순간들, 우리 자신의 신앙에 침을 뱉었던 순간들에 대해서 말입니다.

저는 당신의 추도사를 쓰고 싶지 않았습니다. 자신이 없었습니다. 하찮은 신도일 뿐인 제가 우리를 이끌어 준 랍비의 삶을 추모한다는 것이 왠지 부끄럽기도 했습니다. 하지만 저는 한 가지 사실을 깨달았습니다. 여기 모인 수많은 신도들이 집으로 돌아가는 자동차 안에서, 저녁 식사 테이블에서, 모두가 당신을 추모할 것이라는 사실을 말입니다. 제 추도사는 당신에 대한 추억을 정리하는 것에 불과합니다. 그리고 우리는 영원히 당신을 잊지 않을 것입니다. 잊을 수가 없기 때문입니다. 매일 당신을 그리워할 것이기 때문입니다. 당신이 없는 이 세상을 상상하니 마치 이 세상에 하나님의 존재도 줄어들 것만 같습니다. 하지만 하나님은 그 다함과 끝이 없는 분이시니 그럴 리는 없겠지요.

저는 당신이 하나님의 커다란 영광 속에 다시 거하시게 된 것이라고 믿습니다. 당신의 영혼이 그분께 되돌려진 것이라고 믿습니다. 당신은 주님의 천국에서 빛나는 별이 되어 언제까지고 우리들 가슴에 따뜻하게 남을 것입니다. 당신이 선조들과, 딸 리나와, 당신의 과거와 함께 평화롭게 천상에 계시리라고, 우리는 굳게 믿습니다.

주님께서 당신을 지켜 주시기를. 주님께서 당신을 위해, 당신이 주님을 위해 노래 부르기를…….

랍비여, 이제 어디에서 당신을 만나야 합니까?

선하고 인자한 당신, 하나님의 아들인 당신이 신이 계신 위쪽을 올려다보도록 우리를 이끌기 위해 애쓰셨던 이곳에서, 이제 우리는 위를 바라봅니다.

우리는 위를 바라봅니다.

## 그리고 남은 것

공허함이란 손으로 만질 수 없는 무형의 것이다. 하지만 렙이 떠난 후, 나는 그것이 손으로 만질 수 있는 실체라는 사실을 깨달았다. 특히 뉴욕에서 기차를 타고 렙의 집으로 향하곤 했던 일요일이면 더욱 그 공허함이 지독하게 다가왔다.

시간이 흐르면서, 나는 종종 일요일의 공허함을 헨리 목사와 그의 교회를 방문하는 일로 채워 갔다. 이제 그곳 신도들과도 꽤 친해져 있었다. 나는 늘 즐거운 마음으로 헨리 목사의 설교를 들었다. 그리고 그 어느 때보다도 나의 신앙인 유대교와 한층 가까워졌지만, 헨리 목사는 우스개로 나를 '우리 교회를 다니는 최초의 공식적인 유대인 신도'라고 불렀다.

나는 노숙자들에게 식사와 잠자리를 제공하는 그 교회의 이야기를 몇 번 더 칼럼에 실었다. 칼럼을 읽고 감명을 받은 독자들이 기부금을 보내 주었다. 5달러를 보내오는 사람도, 10달러를 보내오는 사람도 있었다. 어떤 남자는 한 시간이나 차를 몰고 와서 교회 안을 둘러보고 말을 잇지 못하다가, 1,000달러짜리 수표를 건네고는 말없이 떠났다.

헨리 목사는 교회 수리비를 모으기 위해 은행 계좌를 하나 만들었다. 자원 봉사자들이 찾아와 음식을 제공해 주었다.

어느 일요일, 디트로이트 외곽에 있는 노스빌 크리스천 어셈블리 교회에서는 자신들 교회에서 설교해 달라고 헨리를 초청했다. 나도 그 예배에 참석했다.

헨리는 긴 검정색 예배용 가운을 입고 무선 마이크를 달았다. 그가 성서 구절을 읽는 동안 그 내용이 두 개의 커다란 비디오 스크린에 떴다. 예배당 조명도 멋있었고 천장도 빗물 하나 들어올 곳 없이 튼튼했으며 음향 시설은 마치 음악 콘서트홀만큼 훌륭했다(무대에 커다란 그랜드 피아노까지 있었다). 그리고 신도들은 대부분 백인 중산층이었다.

하지만 헨리는 역시 헨리다웠다. 설교를 시작한 지 얼마 되지 않아, 곧 그는 연단 이쪽저쪽을 걸어 다니면서 청중에게 각자 자신이 지닌 달란트(talent)를 활용해 이자를 얻으라고, 재능을 연마하고 활용하라고 강조했다. 예수님이 '달란트 비유'를 들려주셨던 것처럼 말이다. 그는 사람들에게 디트로이트에 있는 자신의 교회에 언제든지 찾아와서 그들의 달란트를 발휘해 달라고 호소했다. 그는 말했다. "하나님께서 이루어 주실 수 있는 기적을 목격하고 싶으신 분이라면, 그곳에서 그 기적을 발견하실 수 있을 겁니다."

헨리 목사의 설교가 끝나자 모든 신도들이 일어나서 박수를 쳤다. 헨리는 몇 걸음 뒤로 물러나 신도들을 향해 겸손하게 고개를 숙였다.

　나는 마음속으로 그의 초라한 교회를 떠올렸다. 그리고 이런 생각이 들었다. 우리는 누구나 삶이라는 지붕에 구멍을 갖고 있는 것이 아닐까. 눈물이 빗물처럼 흘러내리는 구멍, 슬프고 불행한 일이 거센 바람처럼 몰아쳐 들어오는 구멍 말이다. 우리는 세상의 공격 앞에서 한없이 나약해지고, 다음번엔 어떤 폭풍이 몰아칠지 두려워한다.

　하지만 그날 설교하는 헨리 목사를 보면서, 그리고 그의 교회를 도와주러 찾아온 많은 사람들을 생각하면서, 나는-언젠가 렙이 말씀하신 대로-믿음만 있으면 그 구멍을 수리할 수 있음을, 사람들이 진정으로 변화할 수 있음을 확실히 믿게 되었다. 헨리 목사를 보면 누구라도 그렇게 믿지 않을 수가 없다.

　　　교회 지붕의 파란색 방수 천 위에 눈이 쌓여 있고 여전히 날씨가 추웠지만, 날이 풀리면-당연히 언젠가는 풀리지 않겠는가-지붕을 수리해야겠다는 생각이 들었다. 그래서 어느 날 나는 헨리에게 말했다. 지붕의 구멍을 수리합시다. 많은 너그러운 사람들의 도움을 받으면 충분히 돈을 마련해 지붕을 고칠 수 있을 겁니다. 우리는 할 수 있을 겁니다. 꼭 그래야 하니까요. 그게 올바른 일이니까요.

우리가 꼭 지붕을 수리해야 하는 또 다른 이유는 이 교회에 있는 어린 소녀 때문이었다. 소녀는 1킬로그램 남짓밖에 안 되는 미숙아로 태어났기 때문에 의사들은 아이가 오래 생존할 가능성이 적다고 했다. 하지만 아이의 부모는 간절하게 기도하며 노력했고, 힘든 시간들을 훌륭하게 이겨 낸 아이는 이제 깜찍하고 발랄한 꼬마 숙녀로 자라나 있었다. 그 귀여운 미소를 보면 어떤 어른이라도 항아리 속의 쿠키를 내주지 않고는 못 배기는 그런 아이로. 아이는 거의 매일 밤 교회에서 잠을 잤다. 아이가 체육관의 테이블 사이를 깡충거리며 뛰어다니면, 노숙자들이 머리를 쓰다듬어 주거나 아이와 장난을 쳤다. 아이는 근사한 장난감도 없었고, 이런저런 방과 후 활동에 바쁘게 쫓아다니지도 않았다. 하지만 아이에게는 공동체와 이웃이, 사랑이 넘치는 가정이, 그리고 가족이 있었다.

아이의 아버지는 외발 장로인 카스이고 어머니는 과거 마약 중독자였던 말린이다. 두 사람은 이 교회에서 결혼식을 올렸다. 물론 주례는 헨리 코빙턴 목사가 섰다.

그리고 1년 후, 이제 그들의 소중한 어린 딸이 낡고 허름한 교회 건물 안을 뛰어다니며 놀고 있다. 마치 그곳이 하나님의 전용 놀이터라도 되는 듯이.

아이의 이름은 '미라클(Miracle, '기적'이라는 뜻-옮긴이)'이다.

얼마나 꼭 맞는 이름인가.

인간의 영혼은 정말로, 우리가 바라보며 감탄할 수밖에 없는 그 무언가다.

나는 지금도 때때로 궁금해진다. 왜 렙은 나한테 추도사를 부탁했을까. 렙 자신을 위해서라기보다는 나를 위해서 부탁한 것이 아닐까. 사실, 렙은 곧 나로 하여금 그것을 분명히 깨닫게 만들었다.

그날 장례식에서 성가대가 마지막 성가를 부르기 직전, 렙의 손자인 론이 설교대 옆에 있는 카세트 플레이어에 테이프 한 개를 집어넣었다. 그러자 늘 렙의 목소리가 울려 퍼지곤 하던 바로 그 스피커에서, 그의 목소리가 흘러나왔다.

"사랑하는 여러분, 저는 여러분의 옛날 랍비입니다……."

렙이 자신이 죽은 후에 들려줄 메시지를 미리 녹음해 둔 것이었다. 그는 이 사실을 간병인이자 쇼핑 친구인 틸라 외에는 아무에게도 말하지 않았다. 틸라가 그 테이프를 보관하고 있다가 렙의 가족들에게 전달한 것이다. 녹음 내용은 짧았다. 하지만 그 안에는 렙이 성직자 생활을 하면서 가장 많이 받았던 두 가지 질문에 대한 대답이 들어 있었다.

하나는 '하나님의 존재를 믿느냐'는 질문이었다. 렙은 분명하게 "믿습니다."라고 말했다.

다른 하나는 '사후의 삶이 존재하느냐'는 질문이었다. 그에 대해 렙은 이렇게 말했다.

"이 질문에 대한 제 대답도 역시 '그렇다'입니다. 분명히 뭔가가 존재합니다. 하지만 여러분, 미안합니다. 이제 저는 그 답을 확실하게 알지만, 다 말씀드릴 수가 없군요."

신도석에서 동시에 웃음이 터져 나왔다.

나는 '하나님' 파일을 잊어버리지 않고 있었다. 그래서 몇 달 후에 그것을 가지러 렙의 집을 찾아갔다. 나는 책꽂이에서 파일을 조심스럽게 꺼냈다. 그것을 손에 들자 가슴이 두근거렸다. 8년 동안 겉면에 쓰인 '하나님'이란 단어만 보았을 뿐 단 한 번도 열어 본 적이 없는 파일. 어떤 성스러운 기운이 담긴 바람이 쉬익 하고 내 곁을 스칠 것만 같았다.

나는 잠시 텅 빈 서재를 둘러보았다. 가슴이 아려 왔다. 렙과 함께 있다면 얼마나 좋을까…….

나는 파일을 열었다.

그런데 그 안에 렙이 있었다.

거기에는 설교 자료로 사용한 수많은 신문 스크랩, 잡지 기사와 쪽지들이 정리되어 있었다. 전부 하나님과 관련된 내용이었고, 렙이 직접 손으로 쓴 화살표와 물음표, 질문들과 메모들이 깨알같이 적혀 있었다.

그때 나는, 내가 렙이나 헨리 목사와 보낸 그 모든 시간들이 의미하는 바를 깨달았다. 신앙이란 결코 어떤 결론을 내리는 일이 아님을, 끊임없이 탐구하고 공부하고 무언가를 발견하는 일임을. 하나님을 상자 하나 안에 담을 수는 없다. 하지만 이야기와 전통과 지혜로운 깨달음을 모으고 또 모을 수는 있다. 그러면, 때가 되면, 굳이 애써 다가갈 필요가 없다. 이미 어느새 하나님은 당신 옆에 와 계실 것이기 때문이다.

당신은 믿음에 평생을 바친 훌륭한 분을 알고 있는가? 당신은 그에게서 도망쳤는가? 그렇다면, 이젠 더 이상 도망치지 말길 바란다. 그와 마주하고 앉아 보라. 그냥 물 한 잔만 앞에 두어도 좋고, 옥수수 빵을 놔두어도 상관없다. 아마 당신은 값지고 귀중한 무언가를 얻게 될지 모른다. 그 시간은 당신을 괴롭히지도, 당신을 약하게 만들지도 않을 것이다. 오히려 당신과 우리 모두의 내면에 신성한 불꽃이 반짝이고 있다는 사실을, 언젠가 그 불꽃이 세상을 구할지도 모른다는 사실을 일깨워 줄 것이다.

 그날, 렙은 테이프에 녹음한 메시지를 이렇게 끝

맺었다.

"부디 서로 사랑하십시오. 대화를 나누십시오. 사소하고 하찮은 것들 때문에 관계가 무너지는 일이 없도록 하십시오."

그리고 우리 모두에게 익숙한 톤으로 노래를 불렀다.

"친구들이여 안녕히, 친구들이여 안녕히,

안녕, 이제 안녕,

우리 다시 또 만납시다, 다시 또 만납시다, 이제 안녕……."

그날은 신도들이 모두 한자리에 모여 그의 따뜻한 목소리를 듣는 마지막 시간이었다.

그것은 렙 평생에 가장 커다란 소리로 울린 기도이자 노래 소리였다.

나는 예전부터 늘 생각했었다. 언젠가 세상에서 퇴장할 때도 렙은 노래와 함께할 것이라고.

● 에필로그

# 하나의 노래

 마지막 추억 한 가지.
 렙이 돌아가시기 얼마 전이었다.
 그가 천국에 대해 이야기하고 있을 때, 나는 문득 궁금한 게 떠올랐다.
 만약에 하나님을 5분 동안 만날 수 있다면 뭘 하시겠어요?
 "5분이라고?"
 네, 딱 5분이요. 하나님은 엄청 바쁜 분이시잖아요. 5분이면 감지덕지죠. 5분 동안 하나님과 마주 앉은 시간을 어떻게 쓰실 거예요?
 "5분 동안 말이지?" 렙이 흥미롭다는 듯 되물었다.

랍비님이 원하는 건 뭐든 물어보거나 요청할 수 있어요.

"음, 그래."

그는 의자 등받이 깊숙이 몸을 기댔다. 자신을 둘러싼 방 안 공기에게 의견을 묻기라도 하는 것처럼.

"먼저 이렇게 말씀드리겠네. '주님, 제 부탁 한 가지를 들어주소서. 혹시 가능하시다면, 제 가족들 중에 도움이 필요한 사람에게 길을 보여 주시옵소서. 그들을 조금만 도와주소서.'"

자, 1분 쓰셨습니다.

"주여, 다음 3분은 고통 가운에 있어서 당신의 사랑과 인도가 절실히 필요한 누군가를 위해 써 주시옵소서."

3분은 포기하시겠다고요?

"그래. 그 3분이 절실하게 필요한 누군가가 있다면."

알겠어요. 그럼 마지막 1분이 남았습니다.

"좋아. 마지막 1분에는 이렇게 말씀드릴 거야. '주여, 저는 이 세상에서 이만큼의 좋은 일을 했습니다. 당신의 가르침에 따라 살려고 노력했고, 또 그것을 다른 이들에게 알리려고 노력했습니다. 저는 제 가족을 사랑하며 살았습니다. 공동체의 구성원으로서도 노력했습니다. 그리고 제 생각엔, 주변 사람들을 꽤 친절하고 인자하게 대했습니다. 그렇다면 주여, 이 모든 것에 대한 대가로 제게 어떤 보상을 해 주실 건가요?'"

하나님이 뭐라고 대답할 것 같으세요?

그는 싱긋 웃으며 말했다.

"아마 이렇게 말씀하실걸. '보상이라고? 무슨 보상 말이냐? 그건 네가 당연히 해야 하는 일이었는데!'"

우리는 함께 웃었다. 렙은 손바닥으로 넓적다리를 치면서 웃었고 우리의 웃음소리가 온 방 안을 채웠다. 세상 어느 곳이라도, 어떤 나라나 어떤 종교를 믿는 곳이라도, 인생의 의미에 관해 대화를 나누고 답을 발견하며 기뻐하는 스승과 제자가 있는 곳이라면 어디라도 그런 웃음소리가 울려 퍼지지 않을까.

태초에 질문이 있었다. 그리고 결국 그 질문은 대답을 찾았다.

하나님은 노래하시고, 우리도 그 노래를 따라 부른다. 이 세상 수많은 사람들이. 하지만 그것은 결국 하나의 노래다. 똑같이 아름다운 노래.

지금, 내 가슴은 희망으로 부풀어 있다.

● 감사의 말

먼저 헨리 코빙턴과 앨버트 루이스의 가족들에게 깊은 감사를 드리고 싶습니다. 두 사람의 아내인 사라 루이스와 아네트 코빙턴, 그리고 렙의 자녀들인 샬롬과 오라와 길라, 헨리 목사의 자녀들인 레이크마와 켄드릭, 케이시아와 티파니에게도 감사를 표합니다. 자신의 남편 또는 아버지의 이야기가 책에 실리는 것을 허락하기는 결코 쉽지 않은데, 그럼에도 불구하고 넓은 마음으로 허락해 주었습니다. 또한 그들의 가족 가운데 신디 루이스, 시몬 립스키, 브라이언 사이츠에게, 그리고 렙의 여러 손자들에게도 감사드립니다.

이 책을 쓰는 데까지는 많은 분들의 도움이 있었습니다. '카스'

라고 불리는 앤서니 카스텔로, 디트로이트 빈민구조단체(Detroit Rescue Mission Ministries)의 채드 아우디 박사, 스티븐 린드만 랍비, 틸라 싱, 에디 아델먼, 놈 트라스크, 템플 베스 숄롬의 관계자들, '내 형제는 내가 지킵니다(I Am My Brother's Keeper)' 교회의 신도들(그들 중 일부는 책에서 가명을 사용했습니다), 매티 골드버그와 리사 골드버그, 자신의 할아버지를 끔찍하게 사랑하는 론 립스키 등에게 감사의 말을 전합니다.

아낌없는 지원과 도움을 주신 하이페리온 출판사의 레슬리 웰스, 엘런 아처, 윌 밸릿, 필 로즈, 데이비드 로트, 빈센트 스탠리, 크리스틴 키서, 민디 스톡필드, 제시카 워너, 마리 쿨먼, 마하 칼릴, 사라 루커, 샐리앤 맥카틴, 마이클 로톤도에게도 감사드립니다.

그리고 늘 그렇듯이, 블랙 사(Black Inc.)의 훌륭한 팀원들인 데이비드, 수잔, 안토넬라, 애닉, 조이, 리 앤, 데이브에게 고마움을 전합니다. 책의 원고를 미리 읽어 준 많은 분들, 내 가족과 친지들, 로지에게도 감사를 표합니다. 그리고 그 누구보다도 아내 재닌에게 고맙다고 말하고 싶습니다.

마지막으로 나의 고향인 사우스 저지에, 그리고 현재 살고 있는 디트로이트에 고마움을 전합니다. 그 어느 곳, 그 누구보다도 이 도시에 저는 많은 빚을 졌습니다. 디트로이트라는 도시, 그리고 이곳에 사는 사람들은 제게 특별한 의미를 지닙니다. 저는 디트로이트에 살고 있다는 것이 자랑스럽습니다.

미시간 주 디트로이트에서

미치 앨봄

● 옮긴이의 글

  마감을 앞두고 번역 원고의 마지막 교정을 하느라 한창 정신이 없는 주였다. 안 그래도 바쁜 아침 시간에 남편이 "이것만은 꼭 봐야 돼!" 하며 리모컨을 쥐고 텔레비전 앞에 앉았다. 출근 준비 하느라 종종걸음으로 집 안을 누비던 나는 그냥 '그런가 보다' 하고 수건을 움켜쥐고 욕실로 들어갔다. 뭔데 그렇게 열심히 보느냐고 물어봤더니, 노숙자들한테 수년째 무료로 식사를 제공하는 민들레 국수집 이야기가 나오는 〈인간극장〉이란다.

  그 다음날부터, 나는 민들레 국수집의 이야기를 보기 위해 평소보다 한 시간이나 일찍 울리는 알람 소리에 맞춰 눈을 부비며 일어났다(《인간극장》은 주중 매일 아침에, 그것도 내가 평소 한

창 출근 준비로 바쁠 시간에 방영된다). 그리고 천주교 수도사였다가 수도원을 나온 뒤에 노숙자들을 위해 봉사하는 한 수사님의 삶을 들여다보기 시작했다.

참으로 기분이 묘했다. 한동안 원고 안에서 만나던 헨리 목사. 그와 너무나도 비슷한 삶을 사는 수사님과 함께 내 원고를 마감하다니. 물론 두 사람의 과거 삶은 전혀 다르지만, 지금의 모습은 참 많이 비슷했다. 그리고 민들레 국수집의 수사님은 이 책의 또 다른 주인공인 앨버트 루이스 랍비가 들려주는 보석 같은 교훈과 조언들을 누구보다도 생생하게 실천하고 있는 분이었다.

우리는 모두 무언가 채우기 바쁘다. 채우고, 채우고, 또 채운다. 더 많이 갖고, 더 크게 이루고, 더 많이 인정받고, 더 잘나가는 사람이 되기 위해 발버둥 친다. 하지만 누구나 마음에 쓸쓸한 바람이 스밀 때가, 가슴속이 휑해지는 때가 있다. 어쩌면 그런 순간에 이 책이 위로가 되어 줄지도 모른다는, 허한 가슴을 무엇으로 채워야 할지 힌트를 줄지도 모른다는 생각이 든다. 시쳇말로 "사는 거 뭐 있어?" 하는 질문에 "사는 거 뭐 있어!"라고 말해 주는 책인지도 모른다.

헨리 코빙턴과 앨버트 루이스. 너무나도 다르지만 동시에 너무나도 비슷한 두 성직자의 삶. 한 사람은 죽음이라는 마지막

문을 향해 한 걸음씩 다가갔고, 다른 한 사람은 새로운 삶이라는 배의 노를 힘차게 젓고 있다. 하지만 두 사람은 나로 하여금 스스로를, 그리고 내 인생에서 중요한 것들을 다시 생각해 보게 만들었다. 그리고 삶이란, 죽음이란, 행복이란 무엇인가에 대해서도. 아마 많은 독자들도 나와 유사한 경험을 하지 않을까.

길지도, 그렇다고 짧지도 않은 시간을 번역과 함께 해 왔지만 작업하는 내내 빠져들었던 책은 아주 오랜만이다. 또한 번역하다가 뭔가 울컥하고 올라와서 자판을 옆으로 밀어 놓고 한참을 앉아 있게 한 책이기도 했다. 이래저래 오랫동안 기억에 남을 듯싶다. 하지만 무엇보다도, 역자의 부족한 역량이 저자의 간결하면서도 힘 있는 필력과 위트를 제대로 살리지 못한 것이 아닌지 걱정스럽다.

앨버트 루이스 랍비의 말대로 감사할 줄 아는 사람이 되어야겠기에…… 언제나 든든한 인트랜스 식구들, 좋은 글을 만날 기회를 주시고 애써 주신 살림 편집부 여러분께, 그리고 나의 영원한 반쪽에게 감사의 마음을 전한다.

2010년 봄
이수경

# 8년의 동행

| 펴낸날 | 초판 5쇄 2010년 3월 20일 |

지은이  **미치 앨봄**
옮긴이  **이수경**
펴낸이  **심만수**
펴낸곳  **(주)살림출판사**
출판등록  1989년 11월 1일 제9-210호

**경기도 파주시 교하읍 문발리 파주출판도시 522-1**
전화  031)955-1350   팩스  031)955-1355
기획·편집  031)955-1387
http://www.sallimbooks.com
book@sallimbooks.com

ISBN  978-89-522-1363-1   03840

※ 값은 뒤표지에 있습니다.
※ 잘못 만들어진 책은 구입하신 서점에서 바꾸어 드립니다.

책임편집  **장윤정**